Chronique
de l'année
2003

« *Chronique de l'année 2003* »
a été conçu et réalisé sous la direction de Catherine Legrand

Rédacteurs en chef : Bruno Larebière
et Michel Marmin

Iconographie : système « Online » (Sipa Press)
Direction technique et artistique : Catherine Balouet
Secrétariat de rédaction : Laurence Collin
et Pierre-Henri Gras
Infographie et illustrations : Olivier Barbut et Audrey Tröndle
Index et documentation : Sandrine Bautista

***Directeur département :* Philippe Vanpouille**

Notes de l'éditeur :

Le lecteur trouvera en bas de chaque colonne de chronologie hebdomadaire la valeur de l'indice CAC 40 ( ), de l'euro (€) par rapport au dollar américain et le prix du baril de pétrole ( ) (sources le Figaro*).*

Les cotations sont celles du vendredi soir – ou du jeudi soir si le vendredi est férié –, jour de la clôture hebdomadaire de la Bourse.

Les flèches de renvoi (→) signifient que l'événement traité connaît un développement ultérieur à la date ainsi indiquée.

ISBN : 2205-05594-1

Dépôt légal : janvier 2004
Achevé d'imprimer en janvier 2004
sur les presses de Stige, San Mauro (Italie)

Editions Chronique
Dargaud s.a.
14, avenue Freycinet
24750 Trélissac
Tél. : 05 53 35 91 21
Fax : 05 53 35 14 06
e-mail : chronic@easynet.fr

Chronique de l'année 2003

Avec la collaboration exceptionnelle de

Editions Chronique

un département de

DARGAUD

Janvier

Lu	Ma	Me	Je	Ve	Sa	Di
		1	2	3	4	5
6	7	8	9	10	11	12
13	14	15	16	17	18	19
20	21	22	23	24	25	26
27	28	29	30	31		

Sarajevo, mercredi 1er
L'ONU cède à l'Union européenne la direction des forces de maintien de la paix en Bosnie-Herzégovine.

France, mercredi 1er
379 voitures ont été incendiées dans la nuit de la Saint-Sylvestre.

Ile-de-France, mercredi 1er
Lancement d'un nouveau ticket de métro, de couleur mauve, valable dans tous les transports de la région.

Union européenne, mercredi 1er
La Grèce succède au Danemark à la présidence semestrielle de l'UE.

Vatican, mercredi 1er
Jean-Paul II appelle à l'arrêt du conflit « fratricide et insensé » au Proche-Orient.

Union européenne, mercredi 1er
Fin du monopole des postes nationales sur les courriers de plus de 100 grammes.

New York, mercredi 1er
Le *New York Times* est vendu à l'*International Herald Tribune*.

Paris, jeudi 2
Le Louvre confirme son rang de premier musée au monde pour la fréquentation avec 5,7 millions de visiteurs en 2002.

Rocquencourt, vendredi 3
Arrestation de Joseph Menconi, en fuite depuis novembre 98. (→ 12.3)

Paris, vendredi 3
Le rabbin Gabriel Farhi est blessé d'un coup de couteau à l'abdomen dans la synagogue de la rue Pétion.

Caracas, vendredi 3
Deux Vénézuéliens sont tués par balles lors d'affrontements entre partisans et adversaires du président Hugo Chavez. (→ 20)

Aquitaine, samedi 4
180 km de côtes sont souillés par le fioul du *Prestige*.

Tel-Aviv, dimanche 5
Un double attentat suicide fait 25 morts dans le centre-ville. (→ 8.3)

Lituanie, dimanche 5
Le maire de Vilnius, Rolandas Paksas, est élu président du pays.

DÉCÈS

Neuilly, jeudi 3
Eddy Marnay, parolier, auteur de 4000 chansons (*1920).

Rome, dimanche 5
Massimo Girotti, acteur (*les Amants diaboliques*) (*18.5.1918).

3 187,88 — 30,17 $ — € 1,0417 $

Lula prend les rênes du Brésil pour vaincre la misère et la faim

Brasilia, mercredi 1er
Lorsque l'ancien président Fernando Henrique Cardoso a remis l'écharpe vert et jaune à Luiz Ignacio da Silva, plus connu sous le sobriquet de Lula, il était clair que le Brésil était en train de vivre une révolution pacifique et démocratique. Élu le 27 octobre 2002 à la magistrature suprême, avec un score sans appel de 61,50 % des voix, le leader charismatique du Parti des travailleurs n'a pas mis son drapeau dans sa poche en prononçant son très attendu discours d'investiture. Le programme de cet ancien ouvrier se résume à trois axes forts: faire en sorte que tout Brésilien puisse manger à sa faim, ce qui est encore loin d'être le cas aujourd'hui, mettre en œuvre la réforme agraire promise pendant la campagne électorale, assurer au pays indépendance et rayonnement. Lula, qui a su fort habilement rassurer les milieux économiques et financiers, entend effectivement réexaminer les contrats léonins signés entre le Brésil et certaines multinationales. Il s'est également engagé à moderniser et à renforcer l'armée brésilienne. Ce qui lui a attiré de réels soutiens au sein d'une institution que l'on aurait pu croire hostile à un président entouré de personnalités connues pour leur passé trotskiste ou guévariste. Parmi les chefs d'Etat venus dans la capitale assister à l'« adoubement » de Lula, la présence de l'inusable Fidel Castro et celle du président vénézuélien Hugo Chavez ont été remarquées. (→ 30)

Les drapeaux du Parti des travailleurs sont brandis au passage triomphal de Lula.

Le fioul du *Prestige* salit la côte girondine

Bordeaux, jeudi 2
Le préfet de la Gironde s'est résolu à déclencher le plan Polmar-terre, ce à quoi il se refusait hier soir encore. Mais la marée a apporté son lot de galettes de fioul échappées des soutes du *Prestige*, échoué en novembre au large de la Galice avec 77000 tonnes de pétrole à son bord. Une nappe de 5000 à 10000 tonnes a été repérée à 200 km de l'estuaire de la Gironde, constituant une menace sérieuse pour le bassin d'Arcachon et pour ses ostréiculteurs. A Brest, le parquet a ouvert une information judiciaire. C'est l'Elysée qui en a fait l'annonce, en exigeant que « les responsables de cette catastrophe écologique soient recherchés et sanctionnés ». La tâche s'annonce ardue pour les enquêteurs, tant les sociétés écrans sont opaques et nombreuses. (→ 11)

Les bénévoles sont déjà à l'œuvre sur la côte landaise depuis plusieurs jours.

La situation se tend en Côte d'Ivoire

Abidjan, vendredi 3
Laurent Gbagbo a dû intervenir en personne pour calmer la fureur de ses partisans. Ces derniers s'étaient en effet massés devant la résidence du président ivoirien. Ils empêchaient Dominique de Villepin d'en sortir et lançaient des slogans très hostiles au ministre des Affaires étrangères français. Arrivé de toute urgence à Abidjan, la capitale de la Côte d'Ivoire, Dominique de Villepin venait d'avoir un entretien avec Laurent Gbagbo afin d'obtenir le respect du cessez-le-feu signé le 17 octobre dernier avec les rebelles du Mouvement patriotique de Côte d'Ivoire (MPCI). Malgré la présence de la force d'interposition française, portée à 2500 hommes à la fin de l'année dernière, la situation n'a cessé de se dégrader. Le village de Menakro avait ainsi été bombardé le 31 décembre par des hélicoptères de l'armée ivoirienne, causant la mort de nombreux civils et, hier même, Guillaume Soro, le leader du MPCI, menaçait de reprendre l'offensive en représailles. Le ministre français doit justement se rendre demain à Bouaké, fief du MPCI, pour tenter de rétablir le dialogue. (→ 6)

La Rolls Phantom est digne de ses aînées

Petite nouveauté : l'emblème Spirit of Ecstasy peut se rétracter dans la calandre.

Goodwood, vendredi 3
Deux jours après être officiellement devenu propriétaire de la marque Rolls Royce, BMW en présente le nouveau joyau. La Phantom, septième du nom – la production de la Phantom VI a été stoppée en 1994 –, mesure 5,83 m de long et est dotée d'un moteur V12 de 6,7 litres de cylindrée, ce qui lui permet de développer 453 chevaux. Le luxe de son habitacle n'a rien à envier à celui de ses aînées, avec sa moquette en pure laine passepoilée de cuir, et, *so british*, ses logements arrière pour parapluies. Dotée de pneumatiques Michelin et dessinée par Marek Djordjovic, elle sera vendue au prix de 320 000 euros. Hors taxes…

Les raéliens annoncent un second clonage

Miami, samedi 4
« C'est une petite fille, elle est venue au monde par des voies naturelles, et ses parents sont deux lesbiennes de Hollande. » C'est en ces termes que Brigitte Boisselier, la très médiatique présidente de Clonaid, a confirmé la naissance d'un second bébé cloné aux Pays-Bas, hier, à 22 heures. En réalité, cette « confirmation » soulève le plus grand scepticisme au sein de la communauté scientifique. Liée à la secte des raéliens, l'entreprise Clonaid n'a toujours pas apporté la preuve de la naissance de son premier clone, dont l'annonce, faite le 26 décembre 2002, avait laissé perplexe. Une preuve qui devait être fournie… hier !

Dans la nuit du 2 au 3, un incendie ravage le château de Lunéville, par lequel Stanislas Leszczynski voulait rivaliser avec Versailles.

La nuit de cauchemar des naufragés de l'A10

Saint-Arnoult-en-Yvelines, dim. 5
Arrivés au péage de Saint-Arnoult, les automobilistes pensaient ne plus en avoir que pour une petite heure avant d'atteindre la capitale. C'était compter sans la neige, que Météo France n'attendait pas si abondante, et sans le coup de gel qui a verglacé la chaussée. Durant quatorze heures, 15 000 personnes ont été bloquées dans le froid, sans aucun secours et sans information. Les plus chanceux, ceux qui étaient en tête des 34 km de bouchon, ont pu reprendre la route vers 4 heures du matin. Les derniers sont repartis vers midi…

Le terrorisme reste meurtrier en Algérie

Les proches du régime continuent à être massacrés par des groupes islamistes.

Algérie, samedi 4
A quelques heures d'intervalle, deux massacres sont venus rappeler que la « concorde civile » ne règne toujours pas en Algérie. Dans l'après-midi, un convoi de militaires, accompagnés de membres d'un groupe de légitime défense (armés par le pouvoir), est tombé dans une embuscade près de Batna, dans le massif des Aurès. Le bilan est terrible : quarante soldats et deux auxiliaires sont morts. Ce guet-apens est imputé au Groupe salafiste pour la prédication et le combat, de Hassan Hatab. Dans la soirée, c'est dans le hameau de Glaftra, près de Blida, que les islamistes ont frappé, assassinant treize civils, membres de deux familles accusées d'être liées au régime du président Bouteflika. Les soupçons se tournent vers la poignée d'irréductibles qui, depuis la mort d'Antar Zouabri en février 2002, s'est rangée derrière l'émir Rachid Abou Tourab, actuellement l'homme fort des Groupes islamistes armés (GIA). Depuis deux ans, le terrorisme, que le pouvoir algérien annonçait avoir éradiqué, est certes en régression, mais il a fait plus de 3 000 morts.

Le 3, en France, Christine Ockrent et Guillaume Durand apparaissent dans une campagne d'affichage de Reporters sans frontières destinée à rappeler que, depuis dix ans, plus de 500 journalistes ont été tués dans le monde.

Janvier

Lu	Ma	Me	Je	Ve	Sa	Di
		1	2	3	4	5
6	7	8	9	10	11	12
13	14	15	16	17	18	19
20	21	22	23	24	25	26
27	28	29	30	31		

Côte d'Ivoire, lundi 6
30 rebelles sont tués et 9 soldats français blessés lors d'accrochages près de Duékoué. (→ 25)

Paris, lundi 6
Jacques Chirac promet une réforme des retraites avant l'été. (→ 3.2)

Pologne, lundi 6
Le froid a tué 191 personnes depuis le mois d'octobre.

Paris, mardi 7
Jacques Chirac appelle les forces armées à « se tenir prêtes à toute éventualité ».

Kinshasa, mardi 7
Trente personnes sont condamnées à mort pour l'assassinat, en janvier 2001, du président congolais Laurent Désiré Kabila.

France, mercredi 8
77 % des Français sont opposés à une intervention militaire en Irak.

France, mercredi 8
Après trois semaines de suspension de sa cotation, le titre Buffalo Grill perd 43,94 % de sa valeur.

Bruxelles, mercredi 8
L'Union européenne demande à la France, à l'Allemagne et à l'Italie de maîtriser leurs déficits publics.

Allemagne, jeudi 9
Le taux de chômage a atteint en décembre 10,1 % de la population active.

France, vendredi 10
En raison d'un froid persistant, huit SDF sont décédés ces derniers jours, tandis que la consommation d'électricité bat tous les records.

Aquitaine, samedi 11
Arrivée des bénévoles pour nettoyer les plages de Gironde. (→ 28)

Hong Kong, dimanche 12
Lancement des travaux du premier parc d'attraction sur le sol chinois, le Hong Kong Disneyland.

DÉCÈS

Paris, lundi 6
Mic Delynx (Michel Houdelinckx), dessinateur de BD. (*6.12.1930)

Paris, mercredi 8
Jean Meyer, doyen des sociétaires de la Comédie-Française (*14.1.1914).

Buenos Aires, dimanche 12
Leopoldo Galtieri, ancien chef d'Etat argentin (1976-1983) (*15.7.1926).

Miami, dimanche 12
Maurice Gibb, chanteur des Bee Gees (*22.12.1949).

3 160,13 — 28,75 $ — € 1,0543 $

Téléfilm à scandale sur Jean Moulin

France, lundi 6
La diffusion sur TF1, dans la soirée, de la première partie de « Jean Moulin : une affaire française », est loin de faire l'unanimité chez les « anciens ». Réalisé par Pierre Aknine et joué par Francis Huster, ce téléfilm met gravement en cause Pierre Guillain de Bénouville dans l'arrestation par les Allemands du héros de la Résistance, à Caluire, le 21 juin 1943. Or Bénouville était lui-même un grand résistant. Il avait été promu au grade de général en 1944… Pour Jacques Baumel, ancien député RPR et Compagnon de la Libération, il ne faut voir dans cette version des faits qu'une « scandaleuse déformation de la vérité historique ».

Huit circonscriptions pour les européennes

Paris, jeudi 9
Jean-Pierre Raffarin a tranché : pour les élections européennes du 13 juin 2004, la France va être découpée en huit circonscriptions (dont une regroupant l'ensemble de l'outre mer). Chacune recouvre de trois à cinq des 22 régions actuelles du pays, hormis l'Ile-de-France qui constitue une circonscription à elle seule. C'en est donc fini de la circonscription unique qui prévalait jusqu'alors. Cette réforme a deux buts : le premier est d'essayer de rapprocher les élus des électeurs, rares étant ceux, parmi les Français, qui sont en mesure de citer le nom de plus d'un ou deux députés européens. Le deuxième vise à garantir « une représentation du pays dans sa diversité géographique ». En raison de l'élargissement de l'UE de quinze à vingt-cinq membres au 1er mai 2004, le nombre de députés attribués à chacun des pays va lui aussi évoluer, ainsi que le traité de Nice l'avait prévu. Le total des sièges, actuellement fixé à 626, passera à 732, et presque tous les pays de l'actuelle Union verront leur représentation diminuer. La France passera ainsi de 87 députés à 78.

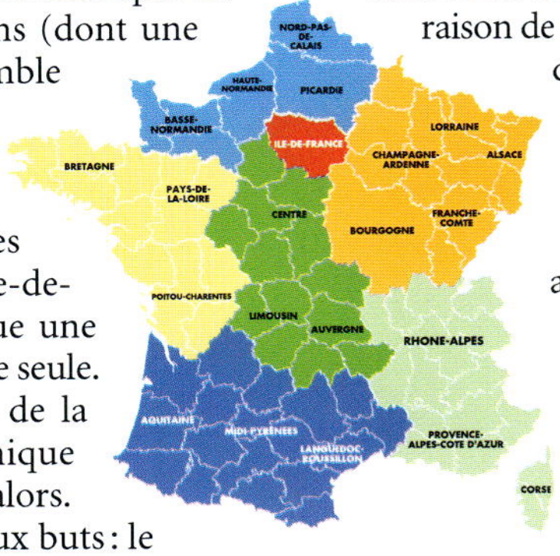

Richard Gasquet champion du monde junior

Londres, mercredi 8
A seize ans, Richard Gasquet reçoit sa première consécration en obtenant le titre de champion du monde junior 2002. Né le 18 juin 1986 à Béziers, il est le cinquième Français à être ainsi sacré par la Fédération internationale de tennis, après Arnaud Di Pasquale en 1997. Vainqueur l'année dernière de trois tournois dans sa catégorie, dont Roland-Garros et l'US Open, le grand espoir du tennis français a fait un bond spectaculaire au classement ATP en se hissant à la 152e place. La cour des grands lui est ouverte.

Richard Gasquet, 1,80 m, impressionne par son sens tactique et sa force mentale.

Les Beatles n'ont pas fini de chanter

Amsterdam et Londres, vendredi 10
Depuis leur vol dans des conditions mystérieuses en 1969, un an avant la séparation du groupe, les bandes des « Get Back Sessions » des Beatles, enregistrées au studio d'Abbey Road situé à Twickenham, étaient devenues mythiques. Trois Britanniques et deux Néerlandais ont été arrêtés. Les cinq cents enregistrements qu'ils détenaient ont été récupérés. Une bonne nouvelle pour tous les fans mais aussi pour EMI, détenteur des droits.

L'honneur est sauf pour le bagagiste de Roissy

Fleury-Mérogis, vendredi 10
Abderazak Besseghir, le bagagiste de Roissy arrêté le 28 décembre dernier après la découverte d'explosifs dans sa voiture, a été libéré. Il avait bel et bien été victime d'un complot, ainsi qu'il l'avait toujours clamé. Marcel Le Hir, qui l'avait dénoncé, a avoué avoir été recruté par un proche de la belle-famille de Besseghir dans le but de l'accabler. Si les raisons de cette manipulation restent à éclaircir – ses beaux-parents l'auraient tenu pour responsable de la mort de leur fille, Louisa, dans l'incendie du pavillon du couple à Bondy –, Besseghir a tenu à rappeler les journalistes à l'ordre dès sa sortie de prison : « Réfléchissez la prochaine fois avant de parler ! »

Le 7, la diffusion sur France 3 de *l'Odyssée de l'espèce* réunit 8,7 millions de téléspectateurs. Le documentaire, qui retrace 8 millions d'années d'histoire de l'homme, a nécessité deux ans et demi de travail et coûté 3 millions d'euros.

Le destin de l'Irak se joue à l'ONU

Portsmouth, samedi 11
Les Américains et les Britanniques se préparent à déclencher d'éventuelles hostilités contre l'Irak. Tandis qu'une Task Force britannique, rassemblée autour du porte-aéronefs *HMS Ark Royal,* quittait le port de Portsmouth, trois porte-avions américains étaient mis en alerte et prêts à rejoindre dans le golfe Persique l'*USS Constellation.* Déjà, hier, le secrétaire à la Défense Donald Rumsfeld signait des ordres pour accroître la présence militaire américaine dans la région et la porter à 150 000 hommes dans les délais les plus brefs. Cependant, la diplomatie n'a pas renoncé à trouver une issue pacifique. Avant hier, au Conseil de sécurité, le président de la Commission de contrôle, de vérification et d'inspection en Irak (Unmovic), Hans Blix, et le directeur général de l'Agence internationale de l'énergie atomique (AIEA), Mohamed El-Baradei, ont présenté un rapport équilibré: si les inspecteurs de l'ONU n'ont découvert aucune trace d'armes de destruction massive en Irak, comme l'espéraient Washington et Londres, ils ont mis en évidence le manque de coopération de Bagdad. C'était plus qu'il n'en fallait aux Américains, par la bouche de leur secrétaire d'Etat Colin Powell, pour voir dans cette carence une violation « patente » de la résolution 1441 du Conseil de sécurité. Immédiatement contestée par l'Irak, qui se réaffirme prêt à coopérer, cette interprétation ne signifie pas encore la guerre. Hans Blix et Mohamed El-Baradei retourneront en Irak, poursuivront les inspections, puis rendront compte au Conseil de sécurité le 27 janvier. (→ 17)

Le porte-aéronefs britannique « HMS Ark Royal » quitte le port de Portsmouth.

La Corée du Nord défie les Etats-Unis

Pyongyang, samedi 11
Plus d'un million de personnes ont défilé dans la capitale nord-coréenne pour soutenir le raidissement brutal du régime de Kim Jong-il face aux Etats-Unis. Hier, l'ambassadeur de la Corée du Nord à l'ONU avait créé la surprise en annonçant que son pays se retirait du traité de non-prolifération nucléaire (TNP), en réponse à la menace que constitue son inscription dans l'« axe du mal » par George W. Bush. L'ambassadeur n'a pas écarté non plus la possibilité, pour la Corée du Nord, d'utiliser l'arme nucléaire au cas où les Etats-Unis décideraient un embargo contre Pyongyang. Par ailleurs, les Coréens du Nord se sont déclarés libérés de leur engagement vis-à-vis de Washington, concernant la suspension des essais de leurs missiles balistiques. Survenu en pleine crise irakienne, ce chantage semble destiné à contraindre les Américains à reprendre leur aide alimentaire et énergétique à un pays ruiné. (→ 13.2)

Maurice Pialat part retrouver Van Gogh

Paris, samedi 11
Cinéaste farouchement indépendant, Maurice Pialat est décédé des suites d'une insuffisance rénale. Il était âgé de 77 ans (*31.8.1925). Ses œuvres, marquées par une vision pessimiste de la nature humaine, mais aussi par une authentique compassion, ne laissaient personne indifférent, telles *la Gueule ouverte* (1974), *Passe ton bac d'abord* (1978) ou *A nos amours* (1983). Pialat a obtenu la Palme d'or à Cannes, en 1987, pour son adaptation discutée de *Sous le soleil de Satan* d'après Georges Bernanos. Son chef-d'œuvre pourrait toutefois demeurer le magnifique et bouleversant *Van Gogh* (1991), avec Jacques Dutronc dans le rôle-titre.

Gilles Lemaire succède à Dominique Voynet

Paris, samedi 11
Les Verts, qui n'étaient pas parvenus à s'entendre le mois dernier à Nantes durant leur congrès, ont finalement trouvé un successeur à Dominique Voynet. Ils ont élu Gilles Lemaire secrétaire national, mais seuls 73 des 120 délégués ont pris part au vote: les amis de Noël Mamère, Marie-Hélène Aubert et Dominique Voynet se sont abstenus. S'il est inconnu du grand public, Gilles Lemaire, 51 ans, est un militant aguerri, qui a d'abord fait ses classes au sein des Jeunesses étudiantes chrétiennes (JEC), puis a rejoint le PSU après Mai 1968 avant d'opter pour le maoïsme. Adhérent des Verts depuis 1992, il veut ancrer un peu plus le parti écologiste dans la gauche, et espère conclure « de bons accords » électoraux avec le PS, dont il a été membre durant dix ans.

Plus aucun condamné à mort dans l'Illinois

Chicago, samedi 11
A quarante-huit heures de la fin de son mandat, le gouverneur républicain de l'Illinois, George Ryan, a commué les 167 condamnations à mort de son Etat en réclusion criminelle à perpétuité. Jadis farouche défenseur de la peine de mort, comme le sont encore 68 % des Américains, le gouverneur Ryan en est devenu opposant en découvrant à quel point le système « est hanté par le démon de l'erreur ». La machine judiciaire, explique-t-il, « est cassée et arbitraire, donc immorale ». Critiqué par le procureur de l'Etat ainsi que par Rod Blajojevich, le démocrate qui lui succédera lundi et qui parle de « grave erreur », George Ryan est en paix: « Je vais bien dormir cette nuit, car je sais que j'ai pris la bonne décision. »

Les parents d'Estelle sont dans l'angoisse

Guermantes, samedi 11
L'espoir de retrouver Estelle Mouzin vivante s'amenuise d'heure en heure. Jeudi, la fillette âgée de 9 ans et demi est sortie à 18 heures de son école de Seine-et-Marne, distante de moins d'un kilomètre de son domicile. Un quart d'heure plus tard, elle était vue devant la boulangerie. Depuis, rien. Les plongeurs ont sondé en vain tous les plans d'eau des environs. Et les maîtres-chiens n'ont pas trouvé le moindre indice. L'emploi du temps des 1 400 habitants de Guermantes est épluché par les enquêteurs, et une information judiciaire a été ouverte pour enlèvement et séquestration.

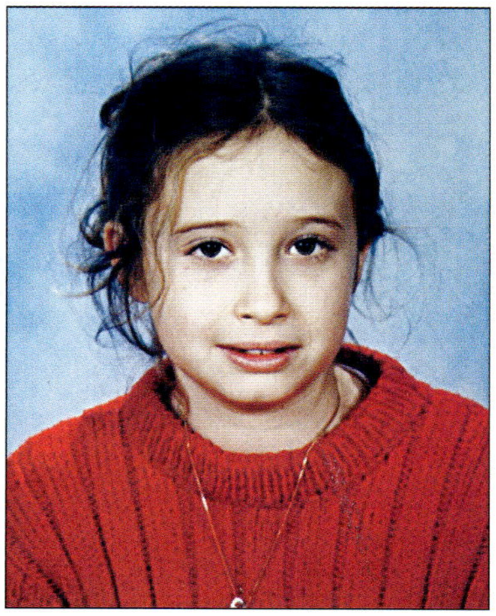

Janvier

Lu	Ma	Me	Je	Ve	Sa	Di
		1	2	3	4	5
6	7	8	9	10	11	12
13	14	15	16	17	18	19
20	21	22	23	24	25	26
27	28	29	30	31		

Paris, lundi 13
J.-F. Mattei, ministre de la Santé, lance une campagne en faveur des médicaments génériques. (→ 19.4)

France, lundi 13
La délinquance et la criminalité ont augmenté de 1,28 % en 2002.

Cologny (Suisse), lundi 13
La chanteuse Nana Mouskouri, 68 ans, épouse André Chapelle, son compagnon depuis 35 ans.

Nicosie, mardi 14
Un quart de la population de la République turque de Chypre du Nord manifeste en faveur de la réunification de l'île. (→ 16.2)

Anvers, mercredi 15
Le navire de guerre américain *Algol* appareille pour le Golfe.

Union européenne, mercredi 15
Entrée en vigueur du système informatique Eurodac, qui enregistre les empreintes digitales des demandeurs d'asile.

Quito (Equateur), mercredi 15
Le colonel Lucio Gutierrez, populiste de gauche, élu en novembre, est investi chef de l'Etat.

France, mercredi 15
7 230 personnes sont mortes sur les routes en 2002 (-6,3 %).

Bastia, mercredi 15
La cour d'appel confirme la condamnation de l'ancien préfet Bernard Bonnet à trois ans de prison, dont un an ferme.

Bruxelles, jeudi 16
Les sénateurs belges approuvent l'abandon du nucléaire en 2015.

Arcachon, jeudi 16
La commercialisation des huîtres est à nouveau autorisée.

Atlanta, jeudi 16
Delta Airlines annonce une perte de 1,3 milliard de dollars en 2002. 4 000 salariés vont être licenciés.

Canberra, samedi 18
L'état d'urgence est décrété dans la capitale australienne, menacée par un gigantesque incendie.

Auckland, dimanche 19
Le Défi suisse *Alinghi* remporte la finale de la Coupe Louis-Vuitton face au Défi américain *Oracle*, par cinq victoires à une. (→ 2.3)

DÉCÈS

Carhaix-Plouguer, samedi 18
Eugénie Goadec, la dernière des sœurs Goadec, figures du chant traditionnel breton (*3.9.1909).

3 056,93 — 30,26 $

€ 1,0663 $

Joli doublé tricolore aux championnats du monde de snowboard

Kreischberg, mercredi 15
Quand ce n'est pas l'une, c'est l'autre. En slalom parallèle, Isabelle Blanc a décroché l'or de justesse en Autriche, devant sa compatriote Karine Ruby, tenante du titre. Ces championnats du monde de snowboard auront été, pour les deux copines, la photocopie de leur classement en slalom géant aux Jeux olympiques d'hiver de Salt Lake City, l'année dernière. C'est à la Suédoise Sara Fischer, 23 ans, qu'est revenue la troisième place. Très dominatrices, les Françaises auraient même pu briguer le triplé. Florine Valdenaire, qui a dû se contenter d'une très prometteuse septième place, aurait pu faire mieux si, en quart de finale, elle n'avait eu la malchance d'avoir pour adversaire une certaine… Isabelle Blanc!

En slalom parallèle, l'or pour Isabelle Blanc (à droite), l'argent pour Karine Ruby.

Un plan quinquennal pour l'armée

Paris, mercredi 15
Le Parlement a définitivement voté la loi de programmation militaire pour la période 2003-2008. Ce seront donc en moyenne 14,64 milliards d'euros annuels qui seront affectés, jusqu'en 2008 inclus, à la rénovation de l'outil militaire français. Au programme: la mise en chantier d'un nouveau sous-marin nucléaire doté du missile M51, l'entrée en service de 76 Rafale (soit 57 pour l'armée de l'Air et 19 pour la Marine), le lancement de deux satellites de renseignement Hélios (dits de nouvelle génération), la construction d'un second porte-avions, l'arrivée en escadrille de trois premiers avions de transport A400M. Entre autres.

Palace Parfums laisse un goût amer

Neuchâtel-en-Bray, jeudi 16
Le tribunal de commerce a prononcé la liquidation judiciaire de Palace Parfums, ce qui est, paradoxalement, une bonne nouvelle pour les salariés. Le 6 janvier, de retour de vacances, les 46 employés de la société située à Saint-Nicolas-d'Aliermont, en Seine-Maritime, avaient eu la surprise de découvrir des locaux totalement vides. La direction avait disparu et déménagé tout le matériel de production sans avertir quiconque. La liquidation va leur permettre de s'inscrire à l'ANPE et de percevoir des allocations. Pour François Fillon, ministre du Travail, il s'agit d'une « opération frauduleuse passible de sanctions pénales ».

Quelles limites pour le fichier génétique ?

Paris, vendredi 17
Les députés UMP veulent aller plus loin que le ministre de l'Intérieur. Au moyen d'amendements qui ont été débattus dans la nuit et qui n'ont pas rencontré de forte opposition, ils ont obtenu que le fichier d'empreintes génétiques soit élargi aux proxénètes de mineurs, aux faux-monnayeurs et à ceux qui exploitent la mendicité, et non plus seulement aux criminels sexuels. Le refus de se soumettre à un prélèvement d'ADN dans le cadre d'une enquête criminelle sera plus sévèrement puni: jusqu'à deux ans de prison. La proposition d'étendre le fichier « à toute la population » a été en revanche repoussée.

L'immobilier parisien continue de flamber

Paris, jeudi 16
La Chambre des notaires de Paris a divulgué les chiffres de l'immobilier pour le troisième trimestre 2002. Les prix ont progressé de 9,2 %! Le prix moyen du mètre carré des logements anciens à Paris s'élève à 3 424 euros, avec des pointes à plus de 5 000 euros pour les VIe et VIIe arrondissements. Mais ce sont les quartiers populaires qui connaissent la plus forte hausse, signe que l'embourgeoisement de la capitale est général et que plus aucun secteur n'échappe à la spéculation.

Le 17, inauguration du tunnel du Somport, long de 8 608 m. Contesté par les élus locaux, qui déplorent l'absence d'aménagement d'une route d'accès, et par les écologistes, cet ouvrage d'art relie la France à l'Espagne.

Jacques Chirac reste opposé à une guerre

Hans Blix et le chef de l'Etat à l'Elysée.

Paris, vendredi 17
Le président de la République a reçu à l'Elysée Hans Blix et Mohamed El-Baradei, chargés par l'ONU de vérifier le désarmement de l'Irak. Il a profité de l'occasion pour réaffirmer la position de la France. Selon Jacques Chirac, il appartient au Conseil de sécurité seul de tirer les conclusions des rapports que lui délivreront Blix et El-Baradei le 27 janvier. Et, le cas échéant, de lancer une action militaire contre l'Irak, sous l'égide de l'ONU. Ce qui revient, en fait, à condamner toute opération unilatérale à laquelle se livreraient dans le Golfe les Américains: le pays qui céderait à cette tentation, a dit le président, « se mettrait purement et simplement en contravention avec la règle internationale ». Par ailleurs, sensible aux arguments de Hans Blix, il a demandé à ce que le Conseil de sécurité donne le temps aux inspecteurs de mener à bien leur mission. En clair, cela signifie que le 27 janvier ne doit pas être une date butoir. Et d'ajouter: « La guerre est toujours un aveu d'échec. » (→ 23)

Marc Dutroux serait un « prédateur isolé »

Neufchâteau, vendredi 17
Ainsi Marc Dutroux aurait-il agi seul. Ainsi la piste du réseau pédophile ne serait-elle qu'une vue de l'esprit. C'est du moins ce qu'il faut déduire du non-lieu partiel rendu aujourd'hui par la chambre d'accusation en faveur de Michel Nihoul et dont les familles de victimes peuvent encore faire appel. Nihoul était soupçonné d'avoir joué l'intermédiaire entre Dutroux et des sadiques pédophiles. Mais la thèse du « prédateur isolé », soutenue depuis 1997 par le juge instructeur, a prévalu. Marc Dutroux, son épouse et Michel Lelièvre, un comparse, sont renvoyés devant les assises. Marc Dutroux aura à répondre de quatre assassinats, de neuf enlèvements, séquestrations et viols, et d'un meurtre. (→ 30.4)

Joan Baez chante contre George W. Bush

Etats-Unis, samedi 18
Depuis la guerre du Viêt-nam, jamais le pacifisme n'avait connu un succès aussi spectaculaire aux Etats-Unis. La volonté affichée par George W. Bush d'en découdre avec l'Irak a conduit dans la rue des centaines de milliers d'Américains hostiles à la guerre et à leur président. La plus spectaculaire des manifestations s'est produite au pied du Capitole, à Washington, où l'on dénombrait, selon les estimations, entre 150 000 et 500 000 participants. Ils étaient plusieurs dizaines de milliers à San Francisco, avec à leur tête Joan Baez, plus militante, plus jolie et plus talentueuse que jamais. Comme dans les « sixties », l'artiste contestataire a chanté pour la paix, chantant même quelques couplets en arabe. (→ 15.2)

Mort de Françoise Giroud

Neuilly-sur-Seine, dimanche 19
Françoise Giroud (née Françoise Gourdji, *21.9.1916) est morte à l'hôpital américain où elle avait été admise vendredi après avoir chuté, la veille, à l'Opéra-Comique. « De toutes mes vies, avait-elle coutume de dire, celle que je préfère, c'est le journalisme. » Si elle fut scripte durant les tournages de films de Marc Allégret et de Jean Renoir (*la Grande Illusion*, 1936), écrivain (avec notamment *le Bon Plaisir*, qui se déroule dans les alcôves du pouvoir) et femme politique, elle restera en effet comme un modèle de rigueur journalistique sachant séparer les faits des commentaires qu'il convenait d'en donner, ce qu'elle faisait aussi à la perfection. Après avoir dirigé la rédaction du magazine *Elle*, elle avait fondé *l'Express* avec Jean-Jacques Servan-Schreiber en 1953, puis en avait assumé la direction jusqu'à ce que Valéry Giscard d'Estaing la nomme, en 1974, secrétaire d'Etat à la Condition féminine. Libérale, au sens américain du terme, elle mena sa carrière avec une telle pugnacité qu'il sembla alors, pour toutes les femmes, que plus rien ne leur était interdit.

Le 18, à Cannes, lors des NRJ Music Awards, Nolwenn Leroy remet le trophée de meilleur artiste masculin francophone de l'année à Gérald de Palmas, en présence de Phil Collins, récompensé pour l'ensemble de sa carrière.

Le 19, à Charm el-Cheikh, en Egypte, Hiroshi Masuoka et Andrea Schulz remportent le Dakar autos sur Mitsubishi. Sur notre photo : le camion de Klaus Bauerle lors de l'étape de Castellón, en Espagne, le vendredi 3.

Janvier

Lu	Ma	Me	Je	Ve	Sa	Di
		1	2	3	4	5
6	7	8	9	10	11	12
13	14	15	16	17	18	19
20	21	22	23	24	25	26
27	28	29	30	31		

Nantes, lundi 20
Les élus français du littoral exigent de l'Europe la mise en place d'un dispositif de prévention contre les marées noires. (→ 1.5)

Toulouse, lundi 20
Le procureur dément que l'explosion de l'usine AZF ait pu avoir une origine criminelle.

France, lundi 20
Les dépenses maladie se sont accrues de 7,3 % en 2002.

La Haye, lundi 20
L'ancien président de Serbie, Milan Milutinovic, recherché pour crimes de guerre, se rend au TPI.

Venezuela, lundi 20
Les affrontements entre pro- et anti-Chavez ont fait 47 morts depuis mars 2002. (→ 25)

Bruxelles, mardi 21
Les ministres des Finances de la zone euro lancent une procédure de « déficit excessif » contre l'Allemagne.

Colombie, jeudi 23
Les guérilleros de l'ELN annoncent avoir enlevé le 21 deux journalistes du *Los Angeles Times*. (→ 1.2)

Londres, jeudi 23
La société américaine Tupperware arrête les « réunions Tupperware » en Grande-Bretagne.

New York, jeudi 23
McDonald's annonce ses premières pertes : 344 millions de dollars au 4e trimestre 2002. 600 magasins américains et japonais vont fermer.

Luxembourg, vendredi 24
Arcelor, n° 1 mondial de l'acier, annonce la fermeture des six hauts fourneaux européens les moins productifs d'ici à 2010.

Kaboul, samedi 25
Pour la première fois depuis 14 ans, des Afghanes passent leur permis de conduire.

Melbourne, dimanche 26
André Agassi remporte pour la quatrième fois les Internationaux de tennis d'Australie au lendemain de la victoire de Serena Williams (face à Venus) dans la finale dames.

DÉCÈS

Lésigny-sur-Creuse, lundi 20
Mose (Moïse Depond), dessinateur de presse (*17.10.1917).

Paris, vendredi 24
Henri Krasucki, ancien secrétaire général de la CGT (*2.9.1924).

2 898,60 — 30,19 $ — € 1,0835 $

La mort annoncée de l'usine Metaleurop révulse Francis Mer

Noyelles-Godault, mardi 21
Premier test social sérieux pour Jean-Pierre Raffarin. Le Premier ministre a été pris de court par l'annonce, faite aujourd'hui par la firme Metaleurop, de la fermeture « dans les cinq ou huit jours » du site de Noyelles-Godault, dans le Pas-de-Calais. Avec, à la clé, 830 licenciements. La direction s'est en effet déclarée incapable de financer un plan social en cours de négociation, mais aussi de procéder à la dépollution de l'usine, responsable de nombreux cas de saturnisme (par contamination des sols par le plomb). Francis Mer, le ministre de l'Économie, est d'autant plus « révulsé », comme il l'a affirmé, que l'insolvabilité de Metaleurop, qui possède d'autres usines en France, a pu être sciemment organisée. (→ 28)

L'usine de Noyelles-Godault a été condamnée par l'actionnaire principal, Glencore.

Le poids des Latinos aux Etats-Unis

Etats-Unis, mardi 21
Selon les toutes dernières estimations fournies par l'US Census Bureau, la minorité hispanique représente 13 % de la population américaine, contre 12,7 % pour la minorité noire. Cette montée en puissance des « Latinos », soit 37 millions de personnes, a pour conséquence celle de la langue espagnole, de plus en plus présente dans les médias et de plus en plus utilisée, à des fins électorales, par les hommes politiques. C'est également au sein de cette minorité que l'US Army opère le gros de son recrutement.

Amitié renforcée entre France et Allemagne

Versailles, mercredi 22
Il y a 40 ans, le général de Gaulle et Konrad Adenauer signaient le traité de l'Elysée qui marquait la réconciliation entre les deux pays. Leurs successeurs, Jacques Chirac et Gerhard Schröder, ont voulu donner un nouveau souffle à cette amitié en réunissant l'ensemble des députés et sénateurs allemands et français dans la salle du Congrès du château de Versailles. Le 22 janvier sera désormais, des deux côtés du Rhin, une journée franco-allemande, et des conseils des ministres communs se tiendront deux fois par an. Et les deux pays envisagent d'accorder la double nationalité à tous leurs citoyens.

La fumette au volant conduira en prison

Paris, jeudi 23
Fumer un joint avant de prendre le volant pourra désormais conduire… en prison. Sur proposition du député (UMP) Richard Dell'Agnola, le texte adopté par l'Assemblée nationale fixe la peine maximale encourue à deux ans de prison et 4 500 euros d'amende. Elle pourra être portée à trois ans et à 9 000 euros si le contrevenant cumule absorption d'alcool et de stupéfiants. Un dépistage systématique de prise de stupéfiants sera effectué après chaque accident mortel. Le garde des Sceaux, Dominique Perben, a « dédié » cette loi à Marilou, une fillette tuée il y a un an par un chauffard drogué.

Londres, jeudi 23. Dans son édition d'aujourd'hui, la revue scientifique britannique *Nature*, dont les articles font généralement autorité, confirme la découverte d'un fossile de dinosaure volant dans la province du Liaoning, en Chine. Selon le professeur Xing Xu, membre de l'Institut de paléontologie des vertébrés et de paléoanthropologie de Pékin, ce reptile jusqu'alors inconnu appartient à la famille des Dromæsauridés, et il pourrait constituer un exemple typique de stade évolutif entre le reptile terrestre et l'oiseau. Baptisé *Microraptor gui*, ce dinosaure aurait vécu au début du Crétacé, il y a entre 124 et 128 millions d'années. Long de 75 à 77 cm, le *Microraptor gui* possède quatre membres et une queue dotés de plumes. C'était probablement un arboricole, capable de voler. La question est de savoir s'il volait en battant des ailes ou en planant, un peu à la manière des écureuils volants. L'étude du fossile fait pencher la communauté scientifique en faveur de la seconde hypothèse.

La vieille Europe se rebiffe face aux attaques de Donald Rumsfeld

Berlin, jeudi 23
A nouveau réunis, mais aujourd'hui à Berlin, Jacques Chirac et Gerhard Schröder ont réaffirmé une position commune dans l'affaire irakienne: pas d'intervention militaire sans une résolution du Conseil de sécurité. La France et l'Allemagne marquaient de cette façon leur volonté de faire face à la campagne d'intimidation menée par Washington contre les partisans de la paix. Une campagne qui a pris une vilaine tournure quand Donald Rumsfeld, le secrétaire à la Défense, a déclaré mercredi que l'Allemagne et la France représentaient une « vieille Europe ». Cette petite phrase n'avait pas manqué de susciter un tollé dans la classe politique française, de Jack Lang à Roselyne Bachelot. (→ 30)

Pour Donald Rumsfeld, le centre de gravité de l'Europe est désormais à l'Est…

Irak

20, Londres. Annonce de l'envoi de 26 000 soldats britanniques dans le Golfe, en renfort.
21, Washington. George W. Bush déclare que les Etats-Unis interviendront militairement si l'Irak ne désarme pas.
22, Istanbul. La Turquie, la Syrie, l'Arabie Saoudite, l'Iran, l'Egypte et la Jordanie invitent l'Irak à plus de coopération avec l'ONU pour éviter la guerre.
25, Londres. Une soixantaine de pacifistes anglais quittent Londres en autocar pour se rendre en Irak et y servir de boucliers humains.
26, Davos. Colin Powell annonce que l'armée américaine est prête à agir seule « s'il le faut ».

Giovanni Agnelli laisse un empire industriel

Turin, vendredi 24
Ce ne sont pas seulement Fiat et le club de football de la Juventus de Turin qui sont en deuil, mais toute l'Italie. A lui seul, Giovanni Agnelli pesait 4 % du PIB du pays. De Fiat, dont il avait pris la direction après la mort de son père, il avait fait un empire industriel, en le diversifiant dans les assurances, l'énergie, etc., et en rachetant Lancia, Alfa Romeo ou la prestigieuse marque Ferrari. Un cancer de la prostate l'a vaincu à 81 ans (*12.3.1921). Il laisse à son frère Umberto, 68 ans, la lourde tâche de lui succéder. Carlo Ciampi, président de la République italienne, lui a rendu un hommage admiratif.

Pour l'Italie, qui l'avait fait sénateur à vie, il était Gianni ou « l'Avoccato ».

Laurent Gbagbo accepte la réconciliation

Paris, samedi 25
Au lendemain de la fin des travaux de la Table ronde des forces politiques ivoiriennes, à Linas-Marcoussis, c'est un sommet africain réuni par Jacques Chirac à Paris qui a permis d'entériner les accords qui y ont été signés. Bon gré, mal gré, le président ivoirien, Laurent Gbagbo, a assuré qu'il était prêt à constituer un gouvernement de réconciliation nationale, incluant des ministres issus des partis rebelles. Il a choisi Seydou Diarra, un homme de dialogue, pour le former. Cependant la situation reste tendue à Abidjan, où des manifestations violemment anti-françaises ont éclaté ce soir. (→ 31)

Les présidents Chirac et Gbagbo.

L'opposition investit la rue au Venezuela

La police a empêché les affrontements entre « chavistes » et opposants.

Caracas, samedi 25
Après la manifestation de soutien au président Hugo Chavez, jeudi, ce sont les opposants qui, ce soir, ont défilé par centaines de milliers sur une voie rapide de Caracas. L'aggravation de la tension est due à la suspension par le Tribunal suprême, mercredi 22, d'un référendum prévu le 2 février, et qui devait décider de l'avenir du chef de l'Etat vénézuélien. L'initiative de cette consultation revenait à l'opposition, qui avait recueilli quelque 1,5 million de signatures. Plus que jamais coupé en deux, le pays en est à son 55e jour de grève. Avec de graves conséquences économiques: depuis le début de la grève, le bolivar a perdu plus de 30 % de sa valeur. (→ 2.2)

Le 25, à Melbourne, Fabrice Santoro et Michael Llodra remportent le double des Internationaux de tennis d'Australie, première victoire française dans la catégorie en tournoi du Grand Chelem depuis Noah/Leconte en 1979.

Janvier

Lu	Ma	Me	Je	Ve	Sa	Di
		1	2	3	4	5
6	7	8	9	10	11	12
13	14	15	16	17	18	19
20	21	22	23	24	25	26
27	28	29	30	31		

Alpes-Maritimes, lundi 27
Une collision entre deux trains dans le tunnel de la Biona fait deux morts et quatre blessés graves.

New York, lundi 27
Le numéro un mondial du tabac, Philip Morris Companies Inc., est rebaptisé Altria Group Inc.

Afghanistan, mardi 28
Dix-huit rebelles sont tués lors d'affrontements avec les forces américaines dans le sud du pays.

Ostende, mardi 28
Des galettes de fioul du *Tricolor* s'échouent sur la côte. (→ 16.2)

France, mardi 28
Journée de grève dans l'Education nationale pour protester contre les suppressions de postes. (→ 19.5)

Béthune, mardi 28
Metaleurop Nord est placée en redressement judiciaire pour une durée de trois mois. (→ 10.3)

Bruxelles, mercredi 29
Diffusion d'un 23e portrait-robot dans l'affaire des « tueurs fous du Brabant », qui avaient fait 28 morts entre 1982 et 1985.

Paris, mercredi 29
Roland Dumas, condamné en première instance dans l'affaire Elf à 30 mois de prison dont six mois ferme, est relaxé en appel.

Paris, mercredi 29
Le député algérien Abdelmalek Benbara est retrouvé mort dans le coffre de sa voiture. (→ 28.2)

Brésil, jeudi 30
Le président Lula lance l'opération « Faim zéro » pour lutter contre la malnutrition qui toucherait un Brésilien sur cinq.

Londres, jeudi 30
Le mannequin allemand Claudia Schiffer donne naissance à son premier enfant: Caspar Matthew.

Téhéran, jeudi 30
Libération de l'ayatollah Hossein Ali Montazeri, ex-dauphin de l'ayatollah Khomeiny, en résidence surveillée depuis cinq ans.

Boston, jeudi 30
Richard Reid, le Britannique aux chaussures piégées du vol Paris-Miami du 22 décembre 2001, est condamné à la réclusion criminelle à perpétuité, assortie d'une peine de 110 ans de prison.

Afghanistan, vendredi 31
Dix-huit personnes sont tuées près de Kandahar par l'explosion d'une mine au passage d'un autocar.

2 932,88 — 31,55 $ — € 1,0737 $

Le Likoud triomphateur en Israël

Israël, mardi 28
Il est parfois plus difficile de gérer une victoire qu'une défaite. C'est ce qu'Ariel Sharon risque de constater dans les jours à venir. Triomphateur des législatives avec 37 députés, son parti, le Likoud, pourrait devenir à la Knesset l'otage des partis extrémistes de droite. En effet, les travaillistes, qui ont subi une défaite historique avec seulement 19 élus, n'ont pas accepté d'intégrer un gouvernement d'union. Or une alliance avec le seul Shinouï, ce jeune parti laïque et ultra libéral qui a déjoué les pronostics en faisant élire 15 députés, ne sera pas suffisante. Sauf si le Shinouï se décide finalement à siéger dans le même gouvernement que les ultrareligieux du Shass, comme son leader l'a laissé entendre. (→ 28.2)

Sharon devra compter avec les laïques du Shinouï et son leader, Tommy Lapid.

Les altermondialistes dressés contre Davos

Davos et Porto Alegre, mardi 28
Le Forum économique mondial s'est achevé à Davos, marqué par la venue du président brésilien, Lula, qui s'est fermement dressé contre la politique économique américaine et a appelé à « un nouvel ordre économique plus juste ». Pourtant, les altermondialistes, réunis au même moment au Forum social de Porto Alegre (Brésil), et qui avaient eux aussi accueilli Lula, n'ont pas apprécié ce voyage en Suisse, qui constitue selon eux une concession au néolibéralisme. Luc Ferry, le ministre de l'Education, a résumé au Brésil le sentiment général: « Plus personne ne contrôle le cours du monde. »

AOL Time Warner affiche un déficit record

Ted Turner quitte la vice-présidence.

New York, mercredi 29
Jamais aucune entreprise au monde n'avait annoncé un tel déficit. En 2002, AOL Time Warner, né de la fusion du fournisseur d'accès à Internet et du géant américain des médias, a perdu 93 milliards de dollars (100 milliards d'euros). Ces pertes abyssales sonnent le glas d'une stratégie industrielle, celle fondée sur la convergence entre les fournisseurs de contenus et ceux qui les diffusent, et dont Vivendi Universal avait déjà fait les frais. Ted Turner, le premier actionnaire privé du groupe, a claqué la porte en affirmant que la fusion fut « une erreur ». Elle lui a coûté très cher. Ses actions ne valent plus « que » 1,85 milliard de dollars, contre 7,2 en janvier 2000.

La loi Sarkozy se veut plus complète

Paris, mardi 28
A l'issue d'un vote sans surprise, les députés UMP et UDF ont adopté le projet de loi sur la sécurité intérieure présenté par Nicolas Sarkozy. Il visait surtout à combler des vides juridiques. Par exemple, les policiers vont pouvoir intervenir dans les halls d'immeuble pour « entrave à la circulation ». La mendicité « agressive » sera réprimée, ainsi que les occupations illégales de terrains, disposition qui vise les camps de nomades. Seront aussi poursuivis les outrages à l'hymne national.

Le 29, jour de ses 18 ans, Athina Roussel-Onassis, fille unique de Christina Onassis, se retrouve à la tête d'une fortune estimée à deux milliards de dollars.

L'Europe divisée face aux Etats-Unis

Washington, jeudi 30
Le président Bush s'est déclaré « très fier d'être soutenu par des dirigeants si importants ». De fait, la Maison-Blanche peut se féliciter de la lettre publiée par le *Wall Street Journal*, avec les signatures de Tony Blair (Grande-Bretagne), Silvio Berlusconi (Italie), José Maria Aznar (Espagne), Anders Fogh Rasmunssen (Danemark), José Manuel Durao Barroso (Portugal), Peter Medgyessy (Hongrie), Leszek Miller (Pologne), Vaclav Havel (République tchèque). Dans cette lettre, les huit dirigeants affichent leur volonté de préserver « le lien réel qui unit les Etats-Unis à l'Europe » et affirment que « le régime irakien et ses armes de destruction massive représentent une menace évidente pour la sécurité mondiale ». Une telle manifestation de solidarité envers les Etats-Unis ne peut qu'aggraver les divisions au sein de l'Europe et rendre vain l'espoir de voir l'Union européenne adopter une position commune pour rechercher une issue pacifique à la crise, comme l'a préconisé, encore aujourd'hui, le chancelier Gerhard Schröder. Or ce dernier se retrouve bien isolé au côté de Jacques Chirac. En effet, les chefs d'Etat français et allemand ne peuvent guère compter, au sein de l'UE, que sur l'appui de la Belgique, qui a rompu de façon inattendue avec sa tradition atlantiste, de la Grèce et de la Finlande et, au Conseil de sécurité de l'ONU, sur celui de la Russie et de la Chine. (→ 5.2)

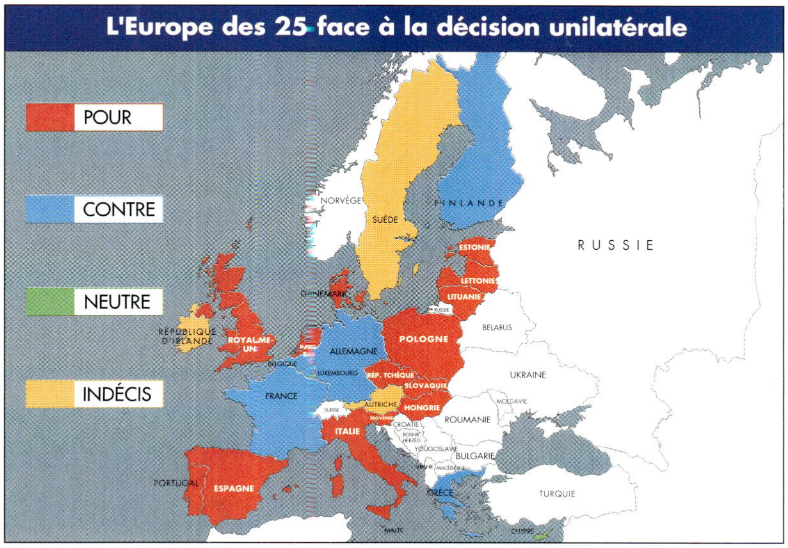

Irak

27, New York. Rapport devant le Conseil de sécurité de Mohamed El-Baradei et Hans Blix. Les deux inspecteurs demandent du temps pour achever leur mission. Mais Colin Powell répond que l'Irak n'a « plus beaucoup de temps ».
29, Washington. Richard Myers, le chef d'état-major interarmées, reconnaît que des troupes américaines sont déjà à pied d'œuvre dans le nord de l'Irak. Colin Powell annonce par ailleurs qu'il présentera au Conseil de sécurité dans huit jours les preuves que Bagdad n'a pas désarmé.
29, Ankara. La Turquie ne serait pas hostile au transit de quelque 20 000 soldats américains sur son sol en cas de guerre.
31, Washington. George W. Bush et Tony Blair se concertent en vue d'une action armée contre l'Irak. Le président américain ne rejette toutefois plus l'idée de passer par le vote d'une nouvelle résolution du Conseil de sécurité.

La Belgique autorise les mariages homos

Bruxelles, jeudi 30
Après les Pays-Bas, il y a deux ans, la Belgique devient le deuxième pays au monde à reconnaître le mariage entre personnes du même sexe. La Chambre des représentants a donné son accord par 91 voix pour et 22 contre ce texte déjà validé par le Sénat. Contrairement à leurs homologues néerlandais, les députés belges n'ont pas voulu ouvrir le droit à l'adoption pour les couples homosexuels, ce que regrettent les élus socialistes et écologistes pour qui il ne s'agit que d'un « premier pas ». La nouvelle loi entrera en vigueur au premier jour du quatrième mois suivant sa publication au *Moniteur* selon les règles du royaume. Les premiers mariages gays devraient donc intervenir avant l'été. (→ 6.6)

Christine Malèvre n'a pas ému les jurés

Versailles, vendredi 31
Après dix jours d'audience, et quatre heures de délibéré, les jurés de la cour d'assises de Versailles ont rendu leur verdict: l'infirmière Christine Malèvre est coupable. Coupable d'avoir, à six reprises, assassiné des patients de l'hôpital de Mantes-la-Jolie dont elle disait avoir abrégé les souffrances à leur demande, mais sans avoir jamais consulté les médecins ni les familles de ses victimes. Laissée libre jusqu'à son procès, elle dormira ce soir en prison. Les jurés l'ont condamnée à dix ans de réclusion criminelle, un verdict jugé ambigu car il paraît bien léger si la jeune femme a tué à six reprises et fut, comme le dit l'avocat général, « une voleuse de temps et d'amour ». Il est bien lourd si « cette petite infirmière avec un cœur gros comme ça » ne s'est laissée aller, ainsi que le plaidait son avocat, qu'à une « faiblesse d'amour ». (→ 15.10)

Les Français en danger en Côte d'Ivoire

Des familles s'apprêtent à embarquer, sous la protection des soldats français.

Abidjan, vendredi 31
Ou Laurent Gbagbo joue un double jeu, ou il est complètement débordé. Plusieurs centaines de ses partisans ont envahi l'aéroport d'Abidjan pour « accueillir » Seydou Diarra, nouveau Premier ministre, qu'ils tiennent pour l'homme de paille du « colonialisme français ». Diarra a dû finalement se poser au Sénégal… Les manifestants s'en sont alors pris aux Français qui, fuyant la Côte d'Ivoire, attendaient d'être rapatriés à Paris. Les soldats de l'opération Licorne, aidés mollement par les forces de l'ordre ivoiriennes, sont intervenus pour éviter le pire, sous les huées des Ivoiriens hostiles aux accords de Marcoussis. (→ 4.2)

Christine Malèvre n'a pas réussi à transformer le procès en débat sur l'euthanasie.

Côte d'Ivoire et guerre civile

Jusqu'à la fin des années 70, la Côte d'Ivoire était le parfait exemple de la réussite économique des Etats africains. A partir des années 80, le pays traverse une crise économique due à la baisse des cours du café et du cacao, ses principales ressources. De plus, des crises socio-politiques éclatent à partir des années 90, engendrées par la quête de justice sociale et de démocratie multipartite des populations, surtout urbaines. De guerre lasse, le président Houphouët-Boigny s'ouvre à la démocratie, acculé par la rue et par son principal opposant, Laurent Gbagbo, ancien dirigeant syndicaliste estudiantin, dirigeant du FPI (Front populaire ivoirien).

A la mort d'Houphouët-Boigny, en 1993, fort d'une disposition constitutionnelle, le président de l'Assemblée nationale Henri Konan Bédié se proclame président de la République et cherche aussitôt à marginaliser le Premier ministre sortant, Alassane Dramane Ouattara, président du RDR (Rassemblement des Républicains). Lors de la présidentielle de 1995, les trois principaux leaders de la politique ivoirienne sont candidats : Bédié, Gbagbo et Ouattara. La Cour suprême rejeta la candidature de Ouattara pour cause de « nationalité douteuse », car il ne serait pas né de père et de mère nés eux-mêmes ivoiriens, comme le stipulait une loi introduite par Bédié – il faut noter que cette disposition ne fut pas appliquée aux autres candidats, ce qui constituait une violation du principe d'égalité électorale. Faute de documents officiels, le président Bédié, dont les origines ivoiriennes n'étaient pas plus claires, se contenta de présenter une déclaration sur l'honneur. Dénonçant l'insuffisance de garanties quant à la transparence et au contrôle du scrutin, le FPI et le RDR prônent le boycott actif.

Le concept raciste de « l'ivoirité » semble être à la base de la première guerre civile de l'histoire ivoirienne. Il fut appliqué aux populations du Nord ivoirien (Senoufo, Dioula, Koulango...) toutes désignées sous le vocable « Dioula », groupe dont est issu Ouattara. A la même époque, la loi sur le foncier est modifiée, déniant la propriété des terres aux étrangers, ou soupçonnés de l'être, même si ceux-ci en étaient légitimement détenteurs.

A partir de 1999, des troubles inter-ethniques éclatent dans l'ouest du pays opposant d'un côté les Ivoiriens du Nord ayant migré dans cette zone aux populations dites autochtones et, d'autre part, les populations étrangères, d'origine burkinabé surtout, à ces mêmes autochtones autour de querelles foncières. Il s'ensuivra le massacre et l'expulsion de milliers de Burkinabé, Nigériens, Maliens et Ghanéens, et de populations originaires du Nord ivoirien (les massacres de Tabou). En décembre 1999, la tension sociale aboutit au premier coup d'Etat militaire de ce pays, organisé par de jeunes militaires qui installent le général Gueï comme chef de l'Etat. Le coup d'Etat fut accueilli comme une véritable délivrance par les populations du Nord et les étrangers, plusieurs des chefs de la junte étant originaires du Nord. Dans un premier temps, le concept de l'ivoirité fut jeté aux orties. Il fit pourtant une réapparition fracassante avec les nouvelles ambitions politiques de Gueï...

Une fois de plus, l'ancien Premier ministre Ouattara fut écarté de la présidentielle sous prétexte de s'être prévalu d'une autre nationalité. C'est donc dans un climat tendu qu'une parodie d'élection fut organisée, Gueï étant convaincu de sa victoire face à son rival Gbagbo, avec lequel il avait d'ailleurs passé un pacte tacite pour écarter les autres candidats.

Après moult retournements de situation (dissolution de la commission d'organisation des élections, autoproclamation de la victoire de Gueï, manifestations de rue, massacres), Gbagbo s'autoproclame, à son tour, vainqueur de la présidentielle et ordonne aux forces de sécurité de mater les manifestations du RDR de Ouattara qui visaient à réclamer l'annulation du scrutin. Il s'ensuivra une chasse aux étrangers et aux « Dioula » dont des centaines furent massacrés, comme l'a sinistrement prouvé le charnier découvert à Youpougon, le quartier populaire d'Abidjan.

Le 19 septembre 2002, prenant prétexte d'une légitime réclamation de quelques militaires réclamant réintégrations ou mises à la retraite, les autorités ivoiriennes annoncent l'échec d'une tentative de coup d'Etat... Tour à tour, le RDR de Ouattara et Gueï sont accusés d'en être les instigateurs. Les militaires accusés prennent le maquis et s'installent avec une grande partie des forces vives de l'armée au nord du pays.

Les forces de Gbagbo quadrillent systématiquement Abidjan, à la recherche d'assaillants et assimilés : les populations originaires du Nord et les étrangers, notamment les Burkinabé. Plusieurs massacres sont perpétrés par les milices de Gbagbo, et des milliers de personnes issues de ces deux communautés fuient vers le nord. Le général Gueï et une grande partie de sa famille sont massacrés chez eux. Ouattara et sa famille ne doivent leur survie qu'au fait qu'ils aient pu se réfugier dans la résidence de l'ambassadeur de France, leur voisin, mais une vingtaine de personnes de leur proche entourage sont massacrées. Le ministre de l'Intérieur, soupçonné de faiblesse par le couple Gbagbo, sera assassiné.

Les rebelles de circonstance établissent leur QG à Bouaké, s'organisent et sont presque aux portes de Yamoussoukro et d'Abidjan qu'ils menacent de prendre. C'est alors que la France, qui entretient une coopération militaire très étroite avec la Côte d'Ivoire (accord de défense qui autorise le stationnement de soldats français en Côte d'Ivoire), à la demande de Gbagbo, déploie ses troupes pour barrer le chemin de Yamoussoukro aux rebelles.

De facto, on assiste à une partition du pays entre le Nord tenu par les rebelles et le Sud par Laurent Gbagbo, la zone tampon du centre étant tenue par les troupes françaises. C'est ainsi que, campés sur leurs positions, les deux camps participeront aux négociations de Marcoussis, qui déboucheront sur les accords du même nom et dont la mise en œuvre demeure encore en souffrance.

La crise aiguë que traverse la Côte d'Ivoire n'est que la résultante des contradictions sociales, politiques et économiques que vit ce pays depuis son accession à l'indépendance, jusque-là occultées. Cette crise a mis à nu des problèmes dont la résolution est impérative pour le retour de la paix et une véritable réconciliation nationale, gages de stabilité et conditions sine qua non du développement.

La question de la nationalité doit être posée avec le maximum de discernement en évitant l'exclusion et en prenant en compte les facteurs historiques et les pratiques sociales des populations. L'égalité en droit et en devoir des citoyens doit être réaffirmée, en excluant toute idée de clanisation, de régionalisme et de tribalisme. L'intégration des communautés étrangères et le respect de leurs droits doivent être des pratiques quotidiennes, eu égard au rôle historique qu'elles ont joué dans le développement du pays et au poids économique et démographique qu'elles représentent aujourd'hui.

L'instauration d'une véritable démocratie consensuelle contribuerait à la résolution de tous ces problèmes.

Jean R. Guion
de l'Académie des sciences d'outre-mer,
président de l'Alliance francophone.s

Février

Lu	Ma	Me	Je	Ve	Sa	Di
					1	2
3	4	5	6	7	8	9
10	11	12	13	14	15	16
17	18	19	20	21	22	23
24	25	26	27	28		

Colombie, samedi 1er
Libération des journalistes du *Los Angeles Times* enlevés le 21 janvier.

Union européenne, samedi 1er
Le traité de Nice entre en vigueur.

Lisbonne, dimanche 2
La Croatie devient championne du monde de handball.

Venezuela, dimanche 2
Fin de la grève générale qui durait depuis deux mois. (→ 19)

Algérie, lundi 3
Une panne d'électricité inexpliquée plonge tout le pays dans le noir entre 19 heures et minuit.

New York, mardi 4
Le Conseil de sécurité de l'ONU approuve les accords de Marcoussis sur la Côte d'Ivoire. (→ 21)

Colombie, mercredi 5
Le président Uribe prolonge l'état d'exception après que les Farc ont dynamité un oléoduc. (→ 7)

Allemagne, mercredi 5
Le taux de chômage atteint 11 %, soit 4 620 000 personnes.

France, jeudi 6
Les avions d'Air Lib, dont la licence d'exploitation expirait hier à minuit, sont cloués au sol. 3 200 emplois sont menacés. (→ 10)

Paris, vendredi 7
La joueuse de tennis suisse Martina Hingis, âgée de 22 ans, annonce son retrait de la compétition.

Andoain (Espagne), samedi 8
Un policier est assassiné par l'ETA.

France, dimanche 9
Le Livre de Poche fête ses 50 ans. Près d'un milliard d'exemplaires ont été vendus depuis 1953.

Le Touquet, dimanche 9
Moto : le Français Thierry Béthys, sur Honda, remporte l'Enduro.

DÉCÈS

Paris, dimanche 2
Roger Bouzinac, journaliste (*28.7.1920).

Neuilly, lundi 3
Jean Kerchbron, réalisateur de télévision (*24.6.1924).

Paris, jeudi 6
René Haby, ancien ministre de l'Education nationale (*9.10.1919).

Bergerac, vendredi 7
Frédéric Zeller, ancien Grand Maître du Grand Orient de France (*26.3.1912).

2 796,66 31,54 $
€ 1,0809 $

La navette Columbia explose en vol

Les sept astronautes avaient posé avant le départ de la navette Columbia, le 16 janvier. De gauche à droite : David Brown, Rick Husband, Laurel Clark, l'Indienne Kalpana Chawla, Michael Anderson, William McCool et l'Israélien Ilan Ramon.

Texas, samedi 1er
Au terme de sa 28e mission, la navette spatiale américaine Columbia aurait dû se poser à 15 h 16 (heure de Paris) à Cap Canaveral. Mais, à 15 heures, le vaisseau se désintégrait en plein vol, une heure après sa rentrée à quelque 27 000 km/h dans l'atmosphère, avec ses sept membres d'équipage. C'est à 14 h 53 que les techniciens de la Nasa s'étaient aperçus que certains capteurs de la navette ne fonctionnaient plus. Sept minutes après, le contact radio avec Rick Husband, le commandant de bord, était interrompu. Des débris ont été retrouvés au Texas et en Floride. Cette catastrophe, survenue dix-sept années après l'explosion de la navette Challenger, le 28 janvier 1986, relance le débat sur la fiabilité de la navette spatiale américaine qui, contrairement aux capsules Soyouz russes, ne possède pas de système d'éjection de l'équipage en cas de problème. Le vieillissement de Columbia est lui aussi mis en cause. Quatre-vingts secondes après le décollage, un morceau de mousse isolante s'est détaché du réservoir de la fusée porteuse. Peut-être a-t-il endommagé l'aile gauche de la navette. (→ 6.5)

Un nouvel échec pour Robert Hue

Argenteuil, dimanche 2
Les électeurs du Val-d'Oise ne veulent décidément plus de Robert Hue pour député. Battu en juin 2002, il vient de l'être à nouveau lors de la législative partielle organisée après l'annulation du scrutin. Georges Mothron (UMP) l'emporte avec 51,87 % des voix. Il ne reste plus qu'un mandat au président du PCF : celui de maire de Montigny-lès-Cormeilles. Cet échec, survenant après ceux de l'élection présidentielle, où il n'avait recueilli que 3,37 % des voix, et des législatives de 2002 où les candidats du PCF n'avaient totalisé que 4,82 %, pourrait sonner le glas de sa carrière politique. Elle marque en tout cas l'échec de son entreprise de rénovation du parti.

380 milliards de dollars pour le Pentagone

41 milliards de dollars ont été alloués pour 2004 à la lutte antiterroriste et à la sécurité intérieure des Etats-Unis.

Washington, lundi 3
C'est pour faire face aux conséquences « de la récession, de la guerre et de la situation d'urgence » que le président George W. Bush prévoit pour 2004 un déficit budgétaire de 307 milliards de dollars. Ce déficit record s'explique par la baisse des impôts et par la hausse de 4,4 % des dépenses militaires, soit 380 milliards de dollars, le Pentagone souhaitant dépasser les 500 milliards annuels à la fin de l'actuelle décennie. Le budget 2004 fait apparaître de façon très claire les choix stratégiques de la Maison-Blanche. La priorité a été en effet donnée au bouclier antimissile, aux avions sans pilote, aux bâtiments de guerre et aux forces spéciales. Par contre, les coûts générés par une action armée éventuelle contre l'Irak n'ont pas été pris en compte.

Jean-Pierre Raffarin annonce la réforme des régimes de retraite

Paris, lundi 3
Pour le Premier ministre, il n'y a plus de temps à perdre: « La réforme a déjà trop tardé, souvent annoncée, toujours repoussée. » Or le « choc de 2006 » est programmé, quand 800 000 Français partiront à la retraite contre 550 000 en 2003. Soit on attend, a-t-il expliqué au Conseil économique et social, et le seul choix sera d'augmenter les impôts ou de diminuer les pensions. Soit on agit maintenant. Son plan, destiné à financer les retraites à l'horizon 2020, prévoit d'« harmoniser » la durée des cotisations du privé et du public. Ces dernières devraient passer de 37 ans et demi à 40 ans. Sa promesse d'un « dialogue » avec les syndicats ne les a pas apaisés: ils préféreraient mener des « négociations ». (→ 3.4)

Il n'y a plus d'usine Daewoo en Lorraine

Briey, lundi 3
La dernière des trois usines lorraines du groupe sud-coréen Daewoo, celle de Fameck en Moselle, a été placée cet après-midi en liquidation judiciaire. L'unité de production de Mont-Saint-Martin, en Meurthe-et-Moselle, l'avait été lundi 27 janvier, quatre jours après avoir été dévastée par un incendie sur l'origine duquel le parquet a ouvert une information pour « destruction volontaire ». Le ministre de l'Industrie, Nicole Fontaine, a été appelé à l'aide par le millier de salariés licenciés car Daewoo, qui doit 20 millions d'euros aux banques malgré les 60 millions d'aides versées par l'Etat depuis 1996, ne peut pas financer le plan social.

Naissance de l'Etat de Serbie et Monténégro

Belgrade, mardi 4
La république fédérale de Yougoslavie est morte. Vive « l'Etat de Serbie et Monténégro »! Après neuf mois de pourparlers entre les 10 millions de Serbes et les 650 000 Monténégrins d'une part, et avec l'Union européenne d'autre part, attentive aux équilibres dans la région, le Parlement de l'ex-Yougoslavie a proclamé la naissance du nouvel Etat. Si la Constitution accorde une large autonomie aux deux entités, les dirigeants du Monténégro la jugent très insuffisante. Le Premier ministre monténégrin, Milo Djukanovic, ainsi que Filip Bujanovic, le président du Parlement, ont boycotté la cérémonie. Vojislav Kostunica, le président fédéral, était lui aussi absent. La province serbe du Kosovo fait partie de cet Etat.

L'essor commercial du DVD est irrésistible

France, mercredi 5
Le DVD a conquis les Français: selon les chiffres fournis par le Syndicat de l'édition vidéo, en 2002, les ventes de DVD ont dépassé pour la première fois celles des cassettes VHS. Il s'est vendu en effet 49,2 millions de DVD (+ 60 %) et 32,7 millions de VHS (en régression de 27 %). Un foyer français sur quatre est désormais équipé d'un lecteur DVD. La qualité de l'image et du son, ainsi que les bonus offerts aux cinéphiles, expliquent pour une large part cet engouement que la mise sur le marché de DVD-R (enregistrables) à un prix abordable devrait renforcer. La bonne vieille VHS doit l'essentiel de sa survie aux tout-petits: 42 % des cassettes préenregistrées achetées en 2002 sont des films pour enfants.

Powell n'a pas su convaincre l'ONU

New York, mercredi 5
Quatre-vingts minutes. C'est le temps que le secrétaire d'Etat américain s'est accordé pour persuader le Conseil de sécurité, preuves à l'appui, de la violation flagrante de la résolution 1441 par l'Irak. Le point fort du réquisitoire de Colin Powell a porté sur la mauvaise volonté de Bagdad à satisfaire à toutes ses obligations de coopération avec les inspecteurs en désarmement, ce qui ne constituait toutefois pas une surprise pour les membres du Conseil, surtout depuis les précédents rapports de Hans Blix et de Mohamed El-Baradei. Il fut beaucoup moins convaincant sur les armes de destruction massive, que les Irakiens n'auraient pas renoncé, selon lui, à dissimuler, voire à construire. Les preuves de l'existence de laboratoires mobiles destinés à produire des armes biologiques n'ont pas paru vraiment significatives, ni celles visant à prouver la volonté de Saddam Hussein de doter son pays de l'arme nucléaire. Quant à l'hypothétique collusion de l'Irak et de la Qaida, Colin Powell n'a apporté aucun argument décisif. C'est George W. Bush qui avait insisté pour que le secrétaire d'Etat aborde le sujet, alors que la CIA, plus prudente, n'y était pas favorable. Le résultat de ce discours n'a pas été à la hauteur des espérances de la Maison-Blanche car, sur les quinze membres du Conseil de sécurité, neuf se sont déclarés pour la poursuite des inspections, estimant que toutes les voies d'un règlement pacifique de la crise, ouvertes par la résolution 1441, n'avaient pas été épuisées: la France, la Russie, l'Allemagne, le Mexique, la Chine, le Cameroun, la Syrie, le Chili et la Guinée. Dominique de Villepin et Igor Ivanov, ministres des Affaires étrangères français et russe, ont même proposé à l'ONU de faciliter la tâche des inspecteurs en mettant à leur disposition des avions de reconnaissance, par exemple les Mirage IVP français déjà utilisés en Afghanistan. (→ 6)

Colin Powell au Conseil de sécurité.

Le rapport périmé de Tony Blair

Londres, mercredi 5
C'est un beau scandale que la chaîne de télévision Channel Four a soulevé aujourd'hui. Lundi, le gouvernement de Tony Blair avait publié un rapport accablant sur la façon dont les Irakiens trompaient les inspecteurs de l'ONU. Or Channel Four vient de révéler que ce document, salué par Colin Powell pour son « excellence » au Conseil de sécurité, n'était en fait que le plagiat, aux fautes de grammaire près, d'une thèse de doctorat due à un étudiant irakien réfugié en Californie, Ibrahim al-Marashi, thèse entièrement fondée sur des témoignages vieux de douze ans! Et, pour faire bonne mesure, ce rapport concocté dans les bureaux du 10 Downing Street « empruntait » une partie de sa substance à deux articles parus dans la revue *Jane's Intelligence* en... 1997! Demain soir, Tony Blair doit être interviewé sur BBC-2. Rude épreuve en perspective.

« The game is over… »

Washington, jeudi 6
Les signes d'énervement se font sentir de plus en plus à Washington. Tandis que, ce matin, Colin Powell déclarait devant la commission sénatoriale des affaires étrangères qu'on touchait « à la fin de la partie », le président Bush, dans une déclaration à la presse, allait plus loin en affirmant que « la partie est terminée ». Le président a été on ne peut plus démonstratif. Soit le Conseil de sécurité donne son feu vert pour une intervention armée en Irak, soit les Etats-Unis, forts d'« une coalition croissante », agissent hors de l'ONU « pour se défendre et pour désarmer le régime irakien », les liens supposés de l'Irak et de la Qaida étant pour Bush un cas de légitime défense. (→14)

La capitale de la Colombie en état de choc

Les enquêteurs estiment que le véhicule contenait au moins 200 kg de dynamite.

Bogotá, vendredi 7
La capitale colombienne n'avait pas été secouée par un tel attentat depuis le début des années 1990. 33 personnes sont mortes et 162 ont été blessées par l'explosion d'une voiture piégée garée dans un bâtiment abritant le club privé « El Nogal », lieu de distraction préféré des hommes politiques et des milieux d'affaires, et dont Fernando Londono, actuel ministre de l'Intérieur et de la Justice, fut le directeur jusqu'en août dernier. Le président Alvaro Uribe, qui s'est rendu sur place vers minuit, a mis aussitôt en cause les Farc (les Forces armées révolutionnaires de Colombie), qui nient toute implication dans cette « provocation ». Toujours est-il qu'entre les différents mouvements de guérilla et les narco-trafiquants, la Colombie est devenue le pays le plus dangereux de la planète. (→ 5.5)

La technologie WiFi débranche Internet

Issy-les-Moulineaux, jeudi 6
France Telecom et ses filiales Orange et Wanadoo prennent de vitesse tous leurs concurrents en lançant le WiFi. Derrière cette abréviation de Wireless Fidelity (« wireless » pour « sans fil ») se cache la possibilité d'être connecté à Internet sans être obligé de disposer d'une prise téléphonique. Des bornes relais, transmettant les informations par ondes électromagnétiques, vont être installées dans les lieux publics, de telle sorte que l'on pourra « surfer » avec son ordinateur portable au café, dans le salon d'un aéroport et même chez soi, dans son jardin: Wanadoo prépare une offre pour les particuliers.

Hector Berlioz n'ira pas au Panthéon

Paris, samedi 8
Le 21 juin 2003, les cendres d'Hector Berlioz devaient être solennellement transférées au Panthéon, cela dans le cadre du bicentenaire du compositeur français. Le projet avait été à l'origine lancé par André Malraux et approuvé par le général de Gaulle. Or l'Elysée a fait savoir, sans plus de commentaire, que le transfert était ajourné *sine die*. On ne peut pas ne pas rapprocher cette décision de la campagne de presse qui, depuis trois années, s'est développée contre Berlioz, accusé d'avoir été un musicien « réactionnaire » et dont le grandiose opéra *les Troyens* serait une œuvre idéologiquement « douteuse ».

Le 5, « le Livre de la jungle 2 », réalisé par Steve Trenbirth, sort sur les écrans français. Il reprend l'histoire peu après l'arrivée de Mowgli chez les hommes.

Alternance politique dans la principauté

Monaco, dimanche 9
La principauté de Monaco étant une monarchie constitutionnelle, tous les citoyens monégasques âgés de 18 ans et plus étaient invités aujourd'hui à élire pour cinq ans le Conseil national. Son rôle est de voter les lois que lui soumet le prince, avec lequel il partage le pouvoir législatif. Près de 80 % des électeurs sont allés aux urnes. La liste de l'Union nationale et démocratique menée par Jean-Louis Campora, qui présida dix années durant le Conseil national et y siégeait sans interruption depuis 1973, a été sèchement battue par la liste de l'Union pour Monaco menée par Stéphane Valéri, qui détient désormais 21 des 24 sièges. C'est, pour la principauté, un mini-séisme, dans la mesure où l'UND était majoritaire depuis 40 ans. Jean-Louis Campora, surnommé le « prince bis », n'a même pas été réélu. Le nouvel homme fort, Stéphane Valéri, dirige une société de communication et promet d'en finir avec les « conservatismes ».

Irak

2, Washington. Le Pentagone livre son plan d'attaque contre l'Irak: anéantir en 48 heures les capacités de résistance de l'adversaire.
4, Toulon. Le porte-avions *Charles de Gaulle* appareille pour effectuer un exercice en Méditerranée, aux côtés de la flotte américaine.
4, Bagdad. Interviewé par la chaîne britannique Channel Four, Saddam Hussein nie posséder des armes de destruction massive et avoir partie liée avec la Qaida.
6, Bagdad. Pour la première fois, un scientifique irakien, Sinan Abdel Hassan, est interrogé par les inspecteurs de l'ONU sans la présence de fonctionnaires du régime.
7, Paris. Jacques Chirac n'écarte pas la possibilité d'utiliser son droit de veto au Conseil de sécurité en cas de résolution ouvrant la voie à une offensive anglo-américaine.
8, Munich. Donald Rumsfeld met en garde la France et l'Allemagne qui risquent, par leur position, de « s'isoler elles-mêmes ».

Février

Lu	Ma	Me	Je	Ve	Sa	Di
					1	2
3	4	5	6	7	8	9
10	11	12	13	14	15	16
17	18	19	20	21	22	23
24	25	26	27	28		

Paris, lundi 10
Un plan de restructuration de la Banque de France prévoit la fermeture de 140 succursales sur 211.

Paris, lundi 10
Le Conseil d'Etat confirme le retrait de la licence d'exploitation d'Air Lib. (→ 13)

France, mardi 11
Le nombre de morts sur les routes a chuté de 33,3 % en janvier.

La Paz (Bolivie), mercredi 12
16 personnes sont tuées au cours d'émeutes occasionnées par une hausse brutale des impôts.

Créteil, jeudi 13
Jean-Charles Corbet, P-dg d'Air Lib, dépose le bilan de la compagnie aérienne. (→ 17)

Berlin, jeudi 13
L'actrice française Anouk Aimée reçoit un Ours d'or d'honneur pour l'ensemble de sa carrière.

Bruxelles, vendredi 14
Douze suspects, dont le Belge Tarek Maaroufi, sont renvoyés en correctionnelle pour l'assassinat du commandant Massoud.

Colombie, vendredi 14
Un attentat attribué aux Farc fait 18 morts à Neiva à la veille de la visite du président Uribe.

France, vendredi 14
Mise sur le marché du Cialis, concurrent du Viagra.

Paris, vendredi 14
Haute couture : Madame Torrente (Rose Mett) met un terme à sa carrière.

Paris, vendredi 14
Thierry Breton, P-dg de France Telecom, annonce la suppression de 13 000 emplois, dont 7 500 en France, en 2003.

Vatican, samedi 15
Jean-Paul II ouvre les archives du Vatican pour la période 1922-1939.

Chypre, dimanche 16
L'opposant Tassos Papadopoulos est élu président de la république de Chypre face au chef de l'Etat sortant, Glafcos Cléridès. (→ 23.4)

Détroit du pas de Calais, dim. 16
Fin du pompage du fioul contenu dans les soutes du *Tricolor*. (→ 18.10)

DÉCÈS

Paris, lundi 10
Max Pécas, cinéaste (*25.4.1925).

2 827,75 — 32,46 $ — € 1,0786 $

La crise a éclaté au siège de l'Otan

Bruxelles, lundi 10
La France, la Belgique et l'Allemagne ont, une fois de plus, manifesté leur ferme opposition à toute action armée contre l'Irak sans feu vert du Conseil de sécurité. Cela s'est passé au siège de l'Otan, à Bruxelles. Les trois pays ont opposé leur veto à l'installation, dans le cadre de l'organisation, de missiles Patriot et d'avions Awacs en Turquie pour faire face à une très hypothétique attaque irakienne. La France a estimé que cette mesure était « prématurée », l'Allemagne jugeant quant à elle que ce serait « un mauvais signal ». Pour le secrétaire général de l'Otan, George Islay McNeill Robertson, plus connu sous l'appellation de Lord Robertson, il s'agit là d'une crise risquant d'avoir « des implications énormes » pour le devenir de l'Alliance atlantique. Plus précis, les représentants de l'Espagne et de la Pologne n'ont pas hésité à voir, dans le veto de Paris, de Bruxelles et de Berlin, une manœuvre visant rien moins qu'à « casser » l'Otan en faveur d'une défense purement européenne, ce qu'ont bien évidemment démenti les trois pays dissidents. Il n'empêche que la fracture est profonde au sein de l'organisation, au point que Donald Rumsfeld a menacé de se passer d'elle pour protéger la Turquie, laquelle n'a pas fait mystère de son amertume vis-à-vis de ses partenaires « oublieux » de leurs « obligations ».

Louis Michel, Premier ministre belge, est hostile à l'engagement de l'Otan.

Disparition de Daniel Toscan du Plantier

Berlin, mardi 11
Celui qui avait symbolisé les années fastes du cinéma français a succombé à un infarctus, alors qu'il assistait au Festival de Berlin. Né le 7 avril 1941, Daniel Toscan du Plantier avait été à la Gaumont, de 1975 à 1985, un directeur général imaginatif et ambitieux, produisant des films de prestige avec des cinéastes de notoriété mondiale comme Fellini, Kurosawa, Tarkovski ou Bergman. Passionné d'opéra, il fut à l'origine du *Don Giovanni* de Losey, qui inaugura la mode du film-opéra. En 1988, Daniel Toscan du Plantier fut appelé à la tête d'Unifrance, organisme consacré à la promotion du cinéma français dans le monde.

La Corée du Nord menace l'Amérique

New York, jeudi 13
L'Agence internationale de l'énergie atomique (AIEA) a saisi le Conseil de sécurité sur les intentions prêtées à la Corée du Nord de se doter d'une force de frappe nucléaire. Mais la réponse de Pyongyang a été cinglante : « Notre capacité à frapper n'a pas de limite. » Rodomontades ? Les Américains, eux, prennent la menace très au sérieux. Hier, George Tenet, directeur de la CIA, a déclaré que la Corée du Nord avait peut-être déjà construit une ou deux bombes atomiques et était sans doute en mesure de les lancer sur la partie occidentale des Etats-Unis. (→ 18)

Ben Laden donne des arguments à Powell

Washington, mardi 11
Le secrétaire d'Etat américain, Colin Powell, qui ne parvenait pas à prouver la collusion entre le régime de Saddam Hussein et les réseaux terroristes, n'a pas manqué l'opportunité que vient de lui offrir le chef de la Qaida. Avant même que l'appel lancé par Oussama Ben Laden à ses frères musulmans ait été diffusé par Al Jezira, la CIA avait déjà fourni à Powell une transcription de la cassette audio. Le secrétaire d'Etat a expliqué devant le Sénat que cet appel à résister aux « croisés » était une preuve que Ben Laden agissait « en partenariat » avec le pouvoir irakien. En réalité, Oussama Ben Laden n'a que faire de Saddam Hussein, qui n'est pour lui qu'un « mécréant » socialiste et un « apostat ». C'est pour défendre la terre de l'islam, explique-t-il, qu'il faut « résister aux croisés ».

Le 10, le *New York Post* s'indigne du refus de la France de soutenir la politique irakienne des Etats-Unis, en rappelant le sacrifice des soldats américains en 1944.

Dominique de Villepin dit non à la guerre au Conseil de sécurité

New York, vendredi 14
Poursuite des inspections ou guerre? Telle est l'alternative que Dominique de Villepin a clairement définie devant le Conseil de sécurité, après que Hans Blix et Mohamed El-Baradei eurent présenté un nouveau rapport. Pour le ministre, « l'option des inspections n'a pas été conduite jusqu'à son terme » et l'usage de la force « ne saurait être envisagé qu'en dernière extrémité ». Ce plaidoyer pacifiste a déchaîné une salve d'applaudissements, fait unique dans les annales du Conseil. Il convient de préciser que les deux responsables des missions d'inspection avaient fait état de nets progrès de la part de l'Irak en matière de coopération, même s'il restait encore beaucoup à faire. Mais c'est incontestablement l'intervention du représentant de la France qui a fait basculer la majorité du Conseil: sur quinze membres, douze se sont ralliés à ses vues, c'est-à-dire à une poursuite des inspections. Faisant plutôt profil bas, Colin Powell s'est pratiquement borné à dire que, « dans un très proche avenir », le Conseil devra envisager les « graves conséquences prévues par la résolution 1441 ». C'est un revers pour les Etats-Unis, qui n'ont bénéficié que des soutiens de la Grande-Bretagne et de l'Espagne. Position inconfortable, d'autant que, selon un sondage publié hier, 59 % des Américains souhaitent donner ses chances à la paix. (→ 18)

Le ministre des Affaires étrangères français a réussi à isoler les Etats-Unis.

Irak

10, Paris. Jacques Chirac, Vladimir Poutine et Gerhard Schröder font une déclaration commune. Selon eux, « il y a encore une alternative à la guerre ».
10, Bagdad. Les Irakiens autorisent « sans condition » le survol de leur territoire par des avions espions américains.
13, Washington. Bill Thomas, le président d'une commission de la Chambre des représentants sur le commerce extérieur, estime qu'un boycott des vins et eaux minérales français serait inapplicable.
14, Vatican. Jean-Paul II reçoit le chrétien Tarek Aziz, vice-Premier ministre irakien. Ce dernier assure que son pays coopérera pleinement avec la communauté internationale et les Nations unies.
14, Bagdad. Saddam Hussein signe un décret interdisant l'importation et la production en Irak d'armes de destruction massive.

Dolly, la brebis clonée, a été euthanasiée

Edimbourg, vendredi 14
Née des travaux de Keith Campbell et Ian Wilmut, la brebis Dolly, qui fut le premier mammifère cloné, est morte à l'âge de six ans. Elle a été euthanasiée en raison de problèmes pulmonaires. Née le 5 juillet 1996 près d'Edimbourg d'une cellule prélevée dans la glande mammaire d'une brebis, Dolly avait été ainsi baptisée en référence au tour de poitrine d'une célèbre chanteuse de country, Dolly Parton. La disparition prématurée de Dolly – ses semblables vivent une douzaine d'années – pose d'importantes questions scientifiques. Outre qu'on ignore pour le moment si sa maladie est liée à sa naissance par clonage, il apparaît également que la brebis souffrait d'arthrose et que ses chromosomes avaient vieilli, depuis 1999, de façon prématurée. Elle laisse six agneaux.

Dix millions de manifestants pour la paix

Monde, samedi 15
Répondant à l'appel de divers partis politiques et de multiples associations pacifistes, ils étaient aujourd'hui plus de 10 millions, un peu partout dans le monde, à défiler contre la logique de guerre affichée par les Etats-Unis. Cette véritable marée humaine était particulièrement spectaculaire dans les pays les plus proches de Washington: 4,3 millions en Espagne, 3 millions en Italie, 1 million en Grande-Bretagne, 450 000 en Australie. Aux Etats-Unis même, 250 000 New-Yorkais hostiles à George W. Bush ont investi Manhattan malgré l'interdiction de manifester qui leur avait été signifiée. En France, les chiffres oscillent selon les sources entre 250 000 et 500 000. La manifestation la plus importante a eu lieu à Paris, où plus de 150 000 personnes ont marché pour la paix en Irak.

Le 15, aux 18es Victoires de la musique au Zénith de Paris, Renaud reçoit trois trophées: interprète masculin de l'année, album de l'année et chanson de l'année pour « Manhattan-Kaboul », en duo avec Axelle Red.

750 000 pacifistes ont défilé dans Londres (ici à Whitehall). C'était la plus grande manifestation qu'ait jamais connue la capitale britannique. De très nombreux travaillistes y ont participé, avec à leur tête le maire de Londres, Ken Livingstone.

Février

Lu	Ma	Me	Je	Ve	Sa	Di
					1	2
3	4	5	6	7	8	9
10	11	12	13	14	15	16
17	18	19	20	21	22	23
24	25	26	27	28		

Moscou, lundi 17
Selon l'agence Tass, 4 730 soldats russes ont été tués en Tchétchénie en 2002, chiffre démenti par le ministère de la Défense.

Pyongyang, mardi 18
Le régime nord-coréen menace de rompre l'armistice signé avec les Etats-Unis en 1953 à l'issue de la guerre de Corée. (→ 13.5)

Corée du Sud, mardi 18
Un incendie criminel dans le métro de Daegu fait 125 morts.

Aquitaine, mercredi 19
Près de 10 000 tonnes de déchets ont été ramassés sur la côte aquitaine depuis qu'elle est atteinte par la pollution du *Prestige*. (→ 23)

France, mercredi 19
Le *GaultMillau 2003* attribue pour la première fois la note 20/20 : elle revient à Marc Veyrat. Bernard Loiseau recule de 19/20 à 17/20.

Genève, mercredi 19
L'OMS annonce qu'une épidémie de fièvre Ebola a déjà fait 67 morts dans la république du Congo.

Etats-Unis, jeudi 20
Le déficit commercial a atteint 435,2 milliards de dollars en 2002.

Moscou, vendredi 21
Mahmoud Abbas, bras droit de Yasser Arafat, annonce que l'Autorité palestinienne a décidé de « démilitariser » l'Intifada.

New York, vendredi 21
Une explosion accidentelle ravage un terminal pétrolier à Staten Island. Bilan : un mort.

Saint-Dié, samedi 22
La cité vosgienne est l'épicentre d'un séisme de magnitude 5,4 qui est ressenti dans 40 départements.

Athènes, dimanche 23
La Croatie présente officiellement sa candidature à l'UE.

Venezuela, dimanche 23
Carlos Fernandez est placé en résidence surveillée.

DÉCÈS

Tel-Aviv, mardi 18
Isser Harel (*Isser Halperin), fondateur du Mossad (*1912).

Paris, jeudi 20
Maurice Blanchot, écrivain et essayiste (*22.9.1907).

Vincennes, samedi 22
Jean-Pierre Miquel, metteur en scène de théâtre (*22.1.1937).

2 829,83 — 32,29 $ — € 1,0785 $

La mort d'Air Lib est programmée

Créteil, lundi 17
Hier, Jean-Charles Corbet, président d'Air Lib, disait à qui voulait l'entendre qu'il avait trouvé des pistes pour sauver la compagnie aérienne. Le tribunal de commerce de Créteil n'en a rien cru et a prononcé la liquidation. C'est donc la fin d'une aventure, Air Lib ayant été en réanimation pratiquement depuis sa cession au holding Holco de Jean-Charles Corbet, en 2001. Jeudi dernier, six syndicats des 3 200 salariés avaient demandé au président du tribunal de Créteil d'associer le dossier Air Lib au dossier Holco. Ils estimaient, en effet, qu'un sauvetage pourrait passer par un examen de ce holding plutôt opaque. Le tribunal ne les a pas écoutés : selon lui, un redressement était désormais « absolument impossible ». (→ 27)

Le 10 février, les salariés d'Air Lib manifestaient en bloquant l'accès à Orly Sud.

Le cerveau du casse du siècle est sicilien

Anvers, lundi 17
Leonardo Notarbartolo est activement recherché. Il serait le cerveau du plus grand casse de tous les temps, commis samedi dans le Diamond Center, et qui n'a été découvert que ce matin. Agé de 50 ans, ce Sicilien, connu des services de police, avait créé, voici trois ans, une société dans le centre diamantaire. Elle n'a jamais eu d'activité mais elle lui a permis d'obtenir les badges et les clefs permettant d'accéder au parking et à la salle des coffres. 123 des 163 coffres ont été vidés. Le butin est estimé à plus de 100 millions d'euros, plus que le mythique Glasgow-Londres ! (→ 3.3)

Chirac admoneste les candidats à l'UE

Bruxelles, mardi 18
L'Union européenne est en turbulence. Au sommet réunissant les chefs d'Etat et de gouvernement, Jacques Chirac a lâché que les anciens pays de l'Est qui, le 5 février s'étaient déclarés en faveur d'une coalition militaire contre l'Irak, avaient « manqué une bonne occasion de se taire ». C'était hier. Aujourd'hui, la réponse du berger à la bergère était signée Tony Blair. Dans une lettre à son homologue roumain Adrian Nastase, il a écrit qu'il regrettait « beaucoup » que ces mêmes pays, candidats à l'UE et à l'Otan n'aient pas été invités à ce sommet.. consacré à l'Irak ! (→ 9.3)

Chavez fait arrêter le patron des patrons

Caracas, mercredi 19
Malgré l'engagement pris hier, sous le contrôle de l'Organisation des Etats américains (OEA), d'éviter la violence, le gouvernement d'Hugo Chavez et ses opposants n'ont pas enterré la hache de guerre. Cette nuit, Carlos Fernandez, président de la puissante organisation patronale Fedecamaras, a été arrêté à la sortie d'un restaurant. Il est accusé notamment de « trahison à la patrie » et d'« incitation à la rébellion ». Hier encore, un mandat d'arrêt a été lancé contre Carlos Ortega, président de la Centrale des travailleurs du Venezuela (CTV). Il serait en fuite. (→ 23)

Des conflits sociaux musclés en Belgique

Tihange, mercredi 19
Après une semaine de conflit, la grève se durcit à Electrabel, l'équivalent belge d'EDF. La direction n'ayant toujours pas proposé de plan de reclassement pour 59 salariés qui vont être licenciés, les employés de la centrale nucléaire de Tihange ont empêché ce matin les 24 cadres qui assuraient le service de nuit de quitter les lieux. Vers midi, la relève a pu pénétrer dans le site, mais les négociations promises en échange n'ont pas eu lieu. Hier, c'est l'équipe dirigeante des aciers Cockerill qui avait été retenue durant 23 heures.

Le 17, Londres limite l'accès des automobiles à son centre-ville. Il en coûte cinq livres pour pénétrer dans le secteur réservé. Le système « Congestion Charging », doté de 700 caméras, permet d'identifier les fraudeurs.

Laurent Gbagbo a boycotté le sommet franco-africain de Paris

Paris, vendredi 21
Le sommet des chefs d'Etat africains et français s'est achevé aujourd'hui au palais des Congrès, sur fond de crise ivoirienne. Tout en déclarant que les relations entre la France et l'Afrique devaient être désormais fondées sur le « système du partenariat » plutôt que sur celui de l'assistance, Jacques Chirac a mis en garde Laurent Gbagbo, qui n'avait pas fait le déplacement, contre des dérives justiciables des tribunaux internationaux. Ce sommet a permis une rencontre entre Seydou Diarra, le Premier ministre ivoirien, et le chef des rebelles du MPCI, Guillaume Soro. Ce dernier est resté inflexible : malgré le refus de Gbagbo, il exige les ministères de l'Intérieur et de la Défense, qu'on lui aurait promis en marge des récents accords de Marcoussis. (→ 4.5)

Jacques Chirac accueille un sage : Abdoulaye Wade, le président du Sénégal.

Irak

17, Irak. Premier survol de l'Irak par un avion espion américain U2 dans le cadre des inspections.
18, Ankara. Recep Tayyip Erdogan, le chef du parti AKP au pouvoir à Ankara, déclare que le soutien de la Turquie aux Etats-Unis n'est pas irréversible et qu'il doit être compensé par une aide économique.
21, New York. Hans Blix demande à l'Irak de procéder, au plus tard à partir du 1er mars, à la destruction des missiles Al-Samoud 2 (dont la portée excède les 150 km autorisés).
22, Vatican. Le pape adjure Tony Blair, reçu au Vatican, de « conjurer la tragédie de la guerre ». Jeudi, le Premier ministre britannique avait été très critiqué par les hiérarchies anglicane et catholique de son pays.

La boîte de nuit se transforme en brasier

Rhode Island, vendredi 21
95 personnes ont péri, brûlées vives ou asphyxiées, et près de deux cents sont plus ou moins sérieusement blessées, certaines ayant dû être transportées vers l'Etat voisin du Massachusetts où se trouve un centre de soins pour grands brûlés. Le feu a pris vers 23 heures au Station Club, une discothèque située à West Warwick dans l'Etat de Rhode Island. La salle s'est embrasée alors que débutait le concert de Great White, un groupe de rock, devant 300 personnes qui crurent, en voyant apparaître des flammes, que celles-ci faisaient partie du spectacle pyrotechnique. D'où un temps de flottement avant de prendre conscience du drame qui explique le nombre considérable de victimes. La vétusté des lieux paraît également en cause, ainsi que la difficulté à trouver les issues de secours.

Le Pianiste rafle les trophées aux Césars

Paris, samedi 22
Le Pianiste de Roman Polanski a fait le plein des récompenses. Basé sur les Mémoires d'un virtuose juif polonais, Wladyslaw Szpilman, qui raconta sa survie au cours de la Seconde Guerre mondiale, il remporte sept trophées dont ceux des meilleur film, meilleur réalisateur et meilleur acteur pour la composition de l'Américain Adrien Brody. Michael Moore, qui a reçu le César du meilleur film étranger pour *Bowling for Columbine*, a profité de cette tribune pour remercier la France « d'avoir le courage de dire non à la guerre », ajoutant : « Un véritable ami est celui qui a le courage de vous dire que vous avez tort. »

Adrien Brody et Roman Polanski, le tandem gagnant des 28es Césars.

Le 20, dans une édition spéciale en français, le tabloïd britannique *The Sun* présente Jacques Chirac comme la « honte de l'Europe ».

Pour les Espagnols, le naufrage du *Prestige* pouvait être évité

Madrid, dimanche 23
Un million et demi de personnes selon les organisateurs, et 100 000 selon la police, ont défilé à l'appel de Nunca Mais (« Jamais plus » en galicien), une association créée à la suite du naufrage du *Prestige*. Alors que plus de 40 % des plages de Galice sont encore souillées par la *marea negra*, ils réclament des démissions et des explications. Cible première de leur colère : le ministre espagnol de l'Equipement, Francisco Cascos, qui avait pris la décision de remorquer le pétrolier en haute mer, sans consulter les spécialistes, au lieu de le conduire vers un port où il aurait pu être vidé de sa cargaison. (→ 31.7)

A l'exception du Parti populaire de José Maria Aznar, tous les partis étaient présents.

Février

Lu	Ma	Me	Je	Ve	Sa	Di
					1	2
3	4	5	6	7	8	9
10	11	12	13	14	15	16
17	18	19	20	21	22	23
24	25	26	27	28		

Chine, lundi 24
Un séisme de magnitude 6,8 fait 260 morts et 4 000 blessés dans la province de Xinjiang.

Versailles, lundi 24
Inauguration dans la Grande Ecurie du château de l'Académie du spectacle équestre, dirigée par Bartabas.

Pays-Bas, lundi 24
Ahold, géant de la distribution, chute en Bourse de 62,5 % après la découverte de 500 millions de dollars d'irrégularités comptables dans la gestion d'une de ses filiales.

Algérie, mardi 25
Grève générale à l'appel de l'Union générale des travailleurs algériens en raison de la baisse du pouvoir d'achat des salariés.

France, mardi 25
Grève nationale des intermittents du spectacle qui protestent contre la réforme de leur statut. (→ 27.6)

Romorantin, mercredi 26
Fermeture de l'usine Matra, filiale du groupe Lagardère, en raison des ventes décevantes de l'Avantime.

France, mercredi 26
Bouygues Telecom compte 100 000 abonnés à l'i-mode.

France, jeudi 27
2 300 salariés d'Air Lib reçoivent leur lettre de licenciement. (→ 18.6)

La Haye, jeudi 27
Biljana Plavsic, ancienne présidente de l'entité serbe de Bosnie, est condamnée à 11 ans de prison pour crimes contre l'humanité.

New York, jeudi 27
Selon le palmarès *Forbes*, Bill Gates est toujours l'homme le plus riche du monde. Sa fortune est estimée à 40,7 milliards de dollars.

Turin, vendredi 28
Umberto Agnelli, frère cadet de Gianni, prend la direction du groupe Fiat, qui annonce une perte de 4,2 milliards d'euros en 2002.

Paris, vendredi 28
La mère et une sœur de l'amie (morte dans la tuerie de Nanterre) du député algérien Abdelmalek Benbara sont mises en examen pour homicide.

DÉCÈS

Grenoble, vendredi 28
Albert Batteux, ancien joueur de football et entraîneur de l'équipe de France (*2.7.1919).

2 754,07 — 33 $ — € 1,0782 $

Bernard Loiseau décide de quitter la table

Saulieu (Côte-d'Or), lundi 24
Bernard Loiseau s'est donné la mort, chez lui, dans sa chambre, d'un coup de fusil de chasse, laissant à d'autres le soin, s'ils en ont l'énergie et le talent, de poursuivre l'œuvre culinaire qu'il avait entreprise à Saulieu lorsque, en 1975, il avait pris en gérance l'hôtel de la Côte d'or. Puis, deux étoiles au Michelin plus tard, il en était devenu le propriétaire, jusqu'à décrocher, en 1991, sa troisième étoile. Formé chez les frères Troisgros, à Roanne, il avait bâti un empire, faisant une marque de son nom, qui se déclinait dans les plats sous vide comme sur les plateaux, qui étaient souvent de télévision. Celui qui est parti à 52 ans (*13.1.1951) avait été aussi, en 1998, le premier chef cuisinier au monde à être coté en Bourse.

Restructurations brutales en Suisse

Suisse, mardi 25
Trois annonces de licenciements ont mis la Suisse en émoi. Clariant, groupe chimique de Bâle dont l'endettement net s'élève à 3,476 milliards de francs suisses, prévoirait 1 700 suppressions d'emplois. Quant à la banque Crédit Suisse, dont le cours vient de tomber à 26,35 francs suisses (contre 70 il y a un an) à la Bourse de Zurich, elle en a annoncé 1 250 : elle avait enregistré un déficit net de 950 millions de francs suisses au dernier trimestre 2002. Les choses ne vont pas mieux chez Swiss. La compagnie aérienne n'a pas obtenu les résultats escomptés et ne prévoit pas l'équilibre en 2003. Conséquence directe : 700 licenciements.

Code de la route : le grand examen

France, mercredi 26
« Code de la route, le grand examen » est le titre de l'émission que France 2 diffusait ce soir à 20 h 50, présentée par Patrice Laffont et Gaël Leforestier. M6, qui avait un projet semblable, a dû le retirer à l'issue d'un tirage au sort et a confié à la justice le soin de trancher sur le fond l'accusation de plagiat. Les téléspectateurs (8,7 millions) ont pu tester leurs connaissances du Code de la route, en un exercice de « pédagogie ludique » qui bénéficiait de l'onction du ministre des Transports, Gilles de Robien, selon lequel « 8 000 morts et plus de 120 000 blessés chaque année, ce n'est plus acceptable ! »

Des députés travaillistes contre Tony Blair

Tony Blair s'est une fois encore déclaré favorable à une intervention militaire.

Londres, mercredi 26
Tony Blair a beaucoup de mal à tenir ses troupes en ordre de bataille. Après la grande manifestation de Londres, à laquelle n'ont pas hésité à participer des élus travaillistes, 122 députés du New Labour (sur 412) ont voté « oui » à une motion affirmant qu'il n'y avait pas d'« arguments prouvés » en faveur d'une action militaire en Irak. Certes, la majorité des députés (393) a rejeté cette motion de défiance, également votée par des libéraux-démocrates et même des conservateurs. Il n'en est pas moins vrai que ce vent de fronde fera date dans l'histoire britannique. C'est la première fois que les travaillistes, à la Chambre des communes, affichent ainsi leurs divisions. (→ 18.3)

Le journal *le Monde* accusé de partialité

France, mercredi 26
Il y a longtemps qu'un livre n'avait pas causé un tel scandale. Il faut dire que *la Face cachée du Monde*, cosigné par les journalistes Pierre Péan et Philippe Cohen, s'attaque à une institution : le quotidien *le Monde*, qui fait autorité dans les hautes sphères intellectuelles et politiques. Les auteurs reprochent au journal d'avoir glissé « de son rôle de contre-pouvoir à l'abus de pouvoir permanent », et d'être au service de ses dirigeants plutôt que de l'information. La direction du *Monde* pourrait porter l'affaire devant les tribunaux.

C'est une figure majeure du cinéma italien qui disparaît avec Alberto Sordi. Mort le 25 à Rome, à l'âge de 83 ans (*15.06.1919), Sordi avait personnifié, dans les comédies de Federico Fellini, de Mario Monicelli ou de Dino Risi, un type inoubliable de petit-bourgeois hâbleur et lâche. Il avait lui-même réalisé des films d'une rare cruauté sociologique.

Une flèche de 542 mètres pour le nouveau World Trade Center

New York, jeudi 27
C'est un architecte allemand d'origine polonaise, Daniel Libeskind, qui a été choisi pour la reconstruction du site des Twin Towers. Son projet avait été mis en concurrence avec sept autres. Déjà auteur du Musée juif de Berlin, Libeskind a imaginé un ensemble un peu baroque de bâtiments de verre et d'acier aux formes anguleuses, articulé autour d'un lieu de mémoire, le tout dominé par une flèche de 542 mètres, la plus haute du monde. Baptisé par l'architecte « les Jardins du monde », ce projet a été très bien accueilli par les familles des victimes de l'attaque du 11 septembre 2001. La question de son financement reste toutefois posée, même si Michael Bloomberg, le maire de New York, affiche son optimisme. Le coût de l'opération a été estimé, en effet, à 300 millions de dollars: ils sont loin d'avoir été trouvés.

Daniel Libeskind a voulu retrouver la magie de la « skyline » de Manhattan.

Irak

24, New York. Devant le Conseil de sécurité, les Etats-Unis, l'Espagne et la Grande-Bretagne présentent un projet de résolution ouvrant la voie à une action militaire. De leur côté, les Français, les Allemands et les Russes estiment que les conditions « ne sont pas réunies ».
26, Bagdad. Dans une déclaration diffusée par CBS, Saddam Hussein affirme qu'il ne partira pas en exil, comme le lui demandent les Etats-Unis pour éviter la guerre.
26, Kurdistan irakien. L'opposition irakienne, réunie à Erbil, refuse à l'avance que le pays soit placé sous administration américaine après la chute du régime.
28, Washington. Pour la Maison-Blanche, la décision des Irakiens de détruire les missiles Al-Samoud 2 est « une tromperie ».

La chrétienté de l'Europe fait débat

Bruxelles, jeudi 27
Dans l'article 2 du projet de traité de Constitution pour l'Europe, consacré aux valeurs de l'UE, aucune référence n'est faite à ses valeurs chrétiennes. Faut-il les mentionner? La Pologne, l'Italie, la Slovaquie ou le Luxembourg le réclament. D'autres proposent qu'il soit fait allusion à ses « racines judéo-chrétiennes ». La France et la Belgique sont, elles, hostiles à toute référence religieuse. Elles estiment que l'Europe n'est pas plus monoreligieuse qu'elle n'est monoculturelle.

Laïques et religieux autour de Sharon

Jérusalem, vendredi 28
Le nouveau gouvernement constitué par Ariel Sharon a été investi cette nuit à la Knesset, par 66 députés (sur 120). Une majorité qui reflète la diversité du cabinet, composé de fidèles de Sharon, mais aussi de durs du Likoud comme Benyamin Netanyahou (Finances) et d'ultranationalistes tels qu'Effi Etam (Logement) ou qu'Avigdor Lieberman (Transports), ou encore, à l'opposé, du leader laïque et libéral Tommy Lapid (Justice). Cette coalition ne s'annonce pas, *a priori*, facile à discipliner. (→ 26.5)

La mort de Sven et Romy reste opaque

Bruxelles, vendredi 28
La cour militaire a tranché: le sergent Olivier Pirson n'a pas tué ses enfants. Il n'a commis qu'une imprudence au volant, qui ne lui vaut que trois mois de prison avec sursis. La mère de Sven et Romy, 6 et 7 ans, est « écœurée ». Le 5 septembre 1988, ils avaient péri dans la Meuse après une sortie de route du véhicule conduit par leur père. L'autopsie avait révélé que les enfants avaient avalé du méthanol. L'enquête n'en a pas trouvé l'origine, et le père est revenu sur ses aveux.

Raffarin enclenche la décentralisation

Rouen, vendredi 28
« On n'administre bien que de près. » Ce principe posé, Jean-Pierre Raffarin a dévoilé, au cours des 26es Assises des collectivités locales, la décentralisation qu'il veut effectuer, en transférant des compétences de l'Etat aux régions et aux départements. Ceux-ci prendront par exemple en charge le RMI et les routes nationales, le Premier ministre s'engageant à ce que chaque transfert de compétence soit financé et n'oblige pas les collectivités à augmenter les taxes locales. (→ 17.3)

Le 27, Jacques Chirac inaugure dans l'Isère le site « Crolles 2 », centre de recherche et de développement en nanotechnologies. L'investissement de Motorola (américain), Philips (néerlandais) et STMicroélectronics (franco-italien) est le plus important réalisé en France depuis dix ans.

Président surprise en République tchèque

Prague, vendredi 28
C'est celui auquel personne ne croyait qui est élu président de la République tchèque. Mais il aura fallu trois tours de scrutin au Parlement pour porter le candidat de droite Vaclav Klaus à la magistrature suprême, avec deux voix de majorité seulement (142 sur 280). Eurosceptique et ultralibéral formé à l'école américaine, cet ancien Premier ministre compromis dans un scandale politico-financier doit à une alliance contre nature avec les communistes sa victoire sur Jan Sokol, candidat de la coalition de centre-gauche au pouvoir. Vaclav Havel eût assurément préféré un autre successeur !

Le président Vaclav Klaus, âgé de 61 ans.

Europe : la France et l'Allemagne, puis les autres…

Valéry Giscard d'Estaing préside la Convention européenne depuis décembre 2001.

Une Constitution enfin sortie des limbes grâce aux travaux de la Convention présidée par Valéry Giscard d'Estaing, l'euro à son plus haut niveau par rapport au dollar : on ne saurait considérer l'année 2003 comme un mauvais millésime au regard de la construction européenne, ce long combat dans lequel rien ne semble jamais tout à fait gagné ni tout à fait perdu. Pourtant, les apparences sont sans doute trompeuses. Des lézardes, tout au long des mois écoulés, sont apparues sur les murs de l'édifice. Les fondations restent solides, l'envie de procéder à des agrandissements et des embellissements demeure intacte et partagée. Mais l'actualité de tous les jours est venue rappeler à tous que les intentions et les proclamations ne suffisent pas. L'impossibilité de parler d'une seule voix face aux Etats-Unis au moment de la guerre d'Irak, la rupture du pacte de stabilité instauré autour de la monnaie commune et des divergences profondes quant au fonctionnement institutionnel, ont montré la fragilité du lien communautaire. La préparation des conseils européens consiste, en effet, à faire preuve de la plus grande maîtrise dans l'art d'éviter les sujets litigieux. La menace d'éclatement rôde, parfois insidieuse, souvent prégnante, tels ces cauchemars dont on sait bien qu'ils ne sont que de mauvais rêves sans rapport avec la réalité mais qui, pourtant, reviennent nous hanter dans les périodes difficiles.

Depuis l'échec de la tentative de créer une « Europe de la défense » au lendemain de la Seconde Guerre mondiale, on savait la coopération économique entre Etats européens plus facile à instaurer que l'alliance militaire. Ainsi naquit le marché commun, puis l'Europe des six, des quinze et aujourd'hui des vingt-cinq. On ne saurait donc tenir pour accessoire le désaccord survenu en novembre autour des politiques économiques. Lors de la création de l'euro, en effet, il avait été érigé comme règle intangible que les déficits budgétaires des pays membres de l'union monétaire ne dépassent jamais le seuil de 3 % de leur Produit intérieur brut. Pour la petite histoire, il faut rappeler que c'est l'Allemagne – méfiante – qui avait tenu à établir ce critère en contrepartie de l'apport de la monnaie la plus forte de la zone, le mark, à la corbeille de mariage. Les dirigeants d'outre-Rhin, sous-estimant sans doute le coût de la réunification et les caprices de la croissance, avaient voulu qu'un « pacte de stabilité » juridiquement contraignant oblige les bénéficiaires de l'euro à ne pas jouer avec les déficits budgétaires. Signe des temps ou démonstration nouvelle de la force des réalités face aux grands principes, les dirigeants allemands ont été les premiers à refuser, fin 2003, à la Commission de Bruxelles le droit d'appliquer les procédures de sanction prévues par le pacte. Les Français leur emboîtèrent aussitôt le pas pour une raison évidente : leur dernière loi de finances, pour la troisième année d'affilée, affichera un déficit supérieur à la norme définie à Maastricht en 1993. Résultat : la Commission présidée par Romano Prodi s'est révélée impuissante à faire respecter le pacte de stabilité. La force des Etats, telle qu'elle s'exprime lors des conseils des ministres, reste supérieure à la « bonne gouvernance » supranationale que pourrait incarner une Commission libre d'agir à la manière d'une autorité fédérale. Les « Etats-Unis d'Europe » ne sont vraiment pas pour tout de suite…

Que le passage en force de Paris et de Berlin dans l'affaire du pacte de stabilité n'ait pas été au goût des « bons élèves », en l'occurrence l'Autriche, les Pays-Bas, la Finlande et l'Espagne, est une chose. Que les représentants de ces pays disposent des moyens de faire l'Europe sans la France et l'Allemagne en est une autre. La loi du plus fort (ou des deux plus forts) aura donc été, une nouvelle fois, la meilleure. Mais il en restera des traces : les pays obligés de s'incliner ne manqueront pas, chaque fois que l'on aura besoin d'eux, de faire savoir que l'hégémonisme des deux principales puissances n'est pas conforme à l'idéal communautaire. On peut donc s'attendre à des complications dans le fonctionnement de l'Union.

Cette crise larvée aura, en outre, conforté les réticences vis-à-vis de l'euro des Britanniques. Dans la presse d'outre-Manche, notamment économique, revient à intervalle régulier la critique selon laquelle les « continentaux » n'ont pas la même « religion du contrat » que les Anglo-Saxons. Pour eux, du moins l'affirment-ils, ce qui est signé est signé. On ne peut pas s'engager à éviter les déficits excessifs et prévoir des mécanismes de surveillance puis s'affranchir du tout parce que la conjoncture a changé. Français et Allemands répliquent par une leçon de pragmatisme : s'ils restaient arc-boutés sur des principes, les gouvernants n'auraient plus aucune marge de manœuvre et un libéralisme triomphant mettrait à mal les services publics ainsi que des pans entiers de l'économie de « l'euroland », avec une multiplication des chômeurs.

Tant en France qu'en Allemagne, l'opinion publique n'a manifesté aucune hostilité vis-à-vis de l'attitude européenne de ses responsables. Le débat intérieur, en France tout particulièrement, s'est polarisé autour de sujets – les répercussions des changements climatiques ou la laïcité – n'ayant

Jacques Chirac et Gerhard Schröder parlent désormais d'une même voix.

qu'un rapport lointain avec l'Europe. En 2003 aura donc prédominé l'idée que les contraintes liées à l'appartenance à l'Union étaient faites pour être surmontées ou contournées. Le « dossier EDF » illustre d'ailleurs cette « fracture » entre la France et la Commission de Bruxelles: pour respecter les règles de concurrence en vigueur dans l'Union, les commissaires voudraient que l'industriel français de l'électricité paie plus d'impôts à son propre trésor public, ce que le gouvernement français refuse. De la même façon qu'il ne souhaite pas tenir compte des remontrances qui lui ont été adressées à propos de l'intervention massive de l'Etat dans Alstom ou France Telecom. Et, si Jacques Chirac et Jean-Pierre Raffarin peuvent ainsi tenir la dragée haute à leurs partenaires, c'est parce qu'ils disposent de l'appui de l'Allemagne. L'argument invoqué tient au fait, comme le rappelle sur tous les tons Nicole Fontaine, ancienne présidente du Parlement européen devenue secrétaire d'Etat à l'Industrie, que les deux pays qui pèsent le plus dans l'Union ne peuvent être contraints à entrer en récession car leurs soucis rejailliraient sur tous les autres...

Au vieux fond « eurosceptique » des principaux dirigeants du parti dominant de la majorité à Paris, l'UMP, se sont ajoutées les réticences nouvelles des socialistes qui n'ont plus à leur tête, comme au temps de François Mitterrand, un avocat convaincu de la nécessité des progrès communautaires. Pour les différentes composantes de la gauche française, il importe aujourd'hui de ne pas se laisser dépasser par les adversaires de « l'Europe libérale », qu'ils votent aux extrêmes ou se manifestent dans le courant de « l'altermondialisme » prônant une refonte radicale des échanges économiques entre pays. Chaque fois qu'un texte prévoit que certains pays peuvent « aller plus vite et plus loin » par des accords bilatéraux sans être freinés par les autres – cela sera de plus en plus le cas en matière de défense notamment –, un consensus minimal s'établit car les accords de ce type laissent une marge considérable aux Etats. « L'Europe à plusieurs vitesses » qui était vécue comme un danger par les fédéralistes sincères semble ne plus poser de problèmes. Et, s'il est encore question de garder la règle de l'unanimité pour certains votes, c'est parce que certains pays bénéficiant de dérogations entendent s'en servir pour maintenir leurs privilèges, tels les Britanniques qui bénéficient par exemple d'une « ristourne » dans leur contribution au budget de l'Union, obtenue de haute lutte par Mme Thatcher il y a quelques lustres.

L'actualité européenne de ces derniers mois aura, de plus, mis en relief un paradoxe. Dans une Europe à vingt-cinq, le clivage entre « petits » et « grands » pays aurait dû se réduire, alors que le contraire s'est produit. La capacité de réforme des petites nations étant meilleure, leurs charges historiques et leurs politiques fiscales passées leur évitant les « semelles de plomb » des dirigeants français et allemands, les européens de taille réduite plaident pour une « initiative de croissance généralisée ». Les « grands » ne savent pourtant que trop ce que cela signifierait: un dumping social et une fuite des capitaux en direction des banques luxembourgeoises ou des zones industrielles d'Irlande et du Portugal. L'Europe ne peut vivre ni dans la stagnation économique ni dans la concurrence exacerbée. Mais il n'existe qu'un moyen pour s'en sortir: l'harmonisation des politiques économiques, sans cesse différée et même susceptible de s'évaporer dans les discussions sur le fonctionnement institutionnel. Seuls la Commission et le Parlement pourraient prendre le problème à bras-le-corps et entraîner l'économie du continent dans une croissance qui ne dépendrait pas des seuls Etats-Unis d'Amérique. Cela suppose que les gouvernements des grands pays laissent travailler les commissaires de Bruxelles et accroissent les pouvoirs de l'assemblée de Strasbourg. Ce n'est pas le chemin qui est tracé. Si l'Europe est acceptée pour ses bienfaits – les fonds structurels ou l'harmonisation des contrôles aux frontières –, elle est aussi rejetée pour le mélange de contrainte bureaucratique et d'avancées libérales qui fonde sa double réputation. Il ne faut donc pas s'étonner de la voir en panne ou menacée par les replis nationaux. Après une année 2003 au bilan européen fortement contrasté, la France va s'engager dans un semestre électoral marqué par des cantonales, des régionales et des européennes. Il ne serait pas inutile que ce dernier rendez-vous, en juin, soit l'occasion de dissiper quelques malentendus.

François de Domec
Journaliste.

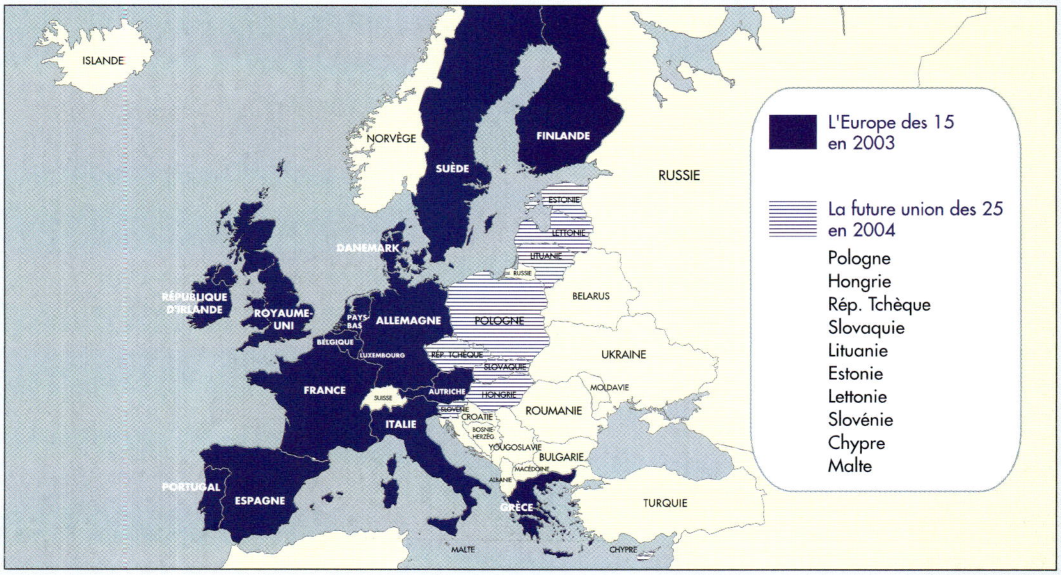

Mars

Lu	Ma	Me	Je	Ve	Sa	Di
					1	2
3	4	5	6	7	8	9
10	11	12	13	14	15	16
17	18	19	20	21	22	23
24	25	26	27	28	29	30
31						

Anvers, lundi 3
La justice révèle que Leonardo Notarbartolo, soupçonné d'être le cerveau du « casse du siècle », a été arrêté le 21 février.

Rennes, mardi 4
6 200 habitants sont évacués pour désamorcer une bombe de 250 kg de la Seconde Guerre mondiale.

Davao (Philippines), mardi 4
Un attentat attribué au groupe Abu Sayyaf fait 21 morts et plus de 150 blessés dans l'aéroport international de l'île de Mindanao.

Arménie, mercredi 5
Le président Robert Kotcharian est réélu avec 67,5 % des voix.

Paris, mercredi 5
France Telecom annonce une perte de 20,7 milliards d'euros en 2002.

Luxembourg, mercredi 5
L'Autrichien Gerhard Zeiler succède à Didier Bellens comme directeur général de RTL Group.

Tamanrasset, jeudi 6
Un Boeing 737-200 d'Air Algérie s'écrase peu après le décollage. Bilan : 102 morts et un survivant.

La Havane, jeudi 6
Le Parlement cubain élit Fidel Castro, 76 ans, à la tête de l'Etat pour un sixième mandat.

Paris, jeudi 6
Perte record de Vivendi Universal en 2002 : 23,3 milliards d'euros.

Pologne, jeudi 6
Parution de *Triptyque romain*, recueil de neuf poésies écrites par Jean-Paul II durant son règne.

Bordeaux, vendredi 7
Kamel Ben Salah est condamné à la réclusion criminelle à perpétuité pour la tuerie de Montfort (1999).

Afghanistan, samedi 8
Parution de *Morsal*, premier hebdomadaire féminin du pays.

DÉCÈS

Berlin, lundi 3
Horst Buchholz, acteur, le « James Dean allemand » (*4.12.1933).

Vichy, mardi 4
Sébastien Japrisot, écrivain et scénariste (*4.7.1931).

Paris, jeudi 6
Maurice Rheims, académicien, commissaire-priseur (*4.1.1910).

Victoria (Canada), dimanche 9
Stan Brakhage, cinéaste américain (*14.1.1933).

2 574,91 — 33,73 $ — € 1,1012 $

Arrestation du numéro deux de la Qaida

Pakistan, samedi 1er
Khalid Cheikh Mohammed n'a pas eu le temps d'opposer de résistance. Le numéro deux de la Qaida, ou supposé tel, dormait quand les forces spéciales pakistanaises ont donné l'assaut de la maison de Rawalpindi (non loin de la capitale, Islamabad) où il vivait caché. Né au Koweït d'une famille d'origine pakistanaise et âgé de moins de 40 ans (sa date de naissance est inconnue), il est tenu par le FBI, qui avait mis sa tête à prix à 25 millions de dollars, comme le cerveau opérationnel des attentats du 11 septembre 2001 et de plusieurs autres, tel celui commis contre l'*USS Cole* en 2000. « C'est fantastique ! » s'est exclamé George W. Bush. (→ 12.5)

Le Parlement turc ne veut pas des GI

Ankara, samedi 1er
Il s'en est fallu de trois voix pour que les Américains puissent déployer leurs troupes sur le sol turc. La motion du gouvernement d'Abdullah Gül (AKP) en faveur de ce déploiement a été, en effet, repoussée par le Parlement : elle n'a recueilli que 264 voix alors qu'il en aurait fallu 267. Les conséquences du vote sont multiples au plan intérieur. Le parti islamiste au pouvoir a connu sa première fracture, les militaires sont inquiets de l'« affront » fait aux alliés américains, et les militants d'extrême gauche comme les islamistes radicaux y voient un encouragement. (→ 24)

L'Irak détruit ses Al-Samoud 2

Bagdad, dimanche 2
Ce soir, le général Amer Al-Saadi peut affirmer aux journalistes que l'Irak a respecté à la lettre les délais fixés par Hans Blix pour détruire les missiles Al-Samoud 2 non autorisés. Le conseiller de Saddam Hussein sur les questions de désarmement a précisé que, hier et aujourd'hui, dix Al-Samoud 2 avaient été mis hors d'usage par des bulldozers en présence des inspecteurs de l'ONU, et que les opérations de destruction se poursuivront jusqu'à leur terme, sauf si l'Irak est attaqué par les Etats-Unis. Le général a aussi donné des gages de bonne volonté quant à l'ouverture aux inspecteurs de sites où auraient pu être stockées des armes chimiques.

Victoire suisse dans la Coupe de l'America

Le Défi suisse « Alinghi » bat le « Team New Zeland » par cinq victoires à zéro.

Auckland, dimanche 2
Pour la première fois depuis 1851, date de sa création, l'aiguière d'argent, qui récompense le vainqueur de la Coupe de l'America, est aux mains d'un pays européen, en l'occurrence la Suisse, qui ne possède pourtant aucun accès à la mer ! Il est vrai que, sur les seize marins du Défi suisse *Alinghi*, seuls trois sont helvètes. La joute contre le vainqueur de la précédente édition, le *Team New Zeland (TNZ)*, ressemblait même à un derby. Ernesto Bertarelli, le richissime armateur (et équipier) d'*Alinghi*, avait débauché sept Néo-Zélandais, parmi lesquels le barreur, Russel Coutts, qui avait remporté le trophée en 1995 et en 2000 pour la Nouvelle-Zélande ! Si *TNZ* a manqué de chance, *Alinghi* doit surtout sa victoire à son sens tactique.

L'Algérie ovationne Jacques Chirac

Oran, mardi 4
Jacques Chirac rayonne dans la foule. La foule, de plus de 200 000 personnes, autant que dimanche à Alger, est en liesse. Pour la première visite d'un chef d'Etat français depuis l'indépendance, en 1962, les Oranais font un triomphe à Jacques Chirac. Devant le Parlement, hier, il a appelé à « ouvrir de nouveaux chemins entre les rives de notre mer commune », un écho à la déclaration d'Alger signée la veille avec Abdelaziz Bouteflika, le président algérien, et qui propose un « partenariat d'exception ». Mais les Algériens ne se contentent pas de paroles. « Chirac, des visas ! », ont-ils constamment scandé à son passage.

Pluie de confettis et nuée de youyous sur le passage des présidents Chirac et Bouteflika.

Hécatombe chez les dealers thaïlandais

Bangkok, mardi 4
Depuis le 1er février, la Thaïlande est entrée en guerre contre le « yaa maa », la pilule « qui rend fou », un dérivé des amphétamines dont la Birmanie est le premier producteur mondial. En un mois, 29 501 dealers ont été interpellés, 220 000 se seraient livrés d'eux-mêmes à la police et 1 282 trafiquants ont été tués, dont seulement 21 par les forces de l'ordre selon Thaksin Shinawatra, le Premier ministre. Les autres auraient été tués par leurs complices, de peur qu'ils les dénoncent. Cette explication n'a pas convaincu l'ONU, qui envisage d'ouvrir une enquête.

Israël et la Palestine repartent dans l'engrenage de la violence

Dimanche 9, démonstration du Hamas aux funérailles d'Ibrahim Al-Makadmeh.

Gaza, samedi 8
Pour liquider Ibrahim Al-Makadmeh, l'un des dirigeants du Hamas, Israël a employé les grands moyens : quatre missiles tirés ce matin sur sa voiture par un hélicoptère Apache, à l'ouest de Gaza. Cet assassinat ciblé est survenu 48 heures après la très violente attaque menée par les Israéliens dans le camp de Jabaliya, toujours dans la bande de Gaza, et qui s'est soldée par la mort de onze Palestiniens. L'opération avait été montée en représailles à l'attentat qui, la veille, avait été perpétré dans un bus de Haïfa par un kamikaze, coûtant la vie à quinze Israéliens. Le Hamas, qui observait une trêve depuis deux mois, ne l'avait pas revendiqué. (→ 11.6)

Les Maltais disent oui à l'adhésion de l'île à l'Union européenne

La Valette, dimanche 9
Le 1er mai 2004, l'Union européenne s'élargira à dix nouveaux membres. A une condition : que leur adhésion soit ratifiée par les peuples concernés, sauf à Chypre, où nul référendum ne sera organisé. La décision des Maltais, les premiers à se prononcer, était attendue avec une certaine inquiétude. L'UE est soulagée : les résultats du référendum consultatif organisé hier donnent le « iva » (le oui) vainqueur avec 53,65 % des suffrages exprimés, la participation ayant été de 91 % des électeurs inscrits. Farouche opposant à l'Europe, Alfred Sant, leader de l'opposition travailliste, a néanmoins crié victoire. En retenant le chiffre de 48 % des inscrits en faveur de l'adhésion, il promet, s'il revient au pouvoir, d'annuler ce vote. (→ 16.4)

Une majorité des 380 000 Maltais voient l'Union européenne comme une chance.

Irak

2, Londres. D'après l'hebdomadaire *The Observer*, la National Security Agency (NSA), organisme américain spécialisé dans l'interception des écoutes téléphoniques, aurait été chargée d'espionner les missions diplomatiques en poste au Conseil de sécurité.
7, New York. Au Conseil de sécurité, Hans Blix et Mohamed El-Baradei présentent un rapport faisant état de progrès substantiels en matière de désarmement et demandent la prolongation de leur mission.
7, New York. Washington, Londres et Madrid amendent leur projet de résolution : ils concèdent un délai de dix jours à Saddam Hussein pour désarmer (jusqu'au 17 mars).

Le 5, l'Arab Cola est lancé sur le marché français par le pied-noir Gérard Le Blanc, qui se veut un défenseur de « la cause arabe ».

Powell durcit le ton contre la France

New York, dimanche 9
Alors que la résolution ouvrant la voie à l'action militaire en Irak doit être en principe soumise cette semaine au vote du Conseil de sécurité, les Américains ne sont pas du tout assurés d'obtenir une majorité. Le jeu diplomatique de la France les inquiète d'autant plus que Paris, en cas de vote positif, pourrait user du droit de veto que lui a conféré son statut de membre permanent. Le secrétaire d'Etat Colin Powell s'évertue à isoler la position française et brandit une menace : un veto aurait un « effet sérieux » sur les relations entre Paris et Washington. (→ 16)

Le 8, à Berlin, le chef français Alain Ducasse est sacré « meilleur cuisinier du monde » par l'American Academy of Hospitality and Sciences. A 46 ans, il dirige trois établissements à Paris (le Plaza Athénée), New York et Monaco.

Lu	Ma	Me	Je	Ve	Sa	Di
					1	2
3	4	5	6	7	8	9
10	11	12	13	14	15	16
17	18	19	20	21	22	23
24	25	26	27	28	29	30
31						

Répub. dém. du Congo, lundi 10
L'épidémie de fièvre Ebola a fait 100 morts depuis janvier dans la région de la Cuvette-Ouest.

Bordeaux, lundi 10
Corinne Mentzelopoulos devient seule propriétaire du château Margaux. Elle achète, pour un montant tenu secret, les 75 % détenus par le groupe Agnelli.

Béthune, lundi 10
Le TGI prononce la liquidation de Metaleurop Nord. (→ 4.4)

France, mardi 11
Le nombre de tués sur les routes a chuté de 36 % en février.

La Haye, mardi 11
Prestation de serment des 18 juges de la Cour pénale internationale.

Paris, mercredi 12
Ouverture de l'exposition Nicolas de Staël au Centre Pompidou.

Kvitfjell (Norvège), mercredi 12
Ski alpin : l'Autrichien Stephan Eberharter remporte le Globe de cristal de descente.

France, jeudi 13
Les saisies de contrefaçons par les douanes françaises ont augmenté de 44 % en 2002.

Londres, jeudi 13
Quelques heures après la parution d'une enquête révélant de « graves dysfonctionnements » au palais Saint James, Michael Fawcett, assistant personnel du prince Charles, remet sa démission.

Kvitfjell (Norvège), jeudi 13
Ski alpin : la Française Carole Montillet remporte le Globe de cristal de Super-G.

Ankara, jeudi 13
La Cour constitutionnelle interdit le Hadep (Parti de la démocratie du peuple), principal parti kurde, et ordonne la saisie de ses biens.

Washington, vendredi 14
George W. Bush annonce la levée des sanctions économiques qui frappaient le Pakistan depuis le coup d'Etat du général Pervez Musharraf en 1999.

Pékin, samedi 15
L'Assemblée populaire élit Hu Jintao président de la république populaire de Chine. Il succède à Jiang Zemin.

Liechtenstein, dimanche 16
64,3 % des électeurs accordent par référendum les pleins pouvoirs au prince Hans Adam II, monarque de la principauté depuis 1989.

2 740,01 — 30,17 $ — € 1,0727 $

Deutsche Telekom repasse le Rhin

Francfort, lundi 10
C'est officiel : comme on le prévoyait, c'est LDCOM (groupe Louis Dreyfus) qui reprend Iris, la filiale française de Deutsche Telekom, pour la somme de 25 millions d'euros. Ainsi, l'opérateur allemand se désengage d'un marché français qu'il avait pourtant convoité. L'annonce, aujourd'hui même, d'une perte de 24,6 milliards d'euros pour 2002 (soit le plus gros chiffre jamais enregistré en Europe), ainsi que d'un endettement de 61 milliards d'euros, ne pouvait évidemment pas ne pas être accompagnée de mesures drastiques. D'où la cession, dont on ignore si elle entraînera des suppressions de postes parmi les 530 salariés de l'entreprise.

La Turquie s'offre à Recep Tayyip Erdogan

Le nouveau Premier ministre turc.

Ankara, mardi 11
Le pouvoir est tombé entre les mains de Recep Tayyip Erdogan, au terme du plus étonnant des parcours politiques. Maire d'Istanbul en 1994, condamné à quatre mois de prison en 1998 pour « incitation à la haine », interdit de se livrer à quelque activité politique, puis amnistié, cet islamiste « modéré » avait fondé l'AKP qui devait triompher aux législatives, le 4 novembre 2002. Mais Erdogan n'avait pu y participer, ayant été déclaré inéligible. C'est pourquoi Abdullah Gül avait pris le portefeuille de Premier ministre qui aurait dû lui revenir. La justice lui ayant redonné ses droits civiques, Erdogan a pu enfin se faire élire dans une partielle, avant-hier. Et se voir offrir la tête du cabinet, qu'il dirigeait en sous-main.

Les Liégeois en colère contre la fermeture des hauts fourneaux

Cockerill veut favoriser les sites moins coûteux installés dans les zones portuaires.

Liège, mercredi 12
Liège n'avait pas connu de semblable mobilisation depuis la grève générale de 1961. Réparties en deux cortèges qui ont convergé vers le centre-ville, entre 35 000 et 50 000 personnes ont défilé contre la fermeture prévue pour 2006 des deux hauts fourneaux de Cockerill dans la « cité ardente ». 2 000 emplois directs sont menacés, et 5 000 si l'on compte les sous-traitants. Le géant de l'acier Arcelor, né en 2001 du mariage entre Arbed (Luxembourg), Aceralia (Espagne) et Usinor (France), juge que les sites éloignés de la mer ne sont plus rentables, malgré les baisses de salaires consenties par les ouvriers.

Scène de guerre à la prison de Fresnes

Fresnes, mercredi 12
Les rares témoins ont parlé de « scène de guerre ». A 4 h 20 ce matin, six à dix hommes cagoulés ont donné l'assaut à la prison de Fresnes (Val-de-Marne). Mitraillant les miradors, détruisant les grilles à la grenade et faisant sauter les portes à l'explosif, ils sont parvenus à libérer Antonio Ferrara, un spécialiste des attaques de fourgons blindés. Les gardes n'ont rien pu faire face à une telle violence : une centaine de douilles de calibre 7.62 ont été ramassées. Les policiers relient cette évasion à celle de Joseph Menconi, vendredi dernier, de la prison de Borgo (Haute-Corse). Les gangsters sont très liés. (→ 28 et 10.7)

Le 15, au Stade de France, le Breton Alan Stivell est l'une des têtes d'affiche (avec Denez Prigent, l'Irlandaise Sinead O'Connor et le Galicien Carlos Nunez) de la 3e Nuit celtique, qui aligne 500 musiciens et chanteurs.

Le Premier ministre serbe est assassiné

Belgrade, mercredi 12
Natasa Micic, présidente de la Serbie, a décrété l'état de siège après l'attentat qui a coûté la vie au Premier ministre, Zoran Djindjic (*1.8.1952), abattu vers 12 h 30 de plusieurs balles alors qu'il venait de sortir de son véhicule blindé pour gagner son bureau. Le tireur, sans doute embusqué dans un immeuble, a pu s'enfuir, mais le gouvernement est persuadé que cet acte est l'œuvre d'un « groupe criminel » dirigé par Milorad Lukovic, ancien chef des bérets rouges demeuré fidèle à l'ancien chef de l'Etat, Slobodan Milosevic. Or c'est Djindjic qui, en juillet 2001, avait ordonné son arrestation et l'avait livré au Tribunal pénal international de La Haye.

Il s'appelait Lagardère

Il était né le 10 février 1928 dans le Gers.

Paris, vendredi 14
Foudroyé par une encéphalomyélite aiguë disséminée, Jean-Luc Lagardère s'est éteint ce soir à 22 h 56 à l'hôpital Lariboisière. Fondateur du groupe qui porte son nom, cet ingénieur avait fait son apprentissage de chef d'entreprise chez Matra, où il était entré en 1963 et dont il fera l'embryon d'un empire partagé aujourd'hui entre deux pôles principaux : l'aéronautique (avec une participation de 15,14 % dans EADS, le géant européen) et les médias. En 1980, Jean-Luc Lagardère avait repris Hachette, puis, le 23 octobre dernier, Videndi Universal Publishing (VUP). Son fils Arnaud, 41 ans, est désormais le seul patron du groupe. Son père l'avait préparé à cette fonction.

Irak

10, Paris. À la télévision, Jacques Chirac rappelle que la France dira « non » à toute résolution légitimant la guerre en Irak.
11, New York. Dans le *Wall Street Journal,* un historien britannique, Paul Johnson, affirme que Saddam Hussein possède plus de moyens de destruction que Hitler et Staline.
11, Washington. Donald Rumsfeld déclare que les Etats-Unis sont prêts à engager seuls les hostilités contre l'Irak et reconnaît que la position de la Grande-Bretagne manque de netteté.
12, Washington. Les frites servies sous le nom de « French fries » dans les restaurants du Congrès ont été rebaptisées « Freedom fries ».

Un scandale atteint les élus d'Anvers

Anvers, jeudi 13
Tous les échevins (adjoints au maire) de la municipalité d'Anvers ont remis leur démission à la suite de révélations sur des malversations commises par des élus et fonctionnaires anversois. Il est apparu que plusieurs d'entre eux avaient utilisé les cartes bleues de la commune et la trésorerie de diverses associations pour financer leur train de vie personnel. Afin de ne pas laisser la mairie aux mains du Vlaams Blok, le parti nationaliste, Léona Detiège, la bourgmestre socialiste, reste pour le moment à son poste.

La Bourse de Paris en pleine turbulence

Paris, vendredi 14
La Bourse de Paris vit au rythme des préparatifs de guerre. Le CAC 40, qui était descendu mardi en dessous des 2 500 points et avait clôturé mercredi à 2 403 points, avait déjà rebondi hier de 6,31 %. Il a connu aujourd'hui une nouvelle progression de 7,25 %, la plus forte hausse qu'il ait jamais enregistrée. Cette performance est due au fait que, si nul ne doute plus que les Etats-Unis déclencheront la guerre, les analystes financiers sont persuadés que celle-ci sera de courte durée. Et que ses effets sur l'économie seront limités.

Vinokourov a dédié sa victoire à Kivilev

Nice, dimanche 16
Comme l'an dernier, le coureur kazakh Alexandre Vinokourov a remporté Paris-Nice, la première grande épreuve par étapes de la saison cycliste. Mais le leader de l'équipe Telekom avait le cœur en berne. Mercredi, le peloton avait été assommé par une terrible nouvelle : Andreï Kivilev, tombé la veille en pleine course, avait succombé à un traumatisme crânien. Compatriote et meilleur copain de Vinokourov, le coureur de Cofidis, âgé de 29 ans, ne portait pas de casque. Ce qui n'a pas manqué de relancer la vieille polémique sur la nécessité de le rendre obligatoire. Cette tragédie a sans doute motivé « Vino », comme on l'appelle dans le peloton. Il a voulu rendre hommage à Kivilev en s'emparant du maillot jaune vendredi et en le ramenant à Nice.

L'épidémie de SRAS inquiète l'OMS

Genève, samedi 15
Selon l'Organisation mondiale de la santé (OMS), l'épidémie qui a éclos en février en Asie est « très dangereuse et se déplace par avion ». Le SRAS, ou syndrome respiratoire aigu sévère, est une forme de pneumonie dont l'agent infectieux n'est pas encore identifié. A Hanoi, la capitale vietnamienne, les trente membres de l'équipe médicale française sont contaminés, et l'hôpital français a été fermé mardi. Au total, 150 cas sont recensés dans le monde, particulièrement en Asie qui compte déjà 9 morts. Les hôpitaux parisiens sont en alerte et les contrôles sanitaires renforcés dans les aéroports. (→ 23)

Bush laisse le choix à Saddam Hussein : la valise ou le cercueil

Tony Blair, José Maria Aznar et George W. Bush : dernier sommet avant la guerre ?

Açores, dimanche 16
Cela ressemblait à une veillée d'armes. Reçus sur la base aérienne de Lajes par José Manuel Barroso, Premier ministre portugais, George W. Bush, Tony Blair et José Maria Aznar ont confronté leurs positions. Si Blair et Aznar ont semblé disposés à laisser une dernière chance de désarmer à Saddam Hussein, Bush, lui, a clairement dit que cette chance était passée, sans être contredit. Ce qui signifie que, quelle que soit l'attitude du Conseil de sécurité, les Américains et leurs alliés attaqueront. A moins que, comme le président des Etats-Unis l'a suggéré, le raïs irakien ne choisisse de quitter son pays. Une proposition que Colin Powell et le vice-président Dick Cheney ont aussi formulée. (→ 17)

Mars

Lu	Ma	Me	Je	Ve	Sa	Di
					1	2
3	4	5	6	7	8	9
10	11	12	13	14	15	16
17	18	19	20	21	22	23
24	25	26	27	28	29	30
31						

Espagne, lundi 17
Le Tribunal suprême interdit le parti indépendantiste basque Batasuna, accusé d'être lié au mouvement terroriste ETA.

Lusigny (Allier), lundi 17
Ouverture du premier centre éducatif fermé pour mineurs délinquants, sur 60 prévus. (→ 6.6)

Belgrade, mardi 18
Zoran Zivkovic devient Premier ministre de Serbie.

Bruxelles, mercredi 19
Découverte de systèmes d'écoutes téléphoniques branchés sur des bureaux de l'Union européenne affectés aux délégations française et allemande.

France, mercredi 19
Sortie de *The Hours*, de Stephen Daldry, avec Nicole Kidman.

Paris, vendredi 21
Mgr Lustiger, cardinal de Paris, Dalil Boubakeur, recteur de la Mosquée de Paris, et le grand rabbin de France, Joseph Sitruk, signent un texte commun pour prévenir la « guerre de religions » qui pourrait toucher la France en raison du conflit en Irak.

Illinois, vendredi 21
Le cigarettier Philip Morris est condamné à verser 10,1 milliards de dollars de dommages et intérêts à des fumeurs de cigarettes « light ».

Belgique, samedi 22
Philippe Geluck illustre l'ensemble d'un numéro du *Soir*: son Chat est né il y a 20 ans dans le journal.

Bruxelles, samedi 22
Ouverture de l'exposition *Brel, le droit de rêver*, qui inaugure l'année « Brel 2003 » organisée pour le 25e anniversaire de sa mort.

San Remo, samedi 22
L'Italien Paolo Bettini remporte la classique cycliste Milan-San Remo.

Tourcoing, dimanche 23
Un cas probable de SRAS est décelé chez un médecin français de retour de Hanoi. (→ 26)

Tchétchénie, dimanche 23
Un référendum contesté (96 % de « oui ») proclame l'appartenance « inaliénable » du pays à la Russie. La Constitution indépendantiste de 1992 est abrogée.

Slovénie, dimanche 23
Les Slovènes décident, par voie de référendum, de rejoindre l'Union européenne (89,5 %) et d'adhérer à l'Otan (66 %).

2 890,68 — 24,65 $ — € 1,0536 $

La décentralisation dans la Constitution

Versailles, lundi 17
Réunis en Congrès, les 577 députés et 321 sénateurs ont adopté une nouvelle révision de la Constitution. L'article 1er stipule désormais que l'organisation de la République « est décentralisée ». Les « collectivités locales » n'existent plus: les « collectivités territoriales » les remplacent, et celles-ci vont pouvoir bénéficier de « dispositions à caractère expérimental » pour une durée et un objet limités, alors que la loi devait être jusqu'alors la même sur l'ensemble du territoire national. Ces modifications ont été adoptées par 584 voix contre 278, les socialistes et les communistes ayant voté contre au motif que le texte aurait dû, selon eux, être soumis au peuple par référendum. (→ 3.6)

L'Amérique se passera de l'aval de l'ONU

Les troupes américaines s'entraînent en vue de l'offensive, comme ici au Koweït.

Washington, lundi 17
Comme on pouvait s'y attendre depuis le sommet des Açores, hier, les événements se sont brusquement précipités. Désespérant d'obtenir une majorité au Conseil de sécurité, les Américains, les Britanniques et les Espagnols se sont résignés à renoncer à faire voter leur projet de nouvelle résolution. Dans un discours à la nation, George W. Bush a annoncé que, le Conseil ayant failli à ses responsabilités, « nous allons donc prendre les nôtres ». Et le président des Etats-Unis de lancer cet ultimatum à Saddam Hussein: si lui et ses deux fils ne quittent pas l'Irak d'ici à 48 heures, la guerre « commencera à la date que nous choisirons ». Vladimir Poutine a estimé qu'il s'agissait là d'une « erreur » de nature à « déstabiliser l'ensemble de la situation internationale ». (→ 21)

Tony Blair ira à la guerre sans Robin Cook

Londres, mardi 18
Tony Blair a connu aujourd'hui l'une des journées les plus difficiles de toute sa carrière. Après la démission, hier, de Robin Cook, ministre des Relations avec le Parlement et leader des élus du New Labour aux Communes, ce sont deux autres membres de son cabinet qui ont claqué la porte pour cause de désaccord sur l'Irak: John Denham, secrétaire d'Etat à l'Intérieur, et Lord Hunt, sous-secrétaire d'Etat à la Santé. La secrétaire d'Etat au Développement international, Clare Short, est restée à bord après avoir envisagé, elle aussi, de quitter le navire. Ces défections n'ont pas empêché les députés, par 412 voix contre 149, d'autoriser un engagement britannique en Irak.

Robin Cook, un ténor du New Labour.

Un Premier ministre pour la Palestine

Ramallah, mercredi 19
Yasser Arafat a cédé à la pression des puissances occidentales en acceptant de créer un poste de Premier ministre et de le confier à Abou Mazen (de son vrai nom Mahmoud Abbas). Ce n'est pas de gaîté de cœur que le vieux chef palestinien s'est résigné à déléguer une partie de ses prérogatives à un homme dont il est, ensemble, proche et éloigné. Si Abou Mazen, 68 ans, a été de tous les combats au côté d'Arafat, au sein du Fatah et de l'OLP, il se distingue de son leader par une modération et une volonté de dialogue qui l'ont conduit à adopter une attitude réservée vis-à-vis de l'actuelle Intifada. (→ 29.4)

Les talibans refusent toujours de désarmer

Afghanistan, jeudi 20
La guerre contre les talibans est loin d'être achevée. Sur la foi de rapports de renseignement faisant état de très importants mouvements de troupes dans la région montagneuse de Sami Ghar, près de la frontière pakistanaise, les Américains ont engagé l'opération « Valiant Strike » (« Force vaillante »). Un millier d'hommes sont mobilisés sur terre et dans les airs. Selon David Johnson, coordinateur américain en Afghanistan, les Etats-Unis resteront « aussi longtemps qu'il le faudra ».

Le 19, Jeanne Bourin (*13.1.1922) décède à Mesnil-le-Roi (Yvelines). Vendu à deux millions d'exemplaires, *la Chambre des dames* (1979) est son roman le plus connu dans une œuvre consacrée à la réhabilitation du Moyen Age.

Une pluie de missiles s'est abattue sur Bagdad

Il faisait encore nuit jeudi quand, sur les bords du Tigre, plusieurs bâtiments ministériels ont été touchés par les bombardements.

Bagdad, vendredi 21
Il était 5 h 32 hier matin (heure locale) lorsque les premiers Tomahawk sont tombés sur Bagdad. Lancés à partir de bâtiments croisant dans le Golfe ou en mer Rouge, ou depuis des bombardiers furtifs F-117 Nighthawk, ces missiles de croisière ont inauguré l'offensive des forces américaines et britanniques commandées par le général américain Tommy Franks, qui avait déjà dirigé les opérations en Afghanistan. Un peu moins d'une heure après, le président Bush s'adressait à ses compatriotes et justifiait l'ouverture des hostilités par la nécessité de « désarmer l'Irak », de « libérer son peuple » et de « défendre le monde contre un grave danger ». Il n'a toutefois pas caché que l'opération, baptisée Liberté de l'Irak, pourrait être « plus longue et difficile » que certains le croient. Toute la question est là, en effet. Outre des conditions climatiques peu favorables aux coalisés (hausse de la température, tempêtes de sable), la plus grande incertitude règne à ce jour quant aux capacités de résistance des Irakiens. Si l'armée régulière ne s'est jamais vraiment relevée de sa défaite de 1991, lors de la première guerre du Golfe, la garde républicaine et surtout la garde républicaine spéciale dévouée au raïs et à son fils Qoussaï pourraient se révéler redoutables dans l'hypothèse où les Irakiens refuseraient le combat en rase campagne et se retrancheraient dans les grandes villes : une stratégie de guérilla que viendraient appuyer les milices armées du parti Baas. D'autre part, on ignore combien d'avions et de missiles les Irakiens ont encore la possibilité de mettre en œuvre. Ce sont ces inconnues qui ont déterminé les Américains à frapper à la tête : les tirs d'hier matin et ceux qui ont repris le soir avaient pour objectif de détruire les centres névralgiques du régime (tels que palais présidentiels, ministères ou casernes), de désorganiser la chaîne de commandement et, sans doute, de tuer Saddam Hussein. Ce dernier a en tout cas survécu aux premières frappes de jeudi matin : peu de temps après, il prononçait sur la chaîne de télévision dirigée par son autre fils, le fantasque Oudaï, un discours promettant à l'envahisseur une « défaite amère ». Sur le terrain, le branle-bas de combat a eu lieu en fin de journée, vers 20 heures (heure locale). Les artilleurs ont ouvert la voie aux forces terrestres qui, depuis le Koweït, se sont engagées sur deux axes : en direction de Bagdad avec les 2 000 blindés de la 3e division d'infanterie américaine, et en direction de Bassora avec, en fer de lance, les Royal Marines britanniques qui auraient déjà investi la péninsule de Fao afin d'y sécuriser les puits de pétrole. Les Irakiens n'ont pas cherché à faire obstacle à cette marche en avant et se sont bornés, pour l'instant, à tirer une dizaine de Scud sur le Koweït, sans faire la moindre victime.

Ce soir, les coalisés ne déplorent que la mort de douze soldats de nationalités américaine et britannique, dans un accident d'hélicoptère, au Koweït. S'il est encore trop tôt pour faire un bilan de la première phase des opérations, baptisée « Choc et effroi », force est de constater que, malgré la brutalité des frappes, le régime ne paraît pas avoir été particulièrement « choqué » ni « effrayé ». Pour les jours à venir, quatre questions restent cependant posées. Quel est le réel degré de combativité des fidèles de Saddam Hussein ? L'Irak possède-t-il encore des armes chimiques et est-il prêt à les utiliser ? Les chiites vont-ils se soulever et accueillir en libérateurs les coalisés ? Les Turcs ne risquent-ils pas de tout compliquer en envahissant le Kurdistan irakien ? (→ 23)

Les forces en présence

(Chiffres au 20 mars)	Etats-Unis	G.-B.	Irak
Troupes	270 000	45 000	450 000
Avions	650	70	300
Chars lourds	300	120	1 800 à 2 000
Porte-avions	5	1	0
Navires de guerre	70	16	13

Irak

18, Paris. Selon Jacques Chirac, le désarmement de l'Irak ne justifie pas « une décision unilatérale de recours à la guerre ».
18, Canberra. L'Australie confirme sa participation à la coalition avec 2 000 hommes, 14 avions de chasse et 3 bâtiments de guerre.
18, Madrid. Devant les Cortès, José Maria Aznar précise que l'Espagne ne prendra pas part à l'offensive et se bornera à apporter un soutien logistique.
19, Bagdad. Le Parlement irakien rejette l'ultimatum des Etats-Unis.
20, Ankara. La Turquie refuse aux Américains le déploiement de leurs troupes sur son territoire, mais les autorise à utiliser son espace aérien. Par ailleurs, les députés autorisent l'armée turque à intervenir dans « un pays étranger » (c'est-à-dire au Kurdistan irakien).
22, Irak. Le journaliste britannique Terry Lloyd, de la chaîne ITN, est tué par des tirs américains au sud de Bassora. Deux autres membres de l'équipe d'ITN, le cameraman français Fred Nerac et l'interprète jordanien Hussein Osman, ont été portés disparus.

La conquête de l'Irak est plus difficile que prévu

Les soldats britanniques engagés dès jeudi dans la péninsule de Fao se sont heurtés à une vive résistance. Ce débouché maritime de l'Irak n'est pas encore sécurisé.

L'un des prisonniers de guerre américains dont l'image a été diffusée aujourd'hui par la chaîne Al Jezira. Il serait tombé entre les mains des Irakiens à Nassirya.

Irak, dimanche 23
La seconde guerre du Golfe se déroule selon un schéma très différent de celui qui avait été élaboré au Pentagone. Les bombardements massifs ont continué pendant tout le week-end sur Bagdad et les principales villes, en particulier Bassora, au sud, et Mossoul, au nord ; les bombardiers B-52 sont entrés dès vendredi dans la danse, mais le régime de Saddam Hussein ne s'est toujours pas effondré. La situation déconcerte visiblement les coalisés : les Irakiens les ont laissés s'approcher à 100 km de Bagdad pratiquement sans combattre, tout en offrant une résistance farouche là où on ne les attendait vraiment pas, comme à Nassiriya et à Nadjaf, deux fiefs chiites tenus par des unités de la garde républicaine et par les miliciens du Baas, et que les Américains ont dû contourner afin de progresser vers la capitale. Plus préoccupant encore, le port pétrolier d'Oum Kasr, au sud de Bassora, était ce soir le théâtre de très violents combats de rue, alors qu'on le donnait conquis jeudi dernier ! La question que tout le monde se pose est de savoir quand et comment aura lieu la bataille de Bagdad, qui sera sans nul doute décisive. Mais les coalisés sont également préoccupés par la situation dans le Kurdistan irakien, au nord, où les Turcs ont multiplié les incursions. Dans la nuit de samedi à dimanche, les Américains y ont amené par avion des éléments des forces spéciales avec quatre objectifs : ne pas laisser les Turcs libres d'agir à leur guise, mettre hors d'état de nuire des islamistes proches de la Qaida, préparer la sécurisation des champs pétrolifères de Mossoul et de Kirkouk, ouvrir un nouveau front en direction de Bagdad. En attendant, les coalisés enregistrent leurs premiers déboires. Les Irakiens ont marqué un point dans la guerre psychologique en laissant Al Jezira diffuser les images de cinq soldats américains (une femme et quatre hommes) faits prisonniers, et les Britanniques ont admis la perte d'un Tornado et la disparition de ses deux membres d'équipage : leur avion a été abattu par un missile américain. Toutefois, le plus inquiétant pour ceux qui se considèrent comme des libérateurs tient à l'apparition de groupes civils armés qui, fondus dans la foule et banalisés, commencent à leur tendre des embuscades meurtrières : durant ce week-end, une dizaine de marines ont été tués en des circonstances qui évoquent plus l'Intifada palestinienne qu'une guerre classique. (→ 31)

François Bozizé est au pouvoir à Bangui

Bangui, dimanche 23
La deuxième tentative a été la bonne. François Bozizé, dont la tentative de coup d'Etat avait échoué en octobre dernier, semble cette fois avoir réussi. Huit jours après avoir renversé Ange-Félix Patassé, le président centrafricain qui a trouvé refuge au Cameroun, et une semaine après s'être autoproclamé chef de l'Etat, cet ancien chef d'état-major a reçu l'appui d'Abel Goumba, qui, à 76 ans, fait figure de sage. Bozizé l'a nommé Premier ministre. Le calme est revenu dans la capitale qui avait été livrée aux pilleurs, et les pays voisins, notamment le Tchad et la république démocratique du Congo, se félicitent du changement de régime.

La cérémonie des Oscars se transforme en meeting contre Bush

« Le pape est contre vous, vous êtes fini », a lancé Michael Moore à George W. Bush.

Los Angeles, dimanche 23
De cette 75e cérémonie des Oscars, les cinéphiles retiendront que *Chicago*, de Rob Marshall, a été sacré meilleur film, que Nicole Kidman et Adrien Brody sont repartis avec les statuettes remises aux meilleurs acteurs, ou que Roman Polanski a été élu meilleur réalisateur (*le Pianiste*). Mais, au quatrième jour de la guerre en Irak, la cérémonie s'est muée en réunion politique. Michael Moore (meilleur documentaire pour *Bowling for Columbine*) a prononcé une diatribe contre George W. Bush, ainsi que Pedro Almodovar (meilleur scénario pour son film *Parle avec elle*). Le cinéaste finlandais Aki Kaurismäki avait, lui, refusé de venir dans un pays qui prépare, dit-il, « un crime contre l'humanité ».

Mars

Lu	Ma	Me	Je	Ve	Sa	Di
					1	2
3	4	5	6	7	8	9
10	11	12	13	14	15	16
17	18	19	20	21	22	23
24	25	26	27	28	29	30
31						

Paris, lundi 24
France Telecom lance une augmentation de capital de 15 milliards d'euros. L'Etat y souscrit pour 9 milliards.

Serbie, lundi 24
L'ancien béret rouge Zvezdan Jovanovic, meurtrier présumé de Zoran Djindjic, est arrêté.

France, mercredi 26
Les yoyos gluants, à la mode dans les cours de récréation du primaire, sont interdits à la vente.

France, jeudi 27
Première, sur M6, de l'émission « A la recherche de la nouvelle star ».

Etats-Unis, jeudi 27
Les Rolling Stones annulent les concerts prévus les 28 et 29 à Hong Kong par peur du SRAS. (→ 6.4)

Serbie, vendredi 28
Découverte des ossements de l'ancien président de la Serbie, Ivan Stambolic, kidnappé en 2000.

Japon, vendredi 28
Le pays place sur orbite ses deux premiers satellites espions.

Lens, samedi 29
Football: la France bat Malte (6-0) en match de qualification pour l'Euro 2004.

Charleville-Mézières, dim. 30
Victoire de Laurent Brochard au Critérium international cycliste.

Dublin, dimanche 30
Rugby: l'Angleterre remporte le tournoi des Six Nations en réalisant le Grand Chelem. La France termine à la 3e place.

New York, dimanche 30
Entrée en vigueur de l'interdiction de fumer dans les 13 000 bars et restaurants de la ville.

Aubagne, lundi 31
Arrestation de Joseph Menconi, après trois semaines de cavale.

Paris, lundi 31
Au procès Elf, l'ancien P-dg, Loïk Le Floch-Prigent, évalue la caisse noire de la société à 5 millions de dollars par an. Ils étaient destinés aux « interventions politiques ».

Skopje (Macédoine), lundi 31
Première mission militaire de l'Union européenne. Le général Pierre Maral la commande.

DÉCÈS

Cagliari (Sardaigne), samedi 29
Henry Racamier (*1912), industriel français.

2 733 — 26,73 $

€ 1,0771 $

Jacques Chirac veut combattre le cancer

France, lundi 24
Devant 500 personnalités du monde médical réunies à l'Elysée, le chef de l'Etat a lancé le troisième des « grands chantiers » de son deuxième mandat: la lutte contre le cancer. Avec un axe principal: la « guerre au tabac ». Le prix des cigarettes sera régulièrement relevé et leur vente sera interdite aux moins de 16 ans. Pour combattre le cancer, dont 150 000 Français meurent tous les ans tandis que 300 000 nouveaux cas se déclarent dans le même temps, Jacques Chirac veut aussi généraliser, d'ici à la fin de l'année, le dépistage du cancer du sein. Et convaincre chacun qu'en mangeant cinq fruits ou légumes par jour, le risque décroît.

Les Turcs menacent d'occuper le Kurdistan

Les peshmergas ne veulent pas plus des Turcs que des Irakiens au Kurdistan.

Ankara, lundi 24
L'envoyé spécial américain à Ankara, Zalmay Khalizad, négocie d'arrache-pied avec le gouvernement afin de le dissuader d'intervenir militairement au Kurdistan irakien. Mais la position des Turcs est pour le moins ambiguë. Le porte-parole du cabinet de Recep Tayyip Erdogan a en effet déclaré que « la Turquie est en Irak et sera en Irak ». Une façon implicite d'admettre que des troupes turques se sont déjà implantées au Kurdistan et que l'hypothèse de leur déploiement à une plus vaste échelle n'est pas abandonnée, officiellement « en raison de craintes du terrorisme » et pour des motifs « humanitaires ». Ce dont ne veut à aucun prix Washington, qui redoute une confrontation avec les séparatistes kurdes.

Pékin avoue avoir dissimulé l'épidémie de pneumonie atypique

Tant que le virus n'est pas identifié, le port du masque est le seul mode de protection.

Pékin, mercredi 26
Face aux experts envoyés par l'OMS, l'Organisation mondiale de la santé, les autorités chinoises sont passées aux aveux. L'épidémie de SRAS, également appelée pneumonie atypique, a touché plus de Chinois que Pékin n'avait bien voulu le dire. Pire: la propagation de la maladie a débuté... en novembre! Elle s'est déclarée dans la province de Guandong (Canton) et elle a infecté, jusqu'en février, 800 personnes; 31 en sont mortes. Les experts, qui voulaient se rendre à Canton, n'en ont pas reçu l'autorisation. Et aucune mesure n'a été prévue pour endiguer l'épidémie à Hong Kong, où l'on compte 11 décès et 286 malades. Hier, un premier cas confirmé a été signalé en France.

Les drogues douces tolérées en Belgique

Bruxelles, jeudi 27
Par 30 voix pour et 19 contre, le Sénat a adopté la modification de la loi de 1921 portant sur le trafic et l'usage de « substances vénéneuses, stupéfiantes, psychotropes », etc. La consommation et la détention de drogues « douces », comme le cannabis, dès lors qu'elles sont le fait d'adultes, ne seront plus réprimées. Sous deux réserves: que cet usage n'occasionne pas de « nuisances publiques » et qu'il ne se révèle pas « problématique ». L'Etat veut ainsi se réserver le droit de contrôler le degré de dépendance du toxicomane.

Le 25, à Cannes, l'Espagnole Chenoa (à gauche) triomphe à « Eurobest », qui oppose les vainqueurs des neuf « Star Academy » européennes et est animé par Nikos Aliagas et Estelle Lefébure. Nolwenn Leroy est deuxième.

Irak

24, Washington. Selon la Maison-Blanche, des entreprises russes se seraient livrées à des trafics d'armes interdites avec l'Irak. Le Kremlin oppose un vigoureux démenti.
24, Irak. Dans une attaque contre la garde républicaine, une trentaine d'hélicoptères Apache sont touchés par des tirs d'armes légères et sont contraints de rebrousser chemin. L'un des appareils est abattu.
26, Washington. George W. Bush demande au Congrès une rallonge de 75 milliards de dollars afin de couvrir les frais de la guerre.
26, Washington. Le Pentagone fait savoir que, depuis l'ouverture des hostilités, les Américains ont lancé sur l'Irak plus de 600 Tomahawk et plus de 4 500 bombes guidées. Les avions ont fait près de 700 sorties.
27, Kurdistan. Un millier de paras américains sont largués au-dessus du Kurdistan irakien pour ouvrir un front nord.
27, Kurdistan. Les peshmergas ont franchi la frontière de leur région autonome, en direction de Kirkouk dont ils rêvent de faire la capitale d'un Kurdistan indépendant.
30, Irak. Au cours de la nuit passée, une ferme située à Al-Janabiyeh, au sud-est de Bagdad, est prise pour cible par deux missiles américains. Bilan : 20 morts dont 11 enfants et sept femmes.
31, Irak. Dans la région de Nadjaf, les soldats américains tirent sur un autobus qui, selon eux, « refusait de s'arrêter à un barrage ». Un enfant et sept femmes ont été tués.

Les kamikazes sont entrés en scène

Saddam Hussein avec ses fils Oudaï et Qoussaï (à droite), devant les caméras.

Irak, lundi 31
Sur la chaîne de télévision Fox News, Donald Rumsfeld a admis hier que la prise de Bagdad « ne sera pas facile ». Au onzième jour de la guerre, les forces de la coalition piétinent : elles ne sont pas parvenues à s'emparer de Bassora, ni à faire sauter les verrous de Nassiriya et de Nadjaf, sur la route de la capitale. Il convient évidemment de relativiser. Soucieux de limiter au maximum leurs pertes, les Américains attendent en fait que les Irakiens soient suffisamment affaiblis pour procéder à des attaques décisives : d'où les bombardements qui, aujourd'hui, ont frappé Bagdad avec une intensité encore jamais atteinte. La même prudence est de rigueur chez les Britanniques : à Bassora, ils se sont bornés à des opérations de commando destinées à démoraliser l'adversaire, en ciblant les cadres du parti Baas, avant de tenter ce matin une offensive. Tous les observateurs s'accordent à penser que les coalisés finiront par l'emporter. Ce qui les surprend, en revanche, c'est leur impuissance à anéantir les moyens de communication des Irakiens, à faire taire leur télévision et à localiser le raïs. Ce dernier s'est même offert le luxe de paraître aujourd'hui sur le petit écran avec ses deux fils, alors que Bagdad se terrait sous les Tomahawk et sous les bombes dites intelligentes ! Quant au soulèvement annoncé des populations chiites, il ne s'est toujours pas produit : le Pentagone n'a pas pris en compte la réalité du patriotisme irakien, au-delà des clivages politiques et religieux. Ce soir, le héros du régime s'appelle Ali Jaafar Moussa Hammadi Al-Noumani. Samedi, il a tué quatre soldats américains (onze selon les Irakiens) dans la région de Nadjaf en se faisant sauter avec son automobile piégée. Saddam Hussein, qui avait annoncé l'entrée en action de kamikazes, a tenu parole. Il a décerné la médaille Oum Al-Maarik à celui qui est devenu, dans les médias irakiens, « le martyr Ali ». (→ 4.4)

Le 25, jour de sortie mondiale de l'album *One Heart*, Céline Dion donne, au Colosseum du Caesars Palace de Las Vegas, la 1re des 600 représentations (200 par an) de *A New Day*, mis en scène par le Belge Franco Dragone.

Daniel Ceccaldi quitte le tumulte de la vie

Paris, jeudi 27
Daniel Ceccaldi n'était pas que le père, maladroit et fuyant, de Julie Lescaut, le commissaire de la série télévisée de TF1. En 55 ans de carrière – il a débuté dans *le Diable boiteux* de Sacha Guitry en 1948 –, il a promené son élégance dans tout l'éventail du cinéma français d'après-guerre, des comédies de Jean Girault (*Pouic-Pouic*) aux drames de François Truffaut (*la Peau douce*) ou d'Eric Rohmer (*l'Amour l'après-midi*). Pascal Thomas en avait fait son acteur fétiche, utilisant sa naïveté feinte et son image de Français moyen dépassé par le tumulte ambiant dans *les Zozos* ou dans *les Maris, les Femmes, les Amants)*. Il avait 75 ans (*25.7.1927).

كوت
Baghdad

Le péril incertain des nouvelles épidémies

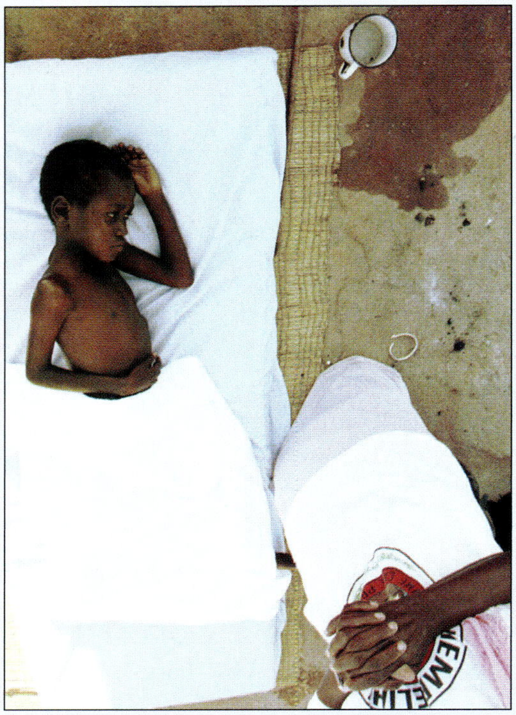

En 2002, le sida a coûté la vie à 2 866 000 personnes dans le monde, dont 2 400 000 en Afrique seule.

2003, année du SRAS ? En fait, le fameux syndrome respiratoire aigu sévère, désormais connu uniquement sous son sigle, n'a pas été à la hauteur des inquiétudes des amateurs de grand frisson. Du moins a-t-il eu, de ce point de vue, le « mérite » d'illustrer la crainte des microbiologistes. Oui, les nouveaux virus sont une réelle menace. L'exemple du sida l'a prouvé de façon éclatante. Certes la thérapeutique a accompli d'extraordinaires progrès. Mais il n'y a toujours pas de vaccin et les morts continuent de se compter par centaines de milliers, notamment en Afrique où plusieurs contrées voient, à cause de lui, baisser les effectifs de leur population. Ce drame ne prendra pas fin demain puisqu'on évalue à 6 millions le nombre de sujets infectés dans les pays en voie de développement. Un chiffre qui fait frémir bien qu'il paraisse minuscule au regard de celui des victimes du paludisme (100 millions !).

Certes le SRAS n'a, fort heureusement, pas tué autant que le sida ou la malaria. Son émergence confirme cependant un risque particulièrement terrifiant. A savoir qu'entre les virus animaux et les virus humains pourraient bien se produire quelques échanges diaboliques, dont nul spécialiste ne sous-estime le danger. D'autres infections, à commencer par la peste aviaire aux Pays-Bas, ont montré en 2003 que le SRAS ne constitue pas, à cet égard, une unique exception.

Mais attention : rien ne justifie ici l'obscurantisme ou les peurs médiévales. La recherche menée sur le coronavirus, agent du SRAS, est, à bien des égards, exemplaire. En quelques jours seulement l'ennemi a été identifié, son génome séquencé, un test de dépistage mis au point, et la communauté internationale des spécialistes les plus en pointe a fait taire ses rivalités pour mettre toutes les connaissances en commun. Il n'empêche, l'affaire remet en pleine lumière les étranges relations entre les mondes microbiens humains et animaux.
Charles Pilet, professeur à l'Ecole vétérinaire mais aussi ancien président de l'Académie nationale de médecine, est mieux à même que quiconque de donner un avis sur le sujet : « Nous connaissons, m'a-t-il confié, les coronavirus depuis longtemps. Chez l'animal, ils causent des infections très diverses : une bronchite infectieuse chez les oiseaux, des maladies intestinales chez le porc et le chien, une péritonite chez le chat, une maladie du myocarde chez le lapin, une hépatite et une pathologie cérébrale chez la souris ainsi qu'un rhume chez l'homme. » Il s'agit donc bien d'un véritable univers, riche de plusieurs espèces, responsables de pathologies fort variées mais jusqu'alors véritablement inquiétantes seulement chez les animaux.

Et, comme si l'affaire n'était pas déjà bien compliquée, on a appris que le coronavirus en question pourrait être associé à un autre virus, du groupe, cette fois-ci, des paramyxovirus. Leur univers est plus multiple encore. On en distingue cinq groupes dans lesquels on recense divers virus animaux, dont celui de Newcastle responsable de la pseudo-peste aviaire, mais aussi celui de la maladie de Carré, bien connue chez le chien, son proche parent responsable de la rougeole, ou encore le virus des oreillons, le virus respiratoire syncitial, ainsi que des métapneumovirus dont un représentant cause une rhino-trachéite chez le dindon, et dont on dit que certains participeraient au SRAS.

On peut voir dans cette liste un inventaire à la Prévert. Ou, plus vraisemblablement, un tableau à la Bosch, rassemblant les horreurs microbiennes d'hier et d'aujourd'hui, en provenance de tout le monde animal. Les bêtes sont-elles en train de modifier notre santé par virus interposés ? C'est toute la question du passage à l'homme de ces virus variés. Est-il envisageable ? « Oui, répond sans hésiter Charles Pilet. On savait déjà le virus de la pseudo-peste aviaire susceptible de passer du poulet à l'homme pour donner des conjonctivites. » L'actualité hollandaise a montré que celui de la véritable peste peut lui aussi nous envahir et même tuer. La transmission à l'homme, on l'a observée aussi bien sûr avec l'ESB (maladie dite de la vache folle, causée, elle, par un agent infectieux non conventionnel, le prion) ; on l'a soupçonnée dans le cas de la maladie de Carré et de la rougeole, virus très voisins. Mais, surtout, on l'a vue avec la grippe du poulet à Hong Kong en 1997.

La grippe ? Le grand public ne la craint guère. Pas les chercheurs. Le Dr Jean-Claude Manuguerra, un expert de l'Institut Pasteur, ne craint pas d'affirmer une pandémie grippale « infiniment plus inquiétante » que les risques du bioterrorisme. Un de ses prédécesseurs, le Pr Claude Hannoun, éminent apôtre des vaccinations, me le disait jadis : « La grippe est une maladie extrêmement grave, très souvent mortelle chez le sujet âgé non vacciné. » Oui, la grippe fait peur et à juste titre. On se souvient des cinq grandes épidémies : espagnole en 1918 (40 millions de morts !), asiatique en 1957, de Hong Kong en 1968, russe en 1977 et encore de Hong Kong. Chaque fois, le virus change de visage et nécessite la mise au point de nouveaux vaccins. Tous ces virus portent une sorte de matricule en fonction de leurs deux antigènes principaux H et N. La grippe espagnole était H1N1 (tout comme la russe), celle du poulet de Hong Kong est H5N1, etc.

Cette dernière maladie revêt une importance considérable car, ainsi que le souligne un rapport du Comité national d'évaluation de la recherche (1), elle montre la possibilité du passage direct du virus du poulet à l'homme, et ce « avec un taux létal particulièrement élevé : un tiers de décès ».

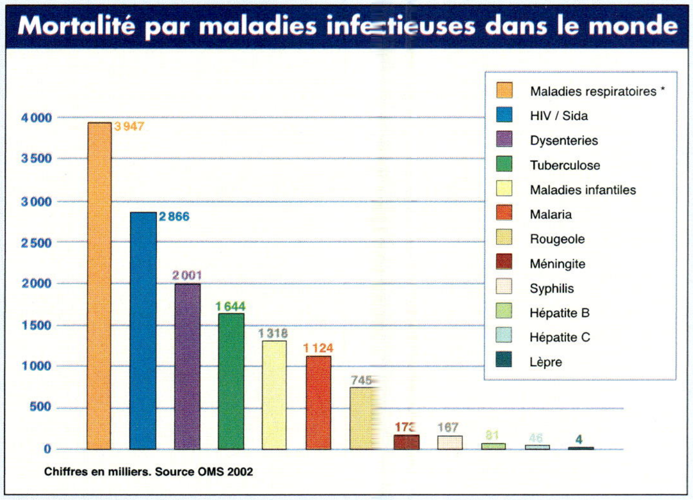

* Maladies respiratoires : pneumonies dues au pneumocoque, au staphylocoque doré, à Hemophilus, à l'agent de la maladie du légionnaire, à Klebsiella, aux mycoplasmes, au virus respiratoire syncitial, aux virus de la grippe, aux adénovirus et à certains champignons).

(1) Recherche sur l'animal et santé de l'homme. CNER. Diffusé par la Documentation française en décembre 2002.

La grippe du poulet a été très meurtrière en Asie en 1997.

Les virus en question auraient été « le résultat de réassortiments génomiques chez des virus grippaux en provenance de diverses sources ». C'est ce genre de pérégrination virale qui fait craindre le pire. On peut en effet, toujours selon le Pr Pilet, faire assez facilement face aux dérives antigéniques. Mais pas aux cassures antigéniques. Imaginez qu'un virus du porc se recombine avec un virus du poulet et donne naissance à une formule complètement nouvelle. Si ce nouvel intrus passe en Europe, ce pourrait être une catastrophe. La recombinaison, voilà l'ennemi. Du côté de la peste aviaire des Pays-Bas (une grippe du poulet), on la craint vraiment comme… la peste. Si ce virus d'oiseaux continue à infecter des gens, il y a un risque qu'il finisse par échanger des gènes avec un virus de la grippe humain. Une telle souche deviendrait bien plus dangereuse. Bien sûr, les biologistes fabriqueront de nouveaux vaccins. Mais cela prendra du temps et coûtera des vies humaines.

La grippe donc, voilà l'ennemi. Mais il n'est pas le seul dans cet univers où, pour le meilleur et pour le pire, s'unissent l'homme et l'animal. Depuis quelques années, on redoute beaucoup aussi le West Nile virus (virus du Nil occidental). Il a fait trembler New York. Cette année, lors du grand meeting de l'American Academy of Neurology, on a évoqué à son propos « la poliomyélite du XXIe siècle ». Nous le connaissons aussi en France, en Camargue, et l'actualité du mois d'octobre a montré qu'il avait infecté à la fois l'homme et le cheval, dans le département du Var. Ce virus a, outre les équidés, deux autres réservoirs : les oiseaux migrateurs et les moustiques. On aura compris qu'il possède ainsi avec les premiers un merveilleux moyen de dissémination international et avec les seconds un excellent vecteur.

Dans un registre plus terrifiant encore, il nous faut bien évoquer le virus Ebola. En mai 2003, on évaluait à plus de 100 le nombre de ses récentes victimes congolaises. Un chiffre auquel il faut rajouter pas moins de 500 grands singes, chimpanzés et gorilles, également tués par le microbe. On peut ajouter à la liste des affreux le virus de la fièvre du Rift et pas mal d'autres. Côté satisfaction : la rage a, dans nos contrées au moins, été largement vaincue. Mais il faudrait aussi, en toute justice, ajouter à la liste des virus gênants celle des bactéries, en règle générale moins mortelles, mais qui ont de plus en plus tendance à résister aux antibiotiques.

Une chose est claire : les mondes animaux et humains s'interpénètrent de façon trouble. C'est la raison pour laquelle le Pr Pilet dénonce avec plus de vigueur « la séparation entre les deux médecines, celle de l'homme et celle des animaux ». Il n'en était pas de même jadis. Du reste, quand autopsie et dissection étaient interdites sur l'homme, il fallait bien faire avec le chien ou le cheval. Il n'y a guère longtemps, l'enseignement en faculté de médecine intégrait les données sur les infections animales. Or notre Institut de veille sanitaire ne compte pas de spécialiste de l'épidémiologie animale. Aux Etats-Unis, le très fameux CDC, centre spécialisé dans l'étude des épidémies, en fait travailler, au contraire, plusieurs. Charles Pilet propose la notion « d'animaux sentinelles », organismes sensibles dont il faut suivre l'évolution.

On se préoccupe désormais des oiseaux, des porcs, de la grande faune, notamment aux Etats-Unis où elle présente une pathologie équivalente de l'ESB. Mais que dire de nos petits compagnons domestiques ? Plus de 45 millions d'entre eux vivent dans nos foyers ! Charles Pilet pense que chiens et chats ne posent, en règle générale, guère de problème sanitaire, causant principalement des maladies de la peau. Mais on connaît tout de même les conséquences de la bartonellose (maladie des griffes du chat) parfois mortelle, des neuroméningites transmises par le hamster ou d'autres petits rongeurs ou encore de la psittacose due aux oiseaux. Disons que, si l'on respecte les règles d'hygiène classiques, le risque est faible. En clair, il faut se laver les mains, éviter de partager l'assiette de l'animal et de coucher avec lui. Tout en sachant que, s'il ne vagabonde pas en dehors de la maison, rien de très grave ne saurait survenir. Encore faut-il considérer à part la mode des NAC, les fameux nouveaux animaux de compagnie. Serpents, tortues et autres araignées exotiques transportent parfois des germes mal connus ou redoutables. Les tortues, en particulier, véhiculent d'épouvantables salmonelles.

Alors, les ennemis sont parmi nous ? C'est peut-être même pire que cela. Ils sont en nous. Savez-vous que notre tube digestif héberge plus de microbes que notre corps ne possède de cellules. La plupart de ces commensaux sont fort mal connus. Certes, nous avons toutes les raisons de penser que nombre d'entre eux se contentent d'utiliser nos déchets à leur profit et… au nôtre en participant aux tâches de la digestion. Mais on ne saurait dire la même chose de tous. Sur ce terrain aussi, la biologie moléculaire est en train de nous apporter les moyens d'une étude quasi exhaustive de ces partenaires obligés de notre vie digestive ainsi que les moyens de comprendre leur possible rôle pathogène.

Tout ce monde microbien, l'homme ne sait pas encore le gérer de façon parfaite. Loin s'en faut. Du reste, comme aime à le dire encore Charles Pilet, « les virus et les bactéries n'ont pas de frontières. Ni géographique, ni raciale, ni d'espèce ». Disons qu'il faudra apprendre à vivre avec eux.

Yves Christen
Docteur en science, journaliste et écrivain scientifique, auteur notamment de l'*Homme bioculturel* et *le Peuple léopard.*

Janvier	Pertussis (Afghanistan), fièvre jaune (Brésil) et choléra (Côte d'Ivoire).
Février	Fièvre jaune (Guinée), méningocoque (Burkina Faso), fièvre hémorragique, suspectée (Congo), fièvre de Lassa (importée au Royaume-Uni), SRAS (Chine), grippe (Congo, Hong Kong), Ebola (Congo).
Mars	Fièvre hémorragique Crimée-Congo (Mauritanie), expansion du SRAS dans le monde, méningocoque (Niger).
Avril	SRAS (suite), grippe aviaire (Pays-Bas), suite de l'Ebola (Congo).
Mai	SRAS (suite), suite du méningocoque (Burkina Faso), suite de l'Ebola (Congo), choléra (Irak, Zambie, Ouganda, Afrique du Sud), fièvre jaune (Soudan).
Juin	SRAS (suite et, presque, fin), fièvre typhoïde (Haïti), choléra (Congo), peste (Algérie).
Juillet	Choléra (Liberia), grippe (Hong Kong).
Août	Diphtérie (Afghanistan), fièvre jaune (Sierra Leone), légionellose (France), infection respiratoire (Colombie britannique [Canada] due au coronavirus OC4, différent du SRAS).
Septembre	Choléra au Liberia (suite), fièvre de la vallée du Rift en Egypte, SRAS à Singapour.
Octobre	Poliomyélite (Afrique de l'Ouest et Tchad), fièvre du Nil occidental (France), fièvre jaune (Burkina Faso), dengue (Inde).
Novembre	Shigellose (Liberia et République centrafricaine), choléra (Mali et Bénin), Ebola (Congo)
Décembre	Choléra (Mali et Bénin), Ebola (Congo)

Avril

Lu	Ma	Me	Je	Ve	Sa	Di
	1	2	3	4	5	6
7	8	9	10	11	12	13
14	15	16	17	18	19	20
21	22	23	24	25	26	27
28	29	30				

Belgique, mardi 1er
Les premières cartes d'identité électroniques sont distribuées dans les onze communes pilotes.

France, mardi 1er
Début de la diffusion à bord des avions d'Air France d'une campagne d'information contre le tourisme sexuel.

Paris, mardi 1er
Le Conseil de la concurrence inflige 27 millions d'euros d'amende à quatre sociétés pétrolières (Esso, TotalFina, Shell, BP) pour entente illégale sur le prix des carburants sur les autoroutes en 1999 et 2000.

Paris, mercredi 2
Ouverture au palais du Luxembourg de l'exposition « L'aventure de Pont-Aven et Gauguin ».

Dijon, mercredi 2
Un cafetier est condamné à deux mois de prison avec sursis pour « complicité de conduite sous l'influence de l'alcool ». Un de ses clients avait causé un accident mortel en sortant de son bar.

Bruxelles, mercredi 2
La Commission européenne lance une action disciplinaire contre la France dont le déficit devrait atteindre 3,7 % du PIB en 2003, au lieu des 3 % autorisés.

Palerme, mercredi 2
Football: la France bat Israël (2-1) en match de qualification pour l'Euro 2004.

Philippines, mercredi 2
Un attentat fait 16 morts sur le port de Davao.

Paris, jeudi 3
Jacques Chirac adresse une lettre à la reine d'Angleterre, Elizabeth II. Il lui exprime ses regrets après la profanation, dans la nuit du 26 au 27 mars, du cimetière militaire britannique d'Etaples, près de Boulogne-sur-Mer.

Paris, jeudi 3
Le Monde porte plainte contre Pierre Péan et Philippe Cohen pour diffamation.

Arras, vendredi 4
François Fillon, ministre des Affaires sociales, signe le plan social de Metaleurop Nord, d'un montant de 43 millions d'euros: 38 sont pris en charge par l'Etat. (→ 11)

Toulouse, dimanche 6
Tennis: la France est éliminée par la Suisse en quart de finale de la Coupe Davis.

2 837,96 — 24,39 $ — € 1,0722 $

Air France est prête pour la privatisation

Paris, mardi 1er
La loi sur la privatisation d'Air France est adoptée. Sans surprise, la majorité a voté pour tandis que la gauche votait contre. L'Etat, qui détient 54,4 % de la compagnie depuis l'ouverture de son capital par le gouvernement Jospin en février 1999, ramènera sa participation à un peu moins de 20 % « quand les conditions du marché le permettront », ainsi que l'a précisé Gilles de Robien, ministre des Transports. Cette cession pourrait rapporter à l'Etat entre 700 et 900 millions d'euros. 6 % du capital pourront être vendus aux salariés à des conditions préférentielles. Le principal but de ce texte est de permettre à Air France de nouer des alliances. (→ 29.9)

Des policiers complices de Patrice Alègre?

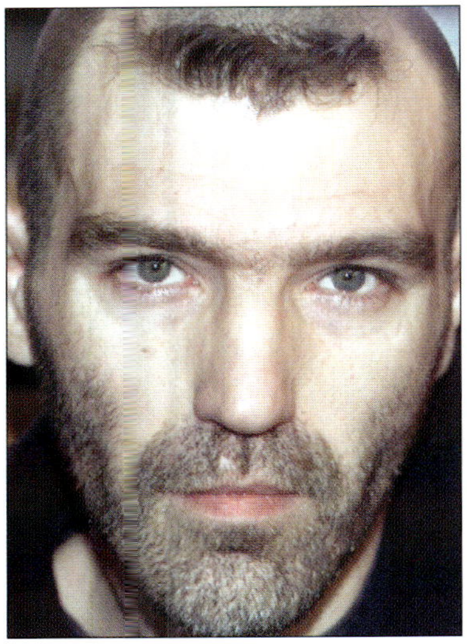

Le tueur aurait été aussi un proxénète.

Toulouse, mardi 1er
Les révélations publiées ce matin par *le Figaro* sont gravissimes. Le tueur en série Patrice Alègre, déjà condamné à la réclusion criminelle à perpétuité pour cinq meurtres, aurait bénéficié de protections policières. Le 20 mars dernier, Alègre a été mis en examen pour un nouveau meurtre, celui d'une prostituée nommée Line Galbardi et retrouvée morte en janvier 1992 dans un hôtel toulousain. Or une ancienne prostituée affirme que, la veille de ce crime, Line avait décrit à un policier les détails d'un meurtre commis par le tueur, qui, informé par le policier, aurait aussitôt supprimé le témoin. Trois autres prostituées affirment que Patrice Alègre remettait de l'argent à des fonctionnaires. (→ 15)

Jessica Lynch délivrée comme au cinéma

Washington, mercredi 1er
George W. Bush exulte en s'adressant à la nation: un commando a libéré le soldat Jessica Lynch, 19 ans, qui gisait à l'hôpital Saddam de Nassiryia, où les Irakiens la gardaient depuis sa capture, le 23 mars. Sa compagnie était tombée dans une embuscade meurtrière, et le soldat Lynch, couvert de blessures, ne s'était laissé prendre qu'après avoir tiré ses dernières cartouches. Cette histoire, bien digne d'un film hollywoodien, est d'autant plus médiatique que c'est sous l'objectif d'une caméra vidéo qu'a été réussie la délivrance de la jolie Jessica. Comme à la parade. Dans son village natal, en Virginie, on l'appelle déjà « la Jeanne d'Arc » de l'Amérique. (→ 11.11)

C'est l'héroïne qu'attendait l'Amérique.

L'Amérique a besoin de l'Europe en Irak

Bruxelles, jeudi 3
La Maison-Blanche s'inquiète. Elle a dépêché Colin Powell à Bruxelles, où le secrétaire d'Etat s'est entretenu avec les Quinze pour les faire participer au lourd financement de l'après-guerre en Irak. Pour rapprocher les points de vue, Washington a admis que l'ONU devrait jouer un rôle. La question est de savoir lequel... Selon les Européens, pour une fois à peu près d'accord, c'est sous la seule égide de l'ONU que doit être envisagée la future reconstruction de l'Irak. Mais les Américains, eux, ne veulent en aucun cas être dépossédés de leur position dominante. (→ 12)

Jean-Pierre Raffarin ne cède rien à la rue

France, jeudi 3
117 manifestations ont été recensées dans toute la France, réunissant, selon la police, 320 000 personnes, le double selon les syndicats qui, à l'exception de la CFDT, avaient appelé à protester contre la réforme des retraites. Invité ce soir de « France Europe Express », sur France 3, Jean-Pierre Raffarin s'est dit déterminé à aller « jusqu'au bout » et « selon le calendrier exact » qu'il s'est fixé. L'harmonisation de la durée de cotisation dans le public et le privé à 40 ans doit être effective en 2008, car il s'agit d'un « rendez-vous de justice » qui est « bon pour la France ». (→ 7.5)

Le 6, Arielle Dombasle donne la dernière représentation, à l'Opéra-Comique de Paris, de *la Belle et la Toute Petite Bête*, un spectacle musical écrit et mis en scène par Jérôme Savary sur une musique de Gérard Daguerre.

L'aéroport de Bagdad est tombé entre les mains des Américains

Bagdad, vendredi 4
Toute la nuit, la capitale irakienne a été soumise à des bombardements qui, pour la première fois depuis le début des opérations, l'ont précipitée dans une obscurité totale. L'offensive contre Bagdad était-elle proche? En fait, il ne s'agissait dans un premier temps, pour les Américains, que de préparer la prise de l'aéroport Saddam, situé à 20 km au sud-ouest de la ville. Cette position stratégique est tombée ce matin, après une attaque lancée par des éléments de la 3e division d'infanterie qui, à la surprise de leurs adversaires, avaient débordé Kerbala pour foncer droit vers le Nord. Pour les Irakiens, la chute de ce gigantesque complexe aéroportuaire constitue, sans conteste, un très grave revers. Mais on ne peut qu'être frappé par le manque de détermination de la garde républicaine à le défendre: elle n'a pratiquement infligé aucune perte aux assaillants. Plusieurs hypothèses sont dès lors à envisager. Soit le moral des troupes irakiennes est à la baisse, soit certains officiers généraux ont été convaincus de l'inutilité d'un combat perdu d'avance, voire « achetés » par les services secrets américains, soit le raïs a décidé de tout miser sur une bataille de rues dans Bagdad même, où il peut compter sur le fanatisme de ses unités les plus politisées et les plus fidèles. Ces trois hypothèses ne sont d'ailleurs pas incompatibles. Donald Rumsfeld lui-même admet que la bataille de Bagdad risque d'être difficile. Quant à Tarek Aziz, le vice-Premier ministre irakien, il a assuré, à la télévision italienne, que la ville était préparée au combat et que celui-ci serait « féroce ». (→ 9)

Un char Abrams de la 3e division prend position sur l'aéroport international Saddam.

Le même jour, le raïs prend un bain de foule dans le quartier d'Al-Mansour.

Irak

1er, Irak. Dans la région de Hilla, au sud de Bagdad, les bombardements américains tuent plusieurs dizaines de civils. On compte des centaines de blessés.
2, Irak. Les troupes américaines de la 3e division d'infanterie avancent sur Bagdad après avoir contourné le verrou de Kerbala. Ce même jour, les marines venus du sud-est font une percée sur le Tigre.
2, Ankara. Colin Powell réaffirme l'opposition des Etats-Unis à tout déploiement turc dans le Kurdistan irakien.
2, Al-Kout. Les Américains lancent sur les positions irakiennes deux bombes BLU-82, surnommées « les faucheuses de marguerites ». Ces bombes de 7 tonnes provoquent la suppression de l'atmosphère et un gigantesque effet de souffle.
3, Irak. Un chasseur bombardier F/A-18 Hornet de l'US Navy a été porté disparu. Il aurait été abattu par un missile Patriot américain.
5, Bagdad. Premières incursions de soldats américains, accompagnés de chars Abrams dont l'un a dû être abandonné après avoir été touché par un missile irakien.
6, Kerbala. La ville est investie par les Américains de la 101e division aéroportée.
6, Bassora. Les Britanniques ont en partie conquis la ville. Les combats se poursuivent cependant dans les quartiers anciens.
6, Kurdistan. Un F-15 américain attaque par erreur un convoi de pershmergas kurdes: 18 morts.

Pour le ministre de l'Information, la situation est sous contrôle

Bagdad, vendredi 4
Mohammed Saeb Al-Sahhaf est serein. Comme d'habitude. Pour le ministre de l'Information irakien, l'ordre règne à Bagdad. Et la victoire est proche. La prise de l'aéroport international par les soldats américains ne l'émeut pas. « Leurs forces sont piégées comme sur une île. Nous allons leur infliger un autre Diên Biên Phu », assène-t-il, alors que ce sont plutôt les forces irakiennes, ou du moins ce qu'il en reste, qui sont encerclées. Le ton péremptoire, il se fait menaçant et mystérieux: « Cette nuit, nous allons entreprendre une action non conventionnelle. » Personne ne le croit plus. Lui-même y croit-il? Allah et Saddam seuls le savent…

Mohammed Saeb Al-Sahhaf est passé maître dans l'art de la propagande guerrière.

L'inquiétude s'étend autour du SRAS

Roissy, dimanche 6
Les onze médecins et infirmiers partis depuis le 14 mars à Hanoi (Viêt-nam) pour aider leurs collègues vietnamiens à lutter contre le SRAS ont pu regagner la France. Air France, qui avait refusé de les prendre à bord mardi dernier, a finalement accepté de les rapatrier. Le bilan publié aujourd'hui par l'OMS fait état de 2 740 malades à travers le monde et de 97 décès, dont 55 pour la seule Chine. La ville de Shang Lang, dans la province de Guandong, a été identifiée comme ayant été le foyer de l'épidémie. En France, trois cas ont été pour l'heure identifiés. (→ 20)

Avril

Lu	Ma	Me	Je	Ve	Sa	Di
	1	2	3	4	5	6
7	8	9	10	11	12	13
14	15	16	17	18	19	20
21	22	23	24	25	26	27
28	29	30				

Paris, lundi 7
Jean-Pierre Raffarin passe sous les 50 % d'opinions favorables pour la première fois depuis mai 2002.

Paris, lundi 7
Sixième plan social depuis le début des années 1990 à Giat Industries. 3 750 emplois seront supprimés d'ici à six ans dans le groupe français d'armement terrestre.

Bruxelles, mardi 8
La législature s'achève sans que la loi interprétative de compétence universelle ait pu être adoptée, le quorum n'ayant pas été atteint. (→ 12.6)

Lorient, mercredi 9
Ouverture au public du Grand-Théâtre de Lorient, conçu par l'architecte Henri Gaudin.

Bobigny, mercredi 9
La chaîne de télévision Khalifa TV est placée en redressement judiciaire, avec 8 millions d'euros de pertes depuis septembre 2002.

Paris, jeudi 10
Air France et British Airways annoncent l'arrêt de l'exploitation du Concorde. (→ 31.5)

Béthune, vendredi 11
Le tribunal de commerce refuse d'étendre la faillite de Metaleurop Nord à sa holding, Metaleurop SA.

Londres, vendredi 11
Richard Branson, P-dg de Virgin, se dit prêt à assurer l'exploitation du Concorde. British Airways décline l'offre, jugée peu sérieuse.

Essonne, samedi 12
Trois restaurants Buffalo Grill sont incendiés par des inconnus.

Hongrie, samedi 12
Les Hongrois se prononcent à 83,8 % en faveur de l'adhésion du pays à l'Union européenne.

Paris, dimanche 13
Lionel Jospin rompt le silence dans lequel il se murait depuis un an. Il estime que François Hollande est « l'homme le plus susceptible de rassembler » les socialistes.

Le Mans, dimanche 13
Doublé des Suzuki aux 24 Heures du Mans moto, remportées par les Français Philippe Dobé et Vincent Philippe et le Britannique Brian Morrison.

Londres, dimanche 13
La Britannique Paula Radcliffe améliore son propre record du monde du marathon de plus de deux minutes (2 h 15 min 25 s).

2 838,14 — 24,21 $

€ 1,0747 $

Trente-deux touristes disparus en Algérie

Algérie, lundi 7
Deux groupes de touristes ont disparu dans le Sud algérien, le premier entre le 19 et le 23 février, le second entre le 10 et le 17 mars, quelque part entre Ouargla au nord et Tamanrasset au sud. Au total, trente-deux Européens se sont volatilisés dans le désert : seize Allemands, dix Autrichiens, quatre Suisses, un Néerlandais et un Suédois. Devant le peu de résultats de la police algérienne, cinq officiers allemands du BKA (bureau des affaires criminelles) sont arrivés hier à Alger. La thèse selon laquelle les touristes se seraient perdus en raison du brouillage du système de navigation GPS par les Américains ne les convainc pas. Ils privilégient la piste de l'enlèvement. (→ 13.5)

La démocratie reste un rêve à Cuba

La Havane, lundi 7
Pour Fidel Castro, ce ne sont que « des mercenaires qui trahissent la patrie ». Le tribunal les a jugés comme tels. En trois jours. Sur 78 opposants arrêtés en mars, une trentaine sont condamnés. Les peines : de 15 et 25 ans de prison. Le motif : « atteinte à la souveraineté de l'Etat » et « subversion ». Leur vrai crime : avoir réclamé la démocratie, en se basant sur la Constitution cubaine qui prévoit la discussion de textes de loi si 10 000 Cubains l'exigent. Ayant recueilli 11 000 signatures, ils voulaient la tenue d'élections libres…

Elections régionales : les nouvelles règles

Paris, mercredi 9
Le premier projet défendu par l'UMP et par le gouvernement avait suscité un tollé. Il visait à n'autoriser que les listes ayant obtenu 10 % des suffrages des électeurs *inscrits* à être présentes au deuxième tour. Cela aurait conduit, en raison du taux croissant d'abstention, à une bipolarisation de la vie politique française que même le Parti socialiste, qui en aurait bénéficié, ne souhaitait pas. Invalidé par le Conseil constitutionnel, le texte a été modifié. Tel qu'il a été adopté, seront qualifiées pour le deuxième tour les listes ayant recueilli 10 % des suffrages *exprimés*.

La conquête de Bagdad

Les soldats américains pénètrent dans un palais dévasté par les obus et les bombes.

Bagdad, mercredi 9
Le général Tommy Franks avait carte blanche : il attaquerait Bagdad quand et comment il le jugerait bon. Après la prise de l'aéroport Saddam, il était permis de penser que les Américains prendraient leur temps. Les Irakiens ne leur avaient-ils pas promis que la ville serait leur tombeau ? Il n'en a rien été et, ce soir, la ville n'offre plus que des poches de résistance. Les choses ont été très vite. Dès lundi, les marines franchissaient le Tigre et, le lendemain, le centre de Bagdad était déjà investi. Certes il y eut des combats, mais pour la forme est-on tenté de dire, et ce sont des blessés civils qui remplissent les hôpitaux. En fait, la bataille de Bagdad n'a pas eu lieu. La population accueille les GI avec indifférence dans la plupart des cas, quelquefois avec une hostilité teintée de mépris, parfois dans la joie, ainsi à Saddam City, le quartier chiite. Le soudain effondrement du régime baasiste a laissé bien des questions sans réponse. Où est passé Saddam Hussein qui, aujourd'hui encore, montrait un visage serein en public dans un quartier sunnite ? Et où sont passées la garde républicaine spéciale et les formations paramilitaires dévouées au raïs ? Où est passé leur armement ? Le général Franks a compris que la partie n'était pas terminée. Mais, dans l'immédiat, il lui faudra gérer le chaos. Beaucoup de Bagdadis misérables se sont mués en modernes Ali Baba et ont entrepris le pillage systématique des ministères, des palais, des hôpitaux, des musées, des banques et des hôtels. (→ 16)

Place du Paradis, les GI abattent une statue du raïs devant une foule clairsemée.

L'axe Paris-Berlin-Moscou est à la recherche d'un second souffle

Saint-Pétersbourg, samedi 12
Unies dans leur opposition à la guerre menée en Irak par les Etats-Unis et son alliée britannique, la France, la Russie et l'Allemagne entendent le demeurer dans l'après-guerre. Telle était la raison du sommet de Saint-Pétersbourg, au cours duquel Jacques Chirac est resté ferme dans son opposition de principe à l'unilatéralisme américain et où, de son côté, Vladimir Poutine a constaté que la réalité des armes de destruction massive irakiennes tardait beaucoup à être démontrée… Le président russe a aussi épinglé cette nouvelle forme de colonialisme qui consiste, selon lui, à vouloir exporter le modèle politique américain dans le monde. Cependant, cette communauté de vue n'a pas été assortie d'initiatives concrètes lors de ce sommet. (→ 2.5)

Jacques Chirac, Vladimir Poutine et Gerhard Schröder dans la capitale des tsars.

Les musulmans ont élu leurs délégués

France, dimanche 13
Les musulmans de France (entre 4 et 5 millions de personnes) ont désigné leurs délégués au Conseil français du culte musulman (CFCM), l'instance qui va les représenter. La surprise vient du score de l'Union des organisations islamiques de France (UOIF), qualifiée de radicale, qui obtient 14 des 41 sièges du conseil d'administration et arrive en tête dans plusieurs régions (44 % en Rhône-Alpes, 42 % en Paca). Dalil Boubakeur, qui doit devenir président du CFCM, aura la lourde tâche d'en assurer la cohésion. (→ 4.5)

Le 13, un jeu de 55 cartes à l'effigie des principaux personnages du régime de Saddam Hussein a été distribué aux GI pour les aider à les capturer.

Irak

7, Belfast. George W. Bush et Tony Blair se réunissent pour évoquer le sort de l'Irak après la guerre, et font le constat de leurs divergences. Le Premier ministre britannique veut limiter l'occupation militaire à trois mois, rendre l'Irak aux Irakiens et redonner un rôle central à l'ONU, alors que le président des Etats-Unis veut garder les mains libres en Irak au minimum pendant six mois et réduire l'ONU à ses responsabilités humanitaires.
8, Bagdad. Un journaliste jordanien est tué par un tir américain dans les bureaux de la chaîne Al Jezira. Ce même jour, un char Abrams tire sur l'hôtel Palestine où la presse étrangère est logée et provoque la mort de deux cameramen, un Ukrainien et un Espagnol.
10, Kirkouk. Devançant leurs alliés américains, les peshmergas kurdes s'emparent de Kirkouk.
10, Bagdad. Attaque suicide à un point de contrôle : un marine tué, trois blessés graves. Il s'agit là de la première action de ce genre dans la capitale irakienne.
11, Washington. Secrétaire adjoint à la Défense, Paul Wolfowitz juge que les Français devront « payer un prix » pour leur hostilité à la guerre. Il suggère aussi que la participation de la France, de l'Allemagne et de la Russie à la reconstruction de l'Irak se borne à l'effacement de la dette contractée à leur égard par Bagdad.
13, Tikrit. Les forces américaines pénètrent dans Tikrit, ville natale et fief de Saddam Hussein.

Le 12, à Bruxelles, le prince Laurent, 39 ans, fils cadet du roi Albert II, épouse la Belgo-Britannique Claire Coombs, une géomètre-expert âgée de 29 ans.

Le 13, le Belge Peter Van Petegem remporte Paris-Roubaix, une semaine après avoir gagné le Tour des Flandres, doublé jamais réédité depuis 1977.

Avril

Lu	Ma	Me	Je	Ve	Sa	Di
	1	2	3	4	5	6
7	8	9	10	11	12	13
14	15	16	17	18	19	20
21	22	23	24	25	26	27
28	29	30				

Bouches-du-Rhône, lundi 14
Trois figures du grand banditisme, dont Franck Perletto et Michel Valero, s'évadent par hélicoptère de la maison d'arrêt de Luynes.

France, lundi 14
Jacques Chirac est crédité de 70 % d'opinions favorables. Sa position vis à vis de l'Irak est appréciée.

Nuremberg, lundi 14
Le groupe d'électronique grand public Grundig dépose son bilan.

Toulouse, mardi 15
Le procureur de la République ouvre une information judiciaire pour « viols aggravés et complicité » et « proxénétisme en bande organisée » contre « Patrice Alègre et tous autres ». (→ 18.5)

Amsterdam, mardi 15
Volkert Van der Graaf, l'assassin du leader populiste Pim Fortuyn, est condamné à 18 ans de prison.

Caen, mercredi 16
Patrick Henry, extradé d'Espagne, est incarcéré à la maison d'arrêt.

Athènes, mercredi 16
Signature du traité d'élargissement de l'UE à 25 pays. (→ 11.5)

France, jeudi 17
Bernard Tapie est le héros d'une nouvelle fiction policière de TF1 : *Commissaire Valence.*

Moscou, jeudi 17
Le député russe Sergueï Iouchenko, opposé à la guerre en Tchétchénie, est assassiné devant son domicile.

Vienne (Autriche), vendredi 18
Simon Wiesenthal, 95 ans, met un terme à sa carrière de « chasseur de nazis ». Sa tâche est terminée.

Belgrade, vendredi 18
Un mandat d'arrêt est lancé contre Mirjana Markovic, épouse de Slobodan Milosevic, pour « abus de pouvoir ».

Nice, samedi 19
Jean-Marie Le Pen est réélu président du Front national.

Imola, dimanche 20
Michael Schumacher remporte le GP de F1 de Saint-Marin, quelques heures après le décès de sa mère.

DÉCÈS

Mollèges (B.-du-Rhône), vendr. 18
Jean Drucker, président et fondateur de M6 (*12.8.1941).

Londres, dimanche 20
Bernard Katz, prix Nobel de médecine 1970 (*26.3.1912).

2 898,61 — 25,41 $ — € 1,0907 $

Le Québec vote pour le changement

Montréal, lundi 14
Le taux d'abstention (près de 30 %) est une des clefs du scrutin. Les électeurs du Parti québécois (PQ) au pouvoir ont boudé les urnes. Pas ceux du Parti libéral du Québec (PLQ). Résultat : le PLQ obtient la majorité des sièges à l'Assemblée de la province canadienne francophone. La victoire du fédéraliste Jean Charest, qui a promis une baisse des impôts (- 27 % en cinq ans) et une réforme du système de santé, rassure Ottawa, la capitale fédérale, qui voit s'éloigner le spectre d'un troisième référendum sur l'indépendance du Québec. Bernard Landry, le Premier ministre sortant, voulait l'organiser.

Fin du séquençage du génome humain

Washington, lundi 14
Cinquante ans après la découverte de la structure de la molécule d'ADN par Francis Crick et James Watson, les chefs d'Etat et de gouvernement allemand, américain, chinois, français, japonais et britannique annoncent avec « fierté » que les chercheurs viennent d'achever « l'essentiel du séquençage des trois milliards de paires de base d'ADN du génome humain ». Ce séquençage, qui permet de connaître dans quel ordre se succèdent les éléments chimiques qui composent l'ADN humain, avait été lancé en 1990. Un programme très ambitieux dont l'achèvement avait été prévu pour l'année 2005. Publiés avec une confortable avance, les résultats sont dans le domaine public.

Crise mondiale dans le transport aérien

Monde, mercredi 16
La guerre en Irak, conjuguée à la peur du SRAS, met en péril l'ensemble des compagnies aériennes, qui voient leurs réservations s'effondrer. Réduire le nombre de vols ne suffit plus. Il faut diminuer les coûts salariaux. American Airlines n'a ainsi échappé à la faillite que grâce à une baisse de 15 à 23 % des salaires du personnel sur six ans. Et à la suppression de 2 500 postes de pilotes. KLM aussi va licencier. Depuis le 1er avril, Air Canada s'est placé sous la protection de la loi sur les faillites.

Le chaos règne dans la capitale irakienne

Le général Tommy Franks débarque sur l'ancien aéroport international Saddam.

Bagdad, mercredi 16
Deux hommes de poids, ou prétendus tels, sont arrivés à Bagdad. Le premier détient un pouvoir quasi absolu en Irak : c'est le général Tommy Franks, le commandant en chef de la coalition, venu se rendre compte de la situation dans la capitale. Une situation encore fort loin d'être brillante… La ville n'est toujours pas sécurisée, l'électricité et l'eau font défaut, les pillages n'ont pas cessé, l'aide humanitaire promise se fait attendre, autant de fléaux propres à attiser le ressentiment des Bagdadis envers leurs « libérateurs ». Le second, lui, n'est encore rien mais espère bien le devenir : c'est Ahmed Chalabi, le très controversé opposant rentré d'exil, que le Pentagone aimerait voir succéder à Saddam Hussein à Bagdad. (→ 17)

Le pillage organisé du musée de Bagdad

Paris, jeudi 17
Réunis à l'Unesco à l'initiative de son directeur général, Koïchiro Matsuura, des experts se penchent à huis clos sur le sac du musée de Bagdad, qualifié de « crime contre l'humanité » par Jacques Chirac. Il est encore difficile d'évaluer les dégâts, d'autant que le catalogue du musée a été détruit. Volontairement ? Jeudi et vendredi derniers, des pillards ont agi en bande organisée, avec des listes préparées à l'avance. Et même si la direction avait pris la précaution de mettre certaines pièces à l'abri, d'autres ont été volées, comme le magnifique vase de Warka, vieux de plus de cinq millénaires. Les retrouvera-t-on sur le marché ? Ce désastre s'est produit sous les yeux des militaires américains, qui n'avaient pas l'ordre de bouger.

Le 14, à Paris, le porte-avions *Clemenceau*, retiré du service le 22 septembre 1997, est vendu par les Domaines à une société espagnole, la Gijonesa de Desquaces. Il devra être désamianté avant d'être ferraillé. (→ 15.11)

Un banquier douteux lancé dans la course au pouvoir à Bagdad

Bagdad, jeudi 17
Quel jeu joue Ahmed Chalabi? Le chef du Congrès national irakien, créé en 1992 dans l'ombre de la CIA, n'a pas participé à la rencontre de Nassiryia organisée mardi dernier pour discuter des bases d'un nouvel Etat irakien. Il est vrai que ce banquier, dont le mérite est de n'avoir jamais été compromis avec le régime baasiste, traîne une fort mauvaise réputation: il est soupçonné d'avoir détourné à son profit l'argent versé à son fantomatique mouvement par la CIA, et la faillite de la banque qu'il dirigeait en Jordanie lui a coûté une lourde condamnation. Hier, deux des siens se sont autoproclamés régent de Bagdad et chef d'un très mystérieux gouvernement provisoire... (→ 24)

Poussé par Ronald Rumsfeld, Ahmed Chalabi (à dr.) sera-t-il le nouveau raïs?

La collection d'André Breton mise à l'encan

Paris, jeudi 17
Véritable mémoire du surréalisme et expression du génie visionnaire de son propriétaire, la collection hétéroclite qu'André Breton avait réunie dans son atelier-musée du 42, rue Fontaine, a été dispersée après dix jours de vente aux enchères. Cette vente, à laquelle la fille de l'écrivain, Aube Elléouët, avait dû se résigner, avait entraîné de multiples protestations. Taxé d'indifférence face à cette « atteinte au patrimoine », l'Etat n'a finalement pas failli à sa mission: il a préempté 335 lots (sur 4100), dont des tableaux, des objets représentatifs des arts primitifs, des manuscrits ou des photographies. Les enchères ont pulvérisé les prévisions avec un total de 46,02 millions d'euros.

Luc Ferry pourfend l'esprit de Mai 68

France, jeudi 17
Luc Ferry, le ministre de l'Education nationale, ne craint rien tant que les malentendus. Aussi a-t-il décidé que chacun des 800 000 professeurs allait recevoir son livre intitulé *Lettre à tous ceux qui aiment l'école*, paru ce matin. Il y estime que « placer l'élève au centre du système », comme on le fait depuis Mai 68, est « démagogique ». C'est la « transmission du savoir » qui doit être privilégiée. L'illettrisme, qui s'accroît, le « scandalise ». L'augmentation de la violence dans les écoles l'« inquiète ». La stagnation du nombre de bacheliers le « préoccupe ». Ces domaines doivent être l'objet de dix réformes prioritaires, qui n'exigent pas, estime-t-il, d'effort budgétaire supplémentaire.

Les médicaments coûtent trop cher

Paris, samedi 19
Le ministre de la Santé, Jean-François Mattei, est le signataire de l'arrêté paru en ce début de week-end de Pâques au *Journal officiel*: 617 médicaments au « service médical rendu » (SMR) jugé « modéré », c'est-à-dire insuffisant, ne seront plus remboursés qu'à 35 % de leur prix par la Sécurité sociale, au lieu de 65 % actuellement. Parmi eux, des produits aussi usités que le Primpéran, le Smecta ou le vaccin DTcoq. Le gain escompté pour l'assurance-maladie est de 400 millions d'euros par an, sur un déficit cumulé de 16 milliards d'euros sur 2002-2003. Une deuxième liste de médicaments pourrait donc suivre. Les mutuelles songent déjà à augmenter les cotisations.

Irak

14, Tikrit. Chute de la ville natale de Saddam Hussein, dernier bastion de la résistance baasiste.
14, Bagdad. Le terroriste palestinien Abou Abbas, accusé d'avoir dirigé en 1985 la meurtrière prise d'otages de l'*Achille Lauro*, est arrêté par les forces spéciales américaines dans une villa du sud de Bagdad.
14, Washington. Le porte-parole de la Maison-Blanche accuse la Syrie d'être « un Etat voyou » et un « Etat terroriste ». Colin Powell demande aux Syriens de ne pas donner asile aux dignitaires irakiens en fuite.
15, Nassiryia. Le général américain Jay Garner, chargé par Washington de préparer la reconstruction de l'Irak, préside une rencontre des représentants de l'opposition au régime de Saddam Hussein.
15, Mossoul. Les GI tirent sur une foule de manifestants hostiles à la présence américaine: 15 morts.
16, Washington. George W. Bush appelle l'ONU à lever les sanctions contre l'Irak.
16, Athènes. Lors d'un sommet des Quinze, Jacques Chirac invite à un rapprochement avec les Etats-Unis en évoquant une réintégration des Nations unies « progressive » dans la reconstruction de l'Irak.
17, Etats-Unis. Le géant américain du BTP Bechtel se voit attribuer un contrat de 680 millions de dollars pour la reconstruction de l'Irak par Washington. Ses dirigeants sont liés au Parti républicain.
18, Bagdad. Après la grande prière du vendredi, des dizaines de milliers de fidèles scandent: « Non à Bush, non à Saddam, oui à l'islam! »

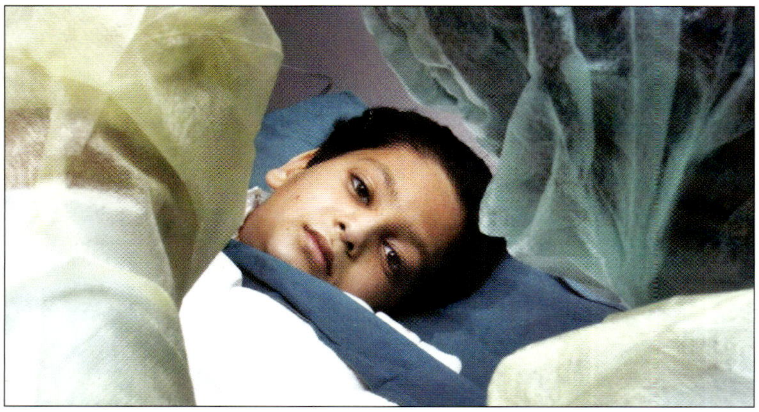

Le 16, le petit Ali Ismaïl Abbas, 12 ans, arrive à l'hôpital Al-Babtain de Koweit City. Victime des bombardements américains le 5 avril, cet enfant irakien a dû être amputé des deux bras après avoir perdu ses parents et son frère.

Pneumonie: la Chine joue la transparence

Pékin, dimanche 20
Zhang Wenkang, ministre de la Santé, et Meng Xuenong, le maire de Pékin, sont démis de leurs fonctions. Ce sont les deux premières victimes politiques du SRAS. Gao Qiang, vice-ministre de la Santé, estime que l'heure est venue de la transparence. Les hôpitaux de la capitale recensent donc 339 malades de la pneumonie atypique (et 402 « cas suspects ») et non plus 37, chiffre qui était encore donné jeudi. L'épidémie a déjà fait 196 morts dans le monde, dont 20 à Hong Kong. (→ 24.5)

Le 16, à Philadelphie, le basketteur Michael Jordan, âgé de 40 ans, fait ses adieux à la NBA, qu'il a gagnée six fois avec les Chicago Bulls.

Avril

Lu	Ma	Me	Je	Ve	Sa	Di
	1	2	3	4	5	6
7	8	9	10	11	12	13
14	15	16	17	18	19	20
21	22	23	24	25	26	27
28	29	30				

New York, lundi 21
L'avocat argentin Luis Moreno Ocampo est élu premier procureur de la Cour pénale internationale.

Bruxelles, mardi 22
La Banque Bruxelles Lambert devient ING Belgique SA.

Lagos (Nigeria), mardi 22
Le président sortant Olusegun Obasanjo est proclamé réélu avec 62 % des voix après un scrutin dont la régularité est contestée.

Bruxelles, mercredi 23
La princesse Astrid, fille du roi Albert II, met au monde son cinquième enfant: Laetitia Maria.

Luxembourg, jeudi 24
Un accord est trouvé entre Arcelor et les syndicats: l'extinction des hauts fourneaux liégeois sera étalée entre 2005 et 2009.

New York, jeudi 24
La compagnie à bas prix JetBlue commande à Airbus 65 A320. Montant: 4 milliards de dollars.

Pretoria, vendredi 25
Winnie Mandela est condamnée à 5 ans de prison, dont 4 ans ferme, pour vols au préjudice de l'ANC.

Annecy, vendredi 25
Les traces trouvées chez les Flactif sont du sang humain. (→ 5.5)

Nice, samedi 26
Début sur TF1 de l'émission de télé-réalité « Nice People ». (→ 5.7)

Liège, dimanche 27
Cyclisme: victoire de l'Américain Tyler Hamilton dans la classique Liège-Bastogne-Liège.

Londres, dimanche 27
Football: le Français Thierry Henry (Arsenal) est élu joueur de l'année 2003.

Asuncion, dimanche 27
Le conservateur Nicanor Duarte, du Parti Colorado au pouvoir, est élu président du Paraguay.

Paris, mardi 29
La Tour d'argent sert son millionième canard au sang.

Burundi, mercredi 30
Conformément aux accords signés à Arusha (Tanzanie) en août 2000, le président tutsi, Pierre Buyoya, cède son poste au vice-président hutu, Domitien Ndayizeye.

Paris, mercredi 30
Le financier belge Albert Frère succède à Jean Drucker à la présidence du conseil de surveillance de M6.

2 866,74 — 24,35 $ — € 1,1036 $

La famille Flactif n'a donné aucun signe de vie depuis dix jours

Haute-Savoie, mardi 22
Le plus grand mystère règne autour de la disparition de la famille Flactif que personne n'a revue depuis le 11 avril, la veille du jour où le fils que Graziella avait eu d'une première union a toqué en vain à leur porte. Ont-ils choisi de fuir? Ont-ils été tués? Leur chalet du Chinaillon, au Grand-Bornand, a été perquisitionné par les gendarmes. De nombreuses traces ont été découvertes, qui pourraient être du sang. Le Toyota 4x4 rouge du promoteur, immatriculé 1 346 WJ 74, reste lui aussi introuvable. Installé en Haute-Savoie depuis 1999 avec son épouse et leurs trois enfants, Xavier Flactif suscitait de l'admiration comme de la jalousie. Tous ses projets immobiliers sont examinés. (→ 25)

Le quadragénaire Xavier Flactif et son épouse, Graziella Ortolano, en compagnie de leurs trois enfants: Sarah, dix ans, Laetitia, neuf ans, et Grégory, six ans.

La peste aviaire se propage en Belgique

Belgique, mercredi 23
L'épizootie de peste aviaire a atteint la région d'Anvers: deux foyers ont été détectés à Malle. Un million et demi de volailles vont devoir être gazées, qui s'ajoutent au million déjà abattu dans le pays. Le virus, connu sous le nom d'« influenza aviaire H7N7 », a pénétré en Belgique par le Limbourg le 15 avril en provenance des Pays-Bas, où ses ravages ont déjà nécessité d'abattre, depuis février, 15 millions de volailles. La question se pose de sa transmission à l'homme depuis que, le 17 avril, un vétérinaire néerlandais est décédé. La Commission européenne a décidé de prolonger, jusqu'au 12 mai, au moins, l'interdiction faite à la Belgique et aux Pays-Bas d'exporter des œufs à couver et des volailles vivantes.

Le coût de l'épizootie pour la Belgique est estimé à près de 20 millions d'euros.

Les Chypriotes turcs ouvrent la ligne

Chypre, mercredi 23
Depuis ce matin 9 heures, la ligne de démarcation, dite « ligne verte », qui sépare Chypre en deux parties, grecque au sud et turque au nord, est ouverte. Cette initiative, due au dirigeant turc Rauf Denktash, est interprétée comme un geste de bonne volonté par l'Union européenne, surtout de la part de celui qui avait fait échouer les négociations sur la réunification de l'île. Ainsi, pour la première fois depuis 1974, les Turcs ont pu aller librement à la rencontre de leurs « ennemis » grecs, et vice versa. Les Turcs ont ainsi été 3 000 à franchir la ligne, notamment à Nicosie coupée en deux. Les Grecs ont été, quant à eux, plus timides: seulement 1 250.

L'Islande déclare la guerre à la pollution

Reykjavik, jeudi 24
Evénement dans la capitale islandaise: elle dispose désormais d'une station de vente d'hydrogène au détail. Pour quoi faire? Pour faire tourner les moteurs, pardi! Les énergies fossiles étant trop polluantes et leurs stocks limités, l'île affiche la volonté de faire rouler tous les véhicules à l'hydrogène d'ici 25 à 30 ans. Cela réduirait les rejets de gaz carbonique de 70 %. Trois autobus à hydrogène doivent entrer en service en août. L'opération est supervisée par un conglomérat réunissant l'université de la ville, Daimler et… Shell!

Le 21, la diva américaine du jazz Nina Simone (Eunice Waymon, *21.2.1933) décède à son domicile de Carry-le-Rouet, dans les Bouches-du-Rhône, où elle vivait depuis huit ans. *I put a spell on you* est son plus grand succès.

Les chiites irakiens montrent leur force au pèlerinage de Kerbala

Kerbala, mercredi 23
Bridé par le régime laïque de Saddam Hussein, le pèlerinage au mausolée du petit-fils du Prophète, Hussein, a pris fin aujourd'hui dans un extraordinaire climat d'exaltation religieuse. La chute du raïs a permis aux chiites de venir par centaines de milliers à Kerbala et d'écouter l'un de leurs chefs les plus prestigieux, Abdelaziz al-Hakim, qui a retrouvé le sol irakien après 23 ans d'exil en Iran. Frère cadet de l'ayatollah Mohammad Bakr al-Hakim, l'apôtre de la révolution islamique en Irak, il a protesté de ses meilleures intentions démocratiques mais n'a pas manqué de dire que les coalisés n'avaient plus rien à faire dans le pays. (→ 12.5)

Pour commémorer le martyre de l'imam Hussein, les chiites font couler leur sang.

Tarek Aziz a fait sa reddition aux coalisés

Bagdad, jeudi 24
C'est peut-être son état de santé (il souffre d'un diabète et d'hypertension) qui a poussé Tarek Aziz à se livrer aux occupants, en un lieu non révélé. L'ancien vice-Premier ministre était l'un des plus fidèles soutiens de Saddam Hussein et aussi l'un des hommes politiques irakiens les plus ouverts à la culture occidentale. Ce fin lettré, passionné de poésie, avait eu la tâche de remplir les missions diplomatiques les plus délicates. On avait soupçonné le Vatican de l'avoir caché, du fait de sa foi chrétienne. (→ 28)

Une Europe armée

Bruxelles, mardi 29
Le Français Jacques Chirac, l'Allemand Gerhard Schröder, le Luxembourgeois Jean-Claude Juncker et le Belge Guy Verhofstadt ont décidé de créer l'année prochaine le noyau d'un outil militaire européen indépendant de l'Otan. Cette initiative, qui illustre une conception multipolaire du monde, est critiquée à Londres et Washington.

Irak

22, Kurdistan. Jay Garner rencontre les deux principaux leaders kurdes, Jalal Talabani (UPK) et Massoud Barzani (PDK), et conclut avec eux un accord pour un Irak fédéral.
23, Bassora. Les premiers oléoducs sont remis en route dans la région de Bassora.
23, Washington. Le porte-parole de la Maison-Blanche, Ari Fleischer, fait part de la « préoccupation » des Etats-Unis sur l'éventuelle présence d'agents iraniens en Irak, et de leur refus de toute « interférence » d'une puissance extérieure.
27, Bagdad. Le régent autoproclamé de Bagdad, Mohammed Mohsen Zoubeidi, est arrêté par les forces d'occupation américaines, les seules autorités légitimes de l'Irak selon le commandement américain.
28, Bagdad. Jay Garner préside une réunion de notables pour « lancer un processus démocratique ». Dans la rue, 50 000 manifestants chiites exigent une constitution islamique.
28, Falloudja. Les Américains tirent sur des sunnites qui manifestaient pacifiquement contre l'occupation d'une école. Bilan : 13 morts et une cinquantaine de blessés.

Saddam Hussein a-t-il fêté ses 66 ans ?

Irak, lundi 28
Est-il vivant ? Est-il mort ? Le sort de Saddam Hussein fait l'objet de toutes les spéculations. Et surtout depuis que Tarek Aziz a déclaré à ses geôliers que le raïs avait échappé aux frappes qui étaient censées l'éliminer. S'il est sain et sauf, est-il en Irak ou a-t-il trouvé refuge à l'étranger ? S'il est mort, un sosie a-t-il pris sa place pour perpétuer le mythe de son invincibilité ? Saddam Hussein fête peut-être quelque part ses 66 ans. Son prénom signifie « celui qui repousse l'agresseur ». (→ 1.5)

Marc Dutroux avait peut-être des complices

Liège, mercredi 30
Nouveau coup de théâtre dans l'affaire Dutroux : invalidant la décision de la chambre d'accusation de Neufchâteau, la cour d'appel ordonne que Michel Nihoul soit renvoyé devant les assises. Voilà qui relance la thèse d'un réseau pédophile dont Dutroux n'aurait été que le sinistre exécuteur. Nihoul sera en effet jugé par un jury populaire, sans doute en 2004, pour sa participation à une association de malfaiteurs dans les enlèvements et la séquestration de 11 personnes, dont 5 mineures.

Le 24, un monument à la mémoire du génocide arménien de 1915 est inauguré à Paris, cours Albert-Ier. La statue est de David Erevantsi.

Le cabinet d'Abou Mazen investi par le Parlement palestinien

Ramallah, mardi 29
L'avènement d'Abou Mazen fera-t-il avancer la cause des Palestiniens ? Bien que sceptique, Yasser Arafat a dû céder aux pressions du quartette (Etats-Unis, Union européenne, ONU, Russie) et inviter les parlementaires palestiniens à investir son gouvernement, ce qui a été fait par 51 voix contre 18. Plus rien ne doit donc s'opposer à la publication de la « feuille de route », soit le plan de paix soutenu par le quartette et devant aboutir à la création, en 2005 au plus tard, d'un Etat palestinien. Mais Abou Mazen a prévenu : les frontières seront celles de 1967 et les Israéliens devront démanteler leurs colonies. (→ 26.5)

Abou Mazen (à gauche de Yasser Arafat) s'est engagé à lutter contre le terrorisme.

Etats-Unis : les « faucons » au pouvoir

Richard Perle.

Ils s'appellent Paul Wolfowitz, Richard Perle, Robert Kagan, William Kristol, Lewis Libby, David Wurmser ou encore Douglas Feith. Aux Etats-Unis, on les surnomme les « néo-conservateurs ». Peu connu du grand public européen, ce petit groupe de diplomates, d'universitaires et de journalistes conçoit, depuis deux ans, la politique étrangère américaine. Au point qu'il n'est pas rare d'entendre que le conflit irakien est « leur » guerre. Ce sont eux en tout cas qui en ont eu l'idée, qui en ont élaboré la stratégie et qui en ont précipité le déclenchement.

Leur prise de pouvoir date de septembre 2001. Du 14 septembre très précisément, trois jours après les attaques aériennes contre le World Trade Center et le Pentagone. Ce jour-là, George W. Bush décide de réunir ses principaux conseillers à Camp David pour discuter des moyens à mettre en œuvre pour contrer la Qaida. Le débat tourne autour de l'éventualité d'une intervention militaire en Afghanistan. Un homme se lève alors et prend la parole : il s'agit de Paul Wolfowitz, l'adjoint de Donald Rumsfeld au secrétariat d'Etat à la Défense. Sur un ton passionné, celui-ci prône une approche « globale » du problème et souligne la nécessité de s'attaquer non seulement à l'Afghanistan, mais aussi aux autres sanctuaires du terrorisme international que sont l'Iran, la Syrie et surtout l'Irak. Seul un changement de régime à Bagdad, conclut-il, mettra durablement les Etats-Unis à l'abri d'une nouvelle vague d'attentats.

Paul Wolfowitz.

Peu féru en matière de relations internationales, Bush est fasciné par la fougue et l'éloquence de son subordonné. Mieux, il est convaincu que ce dernier est le seul à avoir vraiment pris la mesure de la situation et à posséder une vision à long terme du rôle des Etats-Unis dans le monde. L'entretien continue donc en privé et débouche rapidement sur une redistribution des cartes au sein de l'administration républicaine. C'est le triomphe des « faucons », partisans d'une « ligne dure » au Moyen-Orient et d'une approche « unilatérale » de la « guerre contre le terrorisme », contre les « colombes ».

Car Wolfowitz n'est pas un homme seul. Il appartient à un réseau structuré, qui n'a pas attendu le 11 septembre pour influer sur la politique de la Maison-Blanche. Mis en place à la fin des années 1970 avec l'accord tacite d'une partie de la CIA, ce réseau bénéficie du soutien de Donald Rumsfeld et du vice-président, Dick Cheney, mais comprend aussi des personnalités plus discrètes. Ainsi d'Abram Schulsky, auquel Wolfowitz va confier, peu après le 11 septembre, la direction d'un Bureau des plans spéciaux (Office of Special Plans, OSP) du Pentagone, chargé de recouper et de synthétiser, pour le gouvernement américain, les informations recueillies par les différentes agences de renseignement civiles et militaire . Ou encore d'Elliott Abrams, condamné au début des années 1990 pour son implication dans l'Irangate avant d'être gracié par George Bush Senior, adversaire déterminé des accords de paix d'Oslo, partisan de l'expulsion de Yasser Arafat et qui est en charge, depuis novembre 2002, du dossier israélo-palestinien au Conseil national de sécurité (National Security Council). Les membres de ce réseau sont des fonctionnaires influents, des conseillers plus ou moins occultes ou des « experts » omniprésents dans les médias, qui partagent tous peu ou prou la même analyse de la situation. Ils ont aussi pour point commun d'être pour la plupart des disciples du philosophe Leo Strauss (1899-1973), professeur de philosophie politique à l'université de Chicago où Wolfowitz et Schulsky furent ses élèves, et du stratège Albert Wohlstetter. Décédé en 1997, ce dernier, mathématicien et spécialiste de stratégie militaire, fut à l'origine de l'évolution de la doctrine militaire américaine, amenant notamment l'administration Reagan à délaisser la doctrine traditionnelle dite de « destruction mutuelle assurée » – dans le contexte de l'affrontement entre l'Est et l'Ouest, l'arme nucléaire ne pouvait être utilisée que de façon ultime, réciproque et suicidaire – pour celle de « dissuasion graduée », permettant l'emploi d'armes nucléaires tactiques.

William Kristol.

Le programme de ces faucons réunis autour de Paul Wolfowitz est simple : il consiste à promouvoir un « leadership américain » par le biais d'une « politique d'action préventive destinée à empêcher par tous les moyens une nation ou un groupe de nations de défier la primauté militaire et économique des Etats-Unis ». Depuis des années, ils militent ainsi pour le développement d'armes nucléaires miniaturisées capables de « frappes chirurgicales » partout dans le monde. Ils dénoncent également l'évolution « tiers-mondiste » de l'ONU et des institutions d'arbitrage international et prônent le renversement par la force de tous les régimes « antiaméricains », à commencer par le plus « dangereux » d'entre eux, l'Irak de Saddam Hussein.

Robert Kagan.

Leur influence était déjà sensible dans le programme de politique étrangère présenté par le Parti républicain lors de la campagne présidentielle ayant abouti à l'élection, en décembre 2000, de George W. Bush, programme qui préconisait, déjà, un « plan global de renversement de Saddam Hussein » au motif que « la paix et la stabilité dans le golfe Persique sont impossibles tant que Saddam Hussein gouvernera l'Irak », et désignait « la république populaire de Chine » comme « le défi principal de l'Amérique en Asie », car « la Chine est un concurrent stratégique, non un partenaire stratégique ».

Douglas Feith.

L'exposé le plus détaillé des positions du groupe a été fourni par le manifeste du « Projet pour un nouveau siècle américain » (« Project for the New American Century », PNAC), rédigé par William Kristol, rédacteur en chef de l'influente revue *Weekly Standard*, et contresigné entre autres par Paul Wolfowitz, Dick Cheney, Donald Rumsfeld, le milliardaire Steve Forbes, ou Jeb Bush, actuel gouverneur de l'Etat de Floride et frère de George W. Bush. Ce texte, publié le 3 juin 1997, réclamait déjà la « restauration des instruments de la puissance américaine » et de son « leadership » : « Une armée puissante, précisait-il, capable de répondre aux menaces d'aujourd'hui aussi bien que de demain ; une politique étrangère qui n'hésite pas à exporter outre-mer les valeurs américaines ; un gouvernement qui n'a pas peur de faire face à ses responsabilités individuelles » ; telles étaient à ses yeux les conditions d'un « XXIe siècle plus humain » placé sous la tutelle de « l'hégémonie globale bienveillante » des Etats-Unis. Le concept de « guerre préventive », c'est-à-dire l'idée qu'il est nécessaire d'intervenir avant que les menaces extérieures ne se fassent trop pressantes, y était également présenté comme « un enseignement de l'histoire du XXe siècle ».

Lewis Libby.

L'entreprise se voulait généreuse. Il s'agissait de ressusciter l'esprit de cet « internationalisme typiquement américain » incarné par le passé par les présidents Wilson, Truman et surtout Reagan: une doctrine qui postule que les intérêts de l'Amérique se confondent naturellement avec ceux de la liberté et que la mission des Etats-Unis est d'éduquer et de « civiliser » le monde – fût-ce contre son gré. C'est la formule de l'« empire bienveillant », vantée avec enthousiasme par Robert Kagan (auteur de *la Puissance et la Faiblesse*, Plon, 2003): l'idée que la domi-nation américaine sur le monde est le « meilleur ordre des choses actuellement envisageable », et doit se traduire à moyen terme par le triomphe universel de la démocratie et de l'économie de marché.

David Wurmser.

Selon certains observateurs, cette rhétorique pourrait cacher des considérations moins désintéressées. La principale revendication de Wolfowitz et de ses amis est la révision à la hausse des crédits destinés aux dépenses d'armement. Or la plupart des membres du groupe entretiennent des relations d'affaires avec le lobby militaro-industriel. On connaît bien les liens du vice-président Dick Cheney avec plusieurs sous-traitants de l'armée américaine. On sait moins que Paul Wolfowitz et Douglas Feith ont travaillé pour Northrop Grumann, l'un des principaux fabricants mondiaux d'avions de combat, que la femme de Dick Cheney fait partie du directoire de son concurrent Lockheed Martin, ou que Richard Perle fait fortune dans la vente de matériel militaire à la Turquie et à Israël. Quelles que soient leurs motivations philosophiques et patriotiques, force est de constater que tous bénéficient d'une manière ou d'une autre des investissements colossaux réalisés depuis deux ans.

A elle seule, la première « rallonge » allouée au Pentagone après le 11 septembre constitue 150 % du budget militaire de la France. Or cette somme colossale a servi pour l'essentiel à financer des projets dont l'utilité dans le contexte actuel est contestée par nombre d'experts militaires au sein même du Pentagone, comme la mise au point de nouveaux modèles de chasseurs bombardiers, la construction de destroyers géants ou le perfectionnement de systèmes d'artillerie lourde, équipements conçus à l'origine dans la perspective d'un conflit Est-Ouest et dont la mise en service demeure hypothétique.

La même remarque peut être faite à propos des cibles choisies. L'Irak de Saddam Hussein était peut-être une dictature sanguinaire et une retraite dorée pour quelques activistes arabes vieillissants. Mais son implication dans l'attentat contre le World Trade Center et dans la montée en puissance du terrorisme international reste plus que douteuse. De ce point de vue, le Soudan, le Yémen ou même l'Arabie Saoudite auraient constitué des choix beaucoup plus logiques. Quant à la possibilité d'acclimater une démocratie libérale entre le Tigre et l'Euphrate, elle laisse sceptiques la quasi-totalité des spécialistes de la région.

De fait, la « guerre contre le terrorisme » apparaît comme un prétexte. Et les « néo-conservateurs » ne s'en cachent pas. « Depuis des décennies, expliquait en septembre 2000 un rapport du PNAC (« Projet pour un nouveau siècle américain »), les Etats-Unis souhaitent s'impliquer plus directement dans la sécurité régionale du Golfe [...], la nécessité de la présence d'une force américaine substantielle dans le Golfe transcende le problème du régime de Saddam Hussein. »

Les raisons qui ont poussé les stratèges de la Maison-Blanche à vouloir absolument prendre pied à Bagdad sont l'objet de débats: la reprise en main des riches champs pétrolifères irakiens (le pays dispose des secondes réserves pétrolières mondiales et peut-être des premières, le sud et l'ouest du pays, inexplorés, recelant, selon les experts, d'immenses gisements) est l'une d'elles. La volonté d'assurer durablement la sécurité extérieure de l'Etat d'Israël pourrait bien en constituer une autre.

L'un des tenants de cette thèse s'appelle Uri Avnery. Né en Allemagne en 1923, immigré en Palestine à l'avènement du régime hitlérien en 1933, il est l'un de ceux qui, dès 1948, ont défendu l'instauration d'un Etat palestinien au côté de l'Etat hébreu. Ecrivain et journaliste, fondateur, en 1993, du Bloc de la paix (« Gush Shalom »), qui se veut le « noyau central » du mouvement pacifiste israélien, il assure depuis lors une chronique dans le quotidien *Ma'ariv*.

Le président Bush et deux de ses fidèles: le vice-président Dick Cheney (à g.) et l'ultraconservateur républicain Newt Gingrich.

Selon lui, « le plan de guerre contre l'Irak du président Bush [...] n'a pas de rapport avec la fameuse "guerre au terrorisme", avec la personnalité de Saddam Hussein ou avec les armes de destruction massive que fabrique l'Irak, comme tous les autres Etats de la région, du Pakistan à Israël et à l'Égypte ». Il relève plutôt, outre ses objectifs pétroliers, de la volonté, exprimée par Ariel Sharon dès le début des années 1980, de créer « une zone de sécurité israélienne [qui s'étendrait] du Pakistan à l'Afrique centrale, en destituant des régimes tout en déplaçant des populations entières ». En isolant la Syrie, et en privant Yasser Arafat de toute forme de soutien extérieur, l'invasion puis le démantèlement de l'Irak placeraient selon lui l'Etat hébreu dans une position idéale au moment de s'asseoir à la table des négociations pour régler définitivement le problème palestinien.

Quel que soit le crédit que l'on apporte à cette thèse, un fait est certain: la droite fondamentaliste chrétienne américaine a depuis longtemps fait d'Ariel Sharon et de Benjamin Netanyahou de véritables héros. Pour les protestants fondamentalistes en effet, l'occupation de la Cisjordanie par l'armée israélienne n'annonce rien moins que le début de l'Apocalypse, un affrontement titanesque entre les forces du Bien et les forces du Mal où l'islam radical joue le rôle de l'Antéchrist et les Etats-Unis celui de l'ange exterminateur. Avant d'être des apôtres d'un « internationalisme américain », les « néo-conservateurs » sont des sionistes convaincus, persuadés que « la victoire des Etats-Unis dans la guerre contre le terrorisme passe par la victoire d'Israël dans son propre combat ».

Cette stratégie n'est pas sans risques, tant pour les Etats-Unis que pour Israël et pour l'Europe. Pour les premiers, c'est le risque d'être assimilés à un « Etat voyou » et de perdre le bénéfice d'une prééminence acquise de haute lutte. Pour les autres, c'est la perspective de devoir composer avec un environnement international plus dangereux, avec la terrible poudrière que va constituer un Moyen-Orient durablement, si ce n'est définitivement, déstabilisé. Comme l'écrit Uri Avnery: « Sharon peut croire qu'il sera le grand vainqueur d'une telle action américaine. [...] Il peut réussir, en exploitant l'anarchie qui s'ensuivra, à chasser les Palestiniens du pays. Mais, dans quelques années, Israël pourrait se trouver entouré par un nouveau Moyen-Orient. [...] Une région pleine de haine, de rêves de revanche, conduite par un fanatisme religieux et nationaliste. Et, au bout du compte, les Américains rentreront chez eux. Nous resterons seuls ici. »

Nicolas Kessler
Agrégé d'histoire, auteur notamment du *Conservatisme américain* (Presses universitaires de France, 1998).

Mai

Lu	Ma	Me	Je	Ve	Sa	Di
			1	2	3	4
5	6	7	8	9	10	11
12	13	14	15	16	17	18
19	20	21	22	23	24	25
26	27	28	29	30	31	

Bagdad, jeudi 1er
Retour en Irak des principales agences de l'ONU, qui avaient quitté le pays le 18 mars.

New Delhi, vendredi 2
L'Inde et le Pakistan rétablissent leurs relations diplomatiques.

Côte d'Ivoire, dimanche 4
Entrée en vigueur du cessez-le-feu entre les rebelles du MPCI et les forces gouvernementales. (→ 25.8)

Marigny-le-Grand, dimanche 4
Fin du premier Teknival organisé avec le ministère de l'Intérieur. Il a réuni 45 000 personnes.

Paris, dimanche 4
Dalil Boubakeur est élu président du Conseil français du culte musulman.

Algérie, lundi 5
Abdelaziz Bouteflika limoge son Premier ministre, Ali Benflis. Ahmed Ouyahia lui succède.

Annecy, lundi 5
Les traces de sang prélevées dans le chalet du Grand-Bornand sont celles de la famille Flactif. (→ 17.9)

New York, lundi 5
Le chef français Eric Ripert, qui tient le restaurant « Le Bernardin », est sacré chef de l'année.

Autriche, mardi 6
Un projet de réforme des retraites entraîne une grève générale, la première depuis plus de 50 ans.

Houston, mardi 6
La commission d'enquête sur le crash de Columbia établit que l'accident est dû à une brèche dans le bouclier protecteur thermique de l'aile. Cette fissure a été causée par un bloc de mousse qui s'est détaché du réservoir central au décollage et est venu le percuter. (→ 26.8)

Allemagne, mercredi 7
Le taux de chômage en avril atteint 10,8 % de la population active, soit 4,5 millions de personnes, le plus haut niveau depuis 1990.

Irak, mercredi 7
Diffusion d'un enregistrement sonore de Saddam Hussein. Il appelle les Irakiens à la résistance contre l'occupation américaine. (→ 12)

Lituanie, dimanche 11
Les Lituaniens approuvent l'entrée de leur pays dans l'UE par 89,92 % des voix. (→ 17)

Monténégro, dimanche 11
Le candidat indépendantiste Filip Vujanovic est élu à la présidence.

2 967,89 — 25,15 $ — € 1,1485 $

Fin des opérations majeures en Irak

Californie, jeudi 1er
Ancien pilote de chasse dans la garde nationale, George W. Bush a voulu être le premier président des Etats-Unis à apponter sur un porte-avions. C'est ce qu'il a fait aujourd'hui en se posant sur l'*USS Abraham Lincoln,* de retour du Golfe. Arrivé à bord d'un appareil de lutte anti-sous-marine S-3B Viking, le président n'aura eu qu'à échanger sa combinaison de vol pour un complet pour annoncer à 18 h (heure locale), sur le pont et devant les caméras des télévisions, la fin des « opérations de combat majeures » en Irak. Il a ajouté que, si la guerre contre le terrorisme n'était pas terminée, celle-ci ne serait pas pour autant « sans fin ». (→ 7)

Sur le porte-avions, une banderole tricolore proclame : « Mission accomplie ».

Sécurité renforcée au large d'Ouessant

Ouessant, jeudi 1er
Depuis zéro heure, de nouvelles voies de circulation maritime sont ouvertes au large d'Ouessant. Les tracés, mis en place après le naufrage de l'*Amoco Cadiz*, en 1978, n'étaient plus adaptés au passage quotidien de 150 navires, dont 8 chargés de produits dangereux. Le rail, qui comportait trois voies, n'en a plus que deux, ainsi que c'est le cas partout ailleurs. Leur sens est inversé afin d'éviter les croisements. Si la voie montante se rapproche des côtes de 4 milles, la descendante, empruntée pour gagner les raffineries d'Europe du Nord, est repoussée à 34 milles.

Le 4, le Montpellier Handball, qui avait été battu au match aller de huit buts, remporte à domicile la Ligue des champions face au club espagnol de Pampelune (31-19).

La Chine populaire perd un sous-marin

Chine, vendredi 2
L'Agence de presse Chine nouvelle a annoncé qu'un sous-marin, le n° 361, a été perdu à une date qui n'a pas été précisée. Les 70 hommes d'équipage ont péri. Cet accident, officiellement dû à des « causes mécaniques », a eu lieu dans le golfe de Bo Hai, au large de la province de Shandong, à l'est de la Chine. Le sous-marin, de propulsion classique, appartenait à la classe Ming, de conception nationale et lancée dans les années 60. Quatre ou cinq autres bâtiments de cette classe réputée peu fiable seraient encore en service dans la flotte chinoise.

Des enfants kurdes sous les décombres

Bingol, dimanche 4
167 morts et 537 blessés : tel est le bilan définitif du séisme d'une magnitude de 6,4 qui a secoué jeudi matin la ville de Bingol, dans l'est de la Turquie. La moitié des victimes (84) est constituée d'enfants du pensionnat de Celtiksugu qui s'est effondré sur eux durant leur sommeil. Selon les premiers éléments de l'enquête, le bâtiment ne respectait pas les normes antisismiques. D'où la colère des habitants à majorité kurde qui, quelques heures après le drame, ont pris à partie les forces de l'ordre. Le Premier ministre turc, Recep Tayyip Erdogan, promet que l'entrepreneur fera l'objet de poursuites pénales.

L'Irak découpé en trois zones d'occupation

Washington, vendredi 2
Le Pentagone confirme ce soir que les Etats-Unis, en accord avec leurs alliés, ont décidé de découper l'Irak en trois grandes zones de « stabilisation ». Les Américains occuperaient le centre du pays et les Britanniques le sud. Quant à l'occupation du nord, elle doit être confiée à la Pologne. Cherchant ainsi à associer le maximum de pays « amis » à la gestion de l'après-Saddam Hussein, Washington compte également sur les contributions militaires d'autres pays d'Europe. L'Allemagne, la France et la Russie n'ont pas été sollicitées. L'ONU n'a pas été consultée. (→ 22)

Répartition du pays

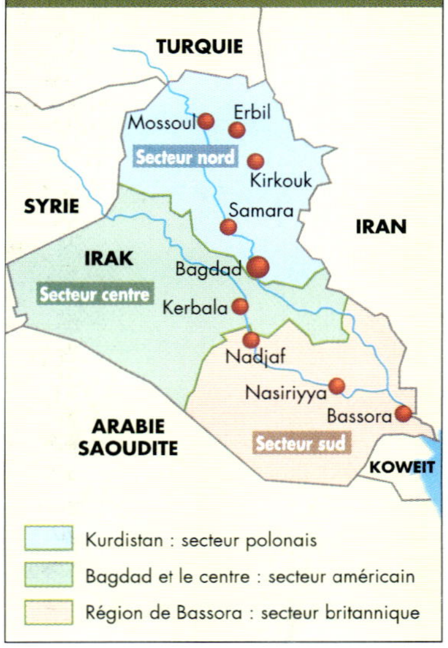

La guérilla colombienne abat dix otages

Colombie, lundi 5
L'opération de l'armée colombienne pour libérer certains otages aux mains des Forces armées révolutionnaires de Colombie a tourné au fiasco. Les corps du gouverneur de Medellin, Guillermo Gaviria, et de l'ancien ministre de la Défense, Gilberto Cheverri, ont été retrouvés ce matin près d'Urrao, dans la province d'Antioquia, à 400 km au nord-ouest de Bogota. Ils avaient été enlevés en avril 2002. Huit soldats ont également été assassinés. Le président Alvaro Uribe, dont le père a lui-même été abattu par la guérilla en 1983, est venu à la télévision dénoncer ces actes de « tueurs professionnels ». Les Farc détiennent toujours 60 personnalités, dont Ingrid Betancourt. (→ 27.7)

Gilberto Cheverri était âgé de 66 ans.

Vers un bras de fer pour les retraites

Paris, mercredi 7
« Nous nous préparons à l'épreuve de force. » C'est par ces mots que Bernard Thibault, le secrétaire général de la CGT, a réagi au projet de loi présenté ce matin en Conseil des ministres par François Fillon, le ministre des Affaires sociales. Rien ne lui paraît acceptable dans cette réforme des retraites, que Jacques Chirac juge pourtant « bien préparée ». Ni l'allongement à 40 ans en 2008, puis 41 ans en 2012, et 42 ans en 2020, de la durée de cotisation dans le secteur public. Ni le nouveau mode de calcul des pensions, à partir des trois dernières années de salaire et non plus des six derniers mois. (→ 13)

Irak

1er, Falloudja. Après la mort de trois manifestants, tués hier par l'armée américaine, la population de cette ville sunnite se rassemble à nouveau pour réclamer le départ des GI.
1er, Bagdad. Longtemps réduits à la clandestinité, plusieurs centaines de communistes irakiens manifestent pour la fête du Travail.
3, Bagdad. Les Américains mettent en place un conseil supervisant la production pétrolière et en confient la direction à un ancien président de Shell, Philip Carroll.
5, Washington. Le FBI annonce que le vase de Warka, l'une des pièces les plus belles volées au musée de Bagdad, a été retrouvé.

TotalFinaElf devient tout simplement Total

Paris, mardi 6
TotalFinaElf fait peau neuve, change de nom et devient Total. Le président du groupe, Thierry Desmarest, a officialisé cette évolution lors de l'assemblée générale des actionnaires. Le logo, créé par l'agence A & Co, sera le vecteur privilégié de la campagne de communication institutionnelle que, dès le milieu de ce mois, l'agence D'Arcy développera à l'échelle européenne. Mis sur la sellette après le drame de l'usine AZF de Toulouse et le naufrage de l'*Erika*, le groupe pétrolier a voulu redorer son blason : la campagne sera axée sur le thème de la « responsabilité sociétale et environnementale ». Côté résultats, Thierry Desmarest a affiché un optimisme « raisonnable » : les chiffres enregistrés sur le premier trimestre (une augmentation de 49 % du bénéfice net consolidé du groupe) laissent augurer favorablement de l'avenir. Par ailleurs, le P-dg de Total n'a pas caché son espoir d'être présent sur le marché irakien, rappelant que le groupe avait noué des liens étroits avec le pays avant la première guerre du Golfe.

Georges Simenon au panthéon des lettres

Il s'était éteint le 4 septembre 1989.

Liège, mardi 6
Un Thalys spécial a emmené à Liège, sous la houlette d'Antoine Gallimard, la fine fleur de la presse parisienne afin d'assister au lancement officiel de deux volumes de la Pléiade réunissant une sélection de romans de Simenon. Une manifestation inscrite dans le cadre de l'« Année Simenon au pays de Liège ». C'est en effet dans cette vieille ville de Wallonie que le créateur de Maigret est né le 13 février 1903. Son centenaire ne pouvait mieux être célébré et son génie mieux être consacré que par son entrée dans la prestigieuse collection, où il côtoie dorénavant Shakespeare, Balzac, Dostoïevski, Proust ou Kafka. Simenon ? Un classique !

Le 8, à Rabat, la princesse Salma, épouse de Mohammed VI, roi du Maroc, donne naissance à un garçon appelé Moulay Hassan en hommage à son grand-père, Hassan II. Il est appelé à régner sous le nom d'Hassan III.

Le 11, à Everton, le footballeur français Laurent Blanc, alias « le Président » en équipe de France, met un terme à sa carrière à l'âge de 37 ans au soir du sacre de son équipe, Manchester United, comme champion d'Angleterre.

Mai

Lu	Ma	Me	Je	Ve	Sa	Di
			1	2	3	4
5	6	7	8	9	10	11
12	13	14	15	16	17	18
19	20	21	22	23	24	25
26	27	28	29	30	31	

Bagdad, lundi 12
Paul Bremer succède à Jay Garner comme administrateur civil américain de l'Irak. (→ 10.6)

Tchétchénie, lundi 12
Un attentat suicide contre un bâtiment de l'administration régionale prorusse fait 54 morts et 200 blessés à Znamenskoïé.

Arabie Saoudite, mardi 13
Après les attentats d'hier, les Etats-Unis rappellent la majeure partie de leur personnel diplomatique.

Pyongyang, mardi 13
La Corée du Nord déclare caduc l'accord conclu avec la Corée du Sud visant à maintenir la péninsule sans arme nucléaire.

La Plaine-Saint-Denis, mardi 13
Inauguration de l'académie Fratellini, le premier cirque en dur construit en France depuis 1905.

Reims, mardi 13
Le procès en assises de Pierre Chanal est ajourné. L'accusé a tenté hier de se suicider. (→ 15.10)

Algérie, mardi 13
17 des 32 touristes européens portés disparus dans le Sud algérien sont libérés. Ils auraient été enlevés par le Groupe salafiste pour la prédication et le combat. (→ 20.8)

Venise, mercredi 14
Silvio Berlusconi lance le « projet Moïse », ambitieux chantier de digues mobiles visant à protéger la ville des inondations.

France, jeudi 15
François Pinault transmet à son fils, François-Henri, 41 ans, la présidence de sa holding Artémis.

Irak, jeudi 15
Le général Ibrahim Ahmad Abdel Sattar Mohammad al-Takriti, ancien chef d'état-major de l'armée irakienne, est arrêté.

Saint-Denis, samedi 17
Football : l'AS Monaco remporte la Coupe de la Ligue face à Sochaux (4-1).

Slovaquie, samedi 17
92,46 % des Slovaques approuvent l'entrée du pays dans l'UE. (→ 8.6)

Besançon, dimanche 18
Handball féminin : Besançon remporte la Coupe des vainqueurs de coupe face au Spartak Kiev.

DÉCÈS

Anvers, jeudi 15
Rik Van Steenbergen, champion cycliste (*9.9.1924).

2 994,87 — 26,07 $

€ 1,1544 $

Le franc-parler de Brigitte Bardot ne plaît pas à tout le monde

France, lundi 12
Dieu créa la femme, Roger Vadim créa le mythe, et Bardot créa le scandale... Brigitte Bardot ne voulait pas parler de son ouvrage, *Un cri dans le silence*, qui vient de paraître aux éditions du Rocher. Marc-Olivier Fogiel, lui, ne l'avait pas invitée sur le plateau d'« On ne peut pas plaire à tout le monde », exceptionnellement diffusée en *prime time*, pour se contenter d'évoquer le passé. Le ton est monté. BB a menacé de partir. Fogiel l'a retenue. Et ils se sont expliqués. Elle est fière d'être une « Française de souche ». « Marco », lui, vante le « brassage des populations ». Elle trouve qu'il y a trop de musulmans en France, un bandeau s'incruste sur l'écran : « Bardot dérape ». Le livre est parti pour être un best-seller...

Sur France 3, « Babette s'en va-t-en guerre », mais cette fois sur le terrain politique.

Retour triomphal de l'ayatollah al-Hakim

Nadjaf, lundi 12
C'est un allié assez encombrant que les Américains ont laissé rentrer au pays samedi, après 23 années d'exil en Iran. Arrivé aujourd'hui dans la ville sainte chiite de Nadjaf, où il est né en 1937, Mohammad Bakr al-Hakim a suscité un enthousiasme indescriptible auprès de la population. Cet ayatollah, que le titre de « sayyed » désigne comme un descendant du Prophète, personnifie les espoirs de voir s'instaurer la charia. Mais le leader de l'Asrii (l'Assemblée suprême de la révolution islamique en Irak) ne veut pas trop effaroucher les Américains. Il s'est déclaré favorable à un « fédéralisme respectueux de la diversité irakienne »... (→ 29.8)

Il était l'ennemi juré du régime baasiste.

La Qaida attaque en Arabie Saoudite

Riyad, lundi 12
Arrivé dans la capitale saoudienne au terme d'un voyage au Proche-Orient, Colin Powell a aussitôt mis en cause la Qaida. Quelques instants avant, un ensemble résidentiel de Riyad réservé aux Occidentaux avait été dévasté par trois attaques de kamikazes à bord de voitures bourrées d'explosifs. Ce soir, le bilan provisoire s'élève à au moins 29 morts, dont sept Américains et neuf terroristes, et à quelque 200 blessés. Le siège londonien du magazine saoudien *Al-Majalla* avait reçu hier un courriel annonçant un attentat antiaméricain. Il était signé la Qaida. (→ 21.7)

Un million de manifestants défilent pour la défense des retraites

France, mardi 13
Comme toujours, les organisateurs ont vu deux millions de manifestants là où la police n'en a compté que la moitié. Toujours est-il que le pays n'avait pas connu de défilés aussi considérables depuis ceux organisés, en 1995, contre le plan Juppé. Les administrations sont pour la plupart fermées, les écoles le sont aussi, les métros ne roulent pas et les trains sont rares. Tout cela a des allures de grève générale, à ceci près que le secteur privé n'est pas mobilisé. Mais le front syndical est reconstitué, la CFDT ayant rejoint la lutte. Le ministre François Fillon a promis de recevoir les syndicats pour « discuter ». Pas pour « négocier ». (→ 28)

A Paris, il sont 150 000 à scander : « La retraite, oui, mais avant de mourir ! »

L'amère victoire de Nestor Kirchner

Buenos Aires, mercredi 14
Les Argentins seront privés de second tour à l'élection présidentielle. Carlos Menem a déclaré forfait, laissant seul en lice son rival Nestor Kirchner, qui devient *de facto* le nouveau président de la République. Ainsi prend fin une compétition fratricide entre ces deux représentants du péronisme, dont les sondages prévoyaient une conclusion catastrophique pour Menem. Mais, en se retirant, l'ancien président ne s'est pas seulement épargné une cuisante humiliation. Il a également empêché le gouverneur de la province de Santa Cruz, en Patagonie, de recueillir les fruits de l'écrasante victoire annoncée. Victoire qui eût conféré une légitimité populaire à ce péroniste orthodoxe de 53 ans, qui n'accède donc au pouvoir suprême que par défaut.

Cinq attentats secouent Casablanca

L'attentat contre le Cercle de l'Alliance israélite a fait deux victimes : le gardien et un policier en faction. Le vendredi soir, début du shabbat, les locaux sont fermés.

Casablanca, dimanche 18
Grâce aux aveux de l'unique kamikaze ayant survécu, sur les quatorze qui ont été dénombrés, l'enquête progresse à grands pas sur la série d'attentats qui a ensanglanté vendredi soir le centre de la première ville marocaine. Neuf au moins des terroristes appartenaient à un mouvement islamiste, Le Droit Chemin, que les policiers soupçonnent d'être lié à la Qaida. Selon le ministre de l'Intérieur, plusieurs de ces jeunes gens venaient d'effectuer un séjour à l'étranger. En une heure, 41 personnes, en majorité des Marocains mais aussi 3 Français, 2 Espagnols et 1 Italien, ont été tuées. Les cinq attentats, commis à l'aide de ceintures d'explosifs, visaient des cibles touristiques ou israélites. La raison pour laquelle le restaurant la Casa de España a été pris pour cible reste en revanche mystérieuse. (→ 19)

Robert Stack n'était pas qu'Eliot Ness !

Los Angeles, mercredi 14
Une crise cardiaque a emporté celui que la série des « Incorruptibles » avait immortalisé dans le rôle de l'agent du FBI Eliot Ness. Robert Stack était âgé de 84 ans (*13.1.1919). Mais cette star de la télévision avait fait aussi une très belle carrière au cinéma, notamment sous la direction de Douglas Sirk avec deux chefs-d'œuvre, *Ecrit sur du vent* (1956) et *la Ronde de l'aube* (1957). Il fera une intéressante incursion dans le cinéma français, donnant le meilleur de lui-même dans *Un second souffle*, de Gérard Blain (1977).

Dominique Baudis se bat pour son honneur

Paris, dimanche 18
Dominique Baudis aurait pu attendre qu'un juge d'instruction le convoque. Il a préféré prendre les devants pour « tordre le cou à la calomnie ». Ce soir, au journal de 20 heures de TF1, celui qui fut maire de Toulouse de 1983 à 2001 est venu révéler qu'il est mis en cause dans l'affaire Patrice Alègre. Des prostituées l'accusent d'avoir participé, en compagnie du tueur en série, à des soirées sadomasochistes lors desquelles des mineures ont été violées. L'actuel président du CSA, visiblement tendu, nie avoir jamais eu, « ni de près ni de loin », le moindre contact avec Patrice Alègre ou des prostituées. Face à une « machination diabolique », il veut savoir, dit-il, « qui est à l'origine de cette saloperie ». (→ 27)

Le 18, à Salon-de-Provence, la Patrouille de France célèbre son cinquantième anniversaire, avec la participation des patrouilles acrobatiques espagnole, jordanienne, italienne, suisse, britannique, polonaise et marocaine.

Les écologistes sont balayés en Belgique

Bruxelles, dimanche 18
« C'est fantastique ! » Guy Verhofstadt, le libéral flamand et Premier ministre sortant, exulte. Son parti a gagné les élections législatives. Sur les 150 sièges que compte le Parlement fédéral, les libéraux et les socialistes, qui sont alliés, en enlèvent 97. Les partis démocrates-chrétiens, rejetés dans l'opposition en 1999, y demeurent. La coalition arc-en-ciel, qui gouvernait le pays depuis quatre ans, ne pourra en revanche pas être reconduite : les écologistes perdent les neuf sièges qu'ils avaient en Flandre et ils n'en gardent que quatre sur onze en Wallonie. Une déroute. (→ 28)

Le 18, à Broadway, a lieu la 6 680e et dernière représentation de la comédie musicale *les Misérables*, à l'affiche depuis le 12 mars 1987.

Mai

Lu	Ma	Me	Je	Ve	Sa	Di
			1	2	3	4
5	6	7	8	9	10	11
12	13	14	15	16	17	18
19	20	21	22	23	24	25
26	27	28	29	30	31	

France, lundi 19
Selon *le Figaro*, Jamel Debbouze, avec 2,12 millions d'euros, est l'acteur français qui a gagné le plus d'argent en 2002, suivi de Gérard Depardieu (2,04), Jean Reno (1,7) et Christian Clavier (1,65).

Casablanca, lundi 19
Les autorités marocaines révèlent avoir arrêté hier soir un deuxième kamikaze. 12 des 14 auteurs des attentats sont morts. (→ 25)

Washington et Londres, lundi 19
Démissions d'Ari Fleisher, porte-parole de la Maison-Blanche, et de Godric Smith, porte-parole de Tony Blair.

Canada, mardi 20
Les Etats-Unis décrètent l'embargo sur le bœuf canadien après qu'un premier cas de vache folle a été diagnostiqué dans le pays.

Séville, mercredi 21
Football : victoire du FC Porto en finale de la Coupe de l'UEFA face au Celtic Glasgow (3-2).

Paris, mercredi 21
Bertrand Delanoë, maire de la capitale, annonce la candidature de la ville pour les JO de 2012.

Genève, mercredi 21
Les 192 Etats membres de l'OMS adoptent la première convention internationale de lutte contre le tabagisme. Il fait près de 5 millions de morts par an. (→ 24.7)

Paris, jeudi 22
François Hollande est réélu premier secrétaire du PS.

Paris, jeudi 22
Non-lieu définitif pour Abderazak Besseghir, le bagagiste de Roissy.

New York, vendredi 23
Le Brésilien Sergio Vieira de Mello est nommé représentant spécial de l'ONU en Irak. (→ 2.6)

Paris, samedi 24
Malek Boutih fait son entrée à la direction du PS. Le président de SOS Racisme est en charge des questions de société.

Lyon, samedi 24
L'Olympique lyonnais est sacré champion de France de football pour la deuxième année de suite.

Dublin, samedi 24
Le Stade toulousain remporte la Coupe d'Europe de rugby face à Perpignan (22-17).

Casablanca, dimanche 25
500 000 Marocains manifestent contre le terrorisme. (→ 12.6)

2 897,16 — 26,31 $ — € 1,1801 $

Les examens sont perturbés en France

France, lundi 19
Une partie des enseignants, dont c'est aujourd'hui la 6e journée nationale de grève depuis septembre, est tentée par la radicalisation. A Perpignan, ils ont empêché aujourd'hui 2 000 étudiants de passer leurs examens. Les grilles de la fac étaient closes, cadenassées, et des piquets de grève veillaient. Le président de l'université, François Féral, a préféré reporter les épreuves plutôt que de faire appel aux forces de l'ordre. La semaine dernière à Toulouse et à la Réunion, des épreuves de BTS avaient déjà été annulées. Les syndicats sont partagés. Si la FSU désapprouve ces pratiques, le SNES demande, lui, que les examens soient décalés. (→ 27)

La route de l'opium part de l'Afghanistan

Les trafiquants ont incité par des prêts les paysans afghans à cultiver le pavot.

Paris, mercredi 21
Avant d'être chassés du pouvoir, à la fin de l'année 2001, les talibans étaient pratiquement parvenus à éradiquer, en Afghanistan, la culture du pavot et la production d'opium. Mais, depuis, ce pays est très rapidement redevenu le premier producteur du monde, avec 3 500 t d'opium en 2002. Ecoulée par la Caucase ou par le Proche-Orient, la drogue emprunte des routes facilitées par la corruption, en particulier dans les républiques caucasiennes. C'est afin de mieux cerner ce trafic que s'ouvre aujourd'hui, à l'initiative de la France, la première conférence ministérielle sur les « routes de la drogue de l'Asie centrale et de l'Europe ». Y participent 55 pays d'Europe et d'Asie, ainsi que 13 organisations internationales.

Levée des sanctions contre l'Irak

New York, jeudi 22
Les Américains auraient voulu garder les mains totalement libres en Irak et n'avoir pas à rendre compte à l'ONU de leur action. Mais, afin d'éviter une nouvelle crise au Conseil de sécurité, ils ont substantiellement modifié leur projet de résolution visant à lever les sanctions contre Bagdad. Résultat : la résolution 1483 a été votée au Conseil à l'unanimité, moins l'abstention de la Syrie. Dans le texte final, l'ONU est associée à la reconstruction de l'Irak, et le mandat de la puissance occupante sera réexaminé dans 12 mois.

La matrice submerge le monde des vivants

Paris, vendredi 23
Les dirigeants d'Atari, le nouveau nom d'Infogrames depuis le 7 mai dernier, peuvent souffler. Le jeu vidéo *Enter the Matrix* est un triomphe. Mis dans les bacs le 16 mai, le jour de la sortie du film *Matrix Reloaded*, deuxième opus de Larry et Andy Wachowski, il s'est déjà vendu à un million d'exemplaires dans le monde : 60 % aux Etats-Unis et 40 % en Europe. Un succès dû pour une bonne part au concept du jeu : le monde imaginaire n'est pas un simple décalque du film, mais il résulte d'un scénario totalement inédit.

Un mammifère à l'origine du SRAS ?

Chine, vendredi 23
Selon l'Organisation mondiale de la santé, la maladie est « sous contrôle » à Hong Kong et dans le Guangdong, son foyer originel. La recommandation faite aux touristes et hommes d'affaires d'éviter de s'y rendre est levée. Mais la vente de civettes, petits mammifères que les Chinois se plaisent à cuisiner, est interdite depuis ce matin. Une étude faite par des chercheurs de Hong Kong a permis d'établir que le coronavirus à l'origine de la contamination était présent chez l'animal, vendu sur les marchés du Guangdong. (→ 24.6)

Jean Yanne avait horreur du conformisme

Il avait aussi joué pour la télévision (ici « l'Enfant des terres blondes », en 1997).

Morsains (Marne), vendredi 23
De son vrai nom Jean Gouyé, celui que tous les Français connaissaient sous le pseudonyme de Jean Yanne est décédé d'une crise cardiaque (*18.7.1933). Il s'était acquis une solide réputation de non-conformiste et d'humoriste à la radio, dans les années 1960, avant de faire une grande carrière au cinéma. Très doué pour les rôles équivoques, il brillera dans des films importants, du *Boucher* de Claude Chabrol (1969) et de *Nous ne vieillirons pas ensemble* de Maurice Pialat (1971) au *Radeau de la Méduse* d'Iradj Azimi (1997). Il avait débuté dans la mise en scène, en 1972, avec *Tout le monde il est beau, tout le monde il est gentil,* décapante satire de la radio et de la publicité.

Le 24, à Riga, la capitale de la Lettonie, la Turque Sertab Erener remporte le Concours Eurovision avec *Everyway that I can.*

Aznar s'en sort bien aux élections

Espagne, dimanche 25
Le pire était annoncé pour José Maria Aznar, très critiqué pour sa gestion de la catastrophe du *Prestige* et pour son engagement aux côtés des Américains dans la crise irakienne. Or son parti, le Parti populaire (PP), a sauvegardé l'essentiel aux élections municipales générales et aux régionales partielles. Sans doute le Parti socialiste (PSOE) dépasse-t-il désormais, en nombre de voix, le PP aux municipales (34,76 % des voix contre 33,81). Mais le PP garde les grandes villes, dont Madrid où s'est engagée l'épouse de José Maria Aznar, la pétulante Ana Botella. Concernant les régionales, le PP résiste à la montée du PSOE dans la majorité des communautés autonomes, sauve brillamment celle de Madrid et conquiert même les Baléares. Rien n'est donc joué pour les législatives, prévues en 2004 !

Devoir accompli, à Madrid, pour José Maria Aznar et son épouse Ana Botella.

Un tremblement de terre en Algérie

Pour aider à retrouver des survivants sous les décombres, la France a envoyé dès jeudi 120 sauveteurs de la Sécurité civile.

Alger, dimanche 25
C'est le séisme le plus meurtrier que l'Algérie ait connu depuis 1980 : ce soir, le bilan s'élève à 2 047 morts et 8 629 blessés. Il était 19 h 44 (heure locale), mercredi dernier, lorsqu'une secousse d'une magnitude de 6,7 sur l'échelle de Richter a ravagé l'est d'Alger, avec une forte réplique deux heures après. L'épicentre du tremblement de terre se trouvait près de Thénia, au cœur d'une région très urbanisée, et c'est ce qui explique le désastre. Car si les hommes ne peuvent évidemment empêcher la collision de deux plaques tectoniques, rien ne les oblige à construire dans des zones à risques et, qui plus est, en dépit du bon sens. C'est d'ailleurs ce que la population sinistrée reproche le plus vivement au pouvoir, accusé à la fois d'incurie et de complaisance envers les promoteurs immobiliers. Lorsque le président Abdelaziz Bouteflika a voulu se rendre compte personnellement de la situation à Boumerdès, sur la côte, il a dû rebrousser rapidement chemin : la foule l'a abreuvé d'injures. Pourtant, tous admettent que l'armée, pour une fois, est vite arrivée sur place pour les premiers secours.

Le 24, Paul McCartney donne un concert sur la place Rouge de Moscou. Devant 20 000 spectateurs, dont le président russe Vladimir Poutine, il interprète notamment l'un des succès mondiaux des Beatles : *Back in USSR*.

Triomphe américain au Festival de Cannes

Cannes, dimanche 25
Présidé par Patrice Chéreau, le jury du 56e Festival de Cannes n'a pas soulevé de polémiques en décernant la Palme d'or à *Elephant* de Gus Van Sant, une peinture effrayante du vide mental qui, chez les adolescents américains, peut conduire à une violence irrationnelle. Mais ce qui a un peu surpris, c'est que cette œuvre inspirée directement du drame de Littleton ait également reçu le prix de la mise en scène. Quant au prix d'interprétation féminine, il a été attribué à Marie-José Croze, excellente dans *les Invasions barbares* de Denys Arcand (Canada), le prix d'interprétation masculine étant revenu à Muzaffer Özdemir et Mehmet Toprak pour *Uzak* de Nuri Bilge Ceylan (Turquie).

Le cinéaste américain Gus Van Sant.

Mai

Lu	Ma	Me	Je	Ve	Sa	Di
			1	2	3	4
5	6	7	8	9	10	11
12	13	14	15	16	17	18
19	20	21	22	23	24	25
26	27	28	29	30	31	

Toulouse, mardi 27
Jean Volff, procureur général de Toulouse, révèle par une interview à *l'Est républicain* qu'il est mis en cause dans l'affaire Alègre. (→ 1.6)

Washington, mardi 27
Le secrétaire d'Etat à la Défense, Donald Rumsfeld, juge probable qu'aucune arme de destruction massive ne soit trouvée en Irak: « Il est possible que le régime de Saddam Hussein ait décidé de les détruire avant le début du conflit. »

Bruxelles, mercredi 28
Le roi Albert II charge le Premier ministre sortant, Guy Verhofstadt, de constituer un nouveau gouvernement. (→ 13.7)

France, mercredi 28
Jean-Pierre Raffarin affirme à propos de la réforme des retraites: « Nous avons eu un temps social, maintenant le Parlement est le lieu du débat. » (→ 5.6)

Manchester, mercredi 28
Le Milan AC remporte la Ligue des champions de football face à la Juventus de Turin aux tirs au but (3-2).

Alger, jeudi 29
Un liquidateur est nommé à la tête de la Khalifa Bank, qui perd son agrément.

Amnéville, jeudi 29
Luc Ferry, ministre de l'Education, rassure les parents d'élèves de la PEEP: le bac aura lieu. (→ 3.6)

New York, jeudi 29
Un accord à l'amiable est trouvé entre Microsoft et AOL dans le contentieux autour du navigateur Netscape. Microsoft dédommagera AOL à hauteur de 750 millions de dollars.

Sanguesa (Navarre), vendredi 30
Deux policiers sont tués dans un attentat à la voiture piégée attribué à l'organisation basque ETA.

Londres, vendredi 30
2 500 salariés de la société d'assurance TAG sont informés de leur licenciement par le simple envoi d'un SMS (message écrit) sur leur téléphone portable.

Saint-Denis, samedi 31
L'AJ Auxerre remporte la Coupe de France de football face au Paris-Saint-Germain (2-1).

Caroline du Sud, samedi 31
Arrestation d'Eric Rudolph, accusé de plusieurs attentats dont celui commis lors des Jeux olympiques d'Atlanta en 1996.

2 991,75 — 26,33 $ — € 1,1766 $

L'homme qui a vu sept fois Ben Laden

Bruxelles, lundi 26
Jugé depuis jeudi avec onze complices, tous accusés d'appartenance au réseau terroriste responsable de l'assassinat, le 9 septembre 2001, du commandant Massoud, le Tunisien Nizar Trabelsi est atypique. Ex-footballeur professionnel au Fortuna de Düsseldorf, il a connu la gloire, les boîtes de nuit, la cocaïne, les filles… Puis la religion l'a rattrapé. Il est parti en Arabie Saoudite avant de s'installer en Afghanistan. A Kandahar, il a vu Oussama Ben Laden. Sept fois. « On parlait de tout, de l'islam, de foot, c'était vraiment bien. » Il aurait même assisté à la destruction des bouddhas de Bamiyan. Quand il a été arrêté, il voulait commettre un attentat suicide sur une base belge de l'Otan.

Ariel Sharon parle d'« occupation »

Jérusalem, lundi 26
Ariel Sharon a provoqué le désarroi de ses troupes en affirmant aux députés du Likoud qu'il n'était pas possible de « maintenir 3,5 millions de Palestiniens sous occupation ». C'est évidemment le mot « occupation » qui a mis le feu aux poudres. Il était, jusqu'à présent, rigoureusement banni du vocabulaire de la droite israélienne, et seulement employé par la gauche pacifiste. Mais Ariel Sharon sait qu'il doit donner des gages de bonne volonté dans le cadre de la « feuille de route », et en vue de sa rencontre avec George W. Bush et Abou Mazen, prévue le 4 juin. (→ 4.6)

Les projets atomiques de l'Iran inquiètent

Washington, mardi 27
Selon des opposants iraniens en exil, Téhéran construirait, en secret, deux centrales nucléaires aptes à produire de l'uranium enrichi. Cette « révélation », faite lors d'une conférence de presse, coïncide avec les propos que le porte-parole de George W. Bush a tenus ce même mardi: Ari Fleischer a déclaré que « l'Iran se prépare à produire les matières fissiles » qui lui permettraient de posséder l'arme atomique. Toujours aujourd'hui, une réunion avait lieu au Pentagone pour envisager une action de déstabilisation de l'Iran.

L'Education nationale près de la paralysie

Les personnels de l'Education nationale (ici à Lille) craignent pour leur statut.

France, mardi 27
Non seulement le conflit dure, mais il s'étend. Par dizaines de milliers, dans tout le pays, les enseignants et autres personnels de l'Education nationale sont descendus dans la rue. Le taux de grévistes s'accroît. Jean-Pierre Raffarin a donc lâché du lest. Les modalités de mise en œuvre de la décentralisation seront revues. Les 110 000 techniciens, ouvriers, de service et de santé (TOSS) pourront demeurer dans la fonction publique d'Etat s'ils le veulent, au lieu de ne plus dépendre que de la fonction publique territoriale. Quant au calcul des retraites des professeurs, les études seront prises en compte. Les craintes de privatisation du système éducatif sont selon lui infondées: il restera « au cœur du service public ». (→ 29)

A l'ENS de Lyon, les poules ont des dents

Washington, mardi 27
C'est dans la célèbre revue *Proceedings National Academy of Sciences* qu'ont été publiés les travaux réalisés par le généticien grec Efthimios Mitsiadis, de l'Ecole normale supérieure de Lyon. L'article explique comment ont pu être développés des bourgeons dentaires sur un embryon de poulet, grâce à la transplantation de cellules souches de la crête neurale céphalique prélevées sur un embryon de souris. Rappelant que les oiseaux avaient des dents il y a plusieurs millions d'années, comme l'Archaeopterix, Efthimios Mitsiadis a déclaré que les recherches conduites à l'ENS de Lyon pourraient déboucher sur une révolution: faire pousser des dents sur des patients atteints de très graves anomalies de dentition.

Le 27, à Rome, décès de Luciano Berio à 77 ans (*24.10.1925). Ce compositeur d'avant-garde, proche de Pierre Boulez, avait su retrouver, dans ses œuvres vocales et instrumentales, la virtuosité et la sensualité caractéristiques du génie musical de l'Italie.

La protection des CD devant les tribunaux

Paris, mardi 27
EMI France, Warner Music, Universal Picture et quelques autres vont devoir s'expliquer devant la justice. La plainte émane de l'UFC-*Que Choisir*, une association de consommateurs, saisie par des usagers mécontents. Afin de lutter contre le piratage, qui a entraîné une baisse mondiale des ventes de CD de 10 % en 2002, de plus en plus de CD (et de DVD) sont verrouillés, ce qui rend parfois la lecture impossible sur les ordinateurs ou les autoradios, et même sur les baladeurs ! Le système porte aussi atteinte au droit de copie privée, reconnu par la loi française, et en contrepartie duquel une taxe est prélevée sur les supports vierges. Elle bénéficie aux auteurs et interprètes.

Un bond en avant pour l'Europe de la défense et de l'espace

La maquette de l'A-400M, qui remplacera les Transall et les Hercules vieillissants.

Bonn, mardi 27
Après des années d'atermoiements, le programme de l'A-400M a été enfin lancé. L'avion de transport militaire européen développé par Airbus a été commandé à 180 exemplaires, soit 50 pour le France, 60 pour l'Allemagne, 27 pour l'Espagne, 25 pour la Grande-Bretagne, 10 pour la Turquie, 7 pour la Belgique, 1 pour le Luxembourg. Le contrat s'élève à 20 milliards d'euros. Ce quadrimoteur, destiné à assurer à la défense européenne une capacité de projection considérablement élargie, devrait être opérationnel en 2009. Il sera doté de moteurs construits par le consortium européen EPI regroupant Snecma (France), MTU (Allemagne), Rolls-Royce (Grande-Bretagne) et ITP (Espagne). Le 6 mai dernier, le moteur d'EPI avait été préféré à celui proposé par Pratt & Whitney Canada. D'autre part, l'Europe de l'espace a également connu une journée faste : une réunion ministérielle, organisée à Paris dans le cadre de l'Agence spatiale européenne, a débloqué 2 milliards d'euros afin de soutenir Ariane 5. Enfin, hier, l'accord a été obtenu pour lancer Galileo, un projet de radionavigation par satellite concurrent du GPS américain.

Air France a mis fin à l'exploitation commerciale du Concorde

Roissy, samedi 31
Il y avait foule, à Roissy, pour accueillir le vol AF001. Ce vol commercial était en effet le dernier pour Concorde, du moins sous les couleurs d'Air France. Jean-Cyril Spinetta, le président de la compagnie, avait expliqué : « Les coûts de maintenance ayant été sensiblement accrus depuis sa remise en ligne, son exploitation est devenue lourdement et structurellement déficitaire. » D'où sa décision de mettre un point final à la grande aventure du supersonique. Le Concorde F-BTSD venant de New York s'est posé à 17 h 45. A son bord : 68 passagers dont le secrétaire d'Etat aux Transports, Dominique Bussereau, et les 11 membres d'équipage. (→ 12.6)

Pour sa rentrée définitive au bercail, le Concorde F-BTSD avait une garde d'honneur !

Ballet diplomatique à Saint-Pétersbourg

Saint-Pétersbourg, samedi 31
Catherine II de Russie en aurait rêvé ! Vladimir Poutine a mis les petits plats dans les grands pour accueillir quelque 40 chefs d'Etat et de gouvernement à l'occasion du tricentenaire de Saint-Pétersbourg. Depuis hier et jusqu'à ce soir, les grands de ce monde se seront croisés et rencontrés, profitant de cette opportunité pour tenter de réduire les fractures, en particulier sur l'Irak. On attendait beaucoup des retrouvailles entre Chirac et Bush. Mais le premier est reparti comme le second arrivait : ce sera donc pour demain, au sommet du G8 organisé à Evian.

Aung San Suu Kyi est de nouveau arrêtée

Le prix Nobel de la paix (1991) a déjà passé sept ans en résidence surveillée.

Birmanie, vendredi 30
Officiellement, Aung San Suu Kyi est « sous la protection des autorités ». En réalité, elle a été arrêtée dans le nord du pays, quelques heures après que des affrontements entre ses partisans et des miliciens progouvernementaux ont fait 4 morts. Les membres du comité exécutif de son parti, la LND (Ligue nationale pour la démocratie), ont eux aussi été interpellés. Libérée le 6 mai 2002, Aung San Suu Kyi, qui est la figure emblématique et charismatique de l'opposition, espérait négocier avec la junte militaire un assouplissement du régime. Celui-ci vient également de fermer les universités…

Le 31, la Chambre d'ambre restaurée de la résidence impériale de Tsarskoïé Selo, à 30 km de Saint-Pétersbourg, est dévoilée. Offerte à Pierre le Grand par Frédéric-Guillaume Ier, roi de Prusse, en 1716, elle avait été pillée par les Allemands au cours de la Seconde Guerre mondiale.

2003, une « année de l'Algérie » en France

Les diverses manifestations

Le mardi soir 31 décembre 2002, au Palais Omnisports de Bercy, à Paris, sous des youyous et des feux d'artifice, quelque 16 000 personnes assistent à un gigantesque concert. Une heure avant le début de ce concert, « l'Algérie au cœur », les gradins étaient déjà pleins, comme la piste où des centaines de jeunes, certains juchés sur des épaules, agitaient des drapeaux algériens ou soufflaient dans des trompettes. Raï de la jeunesse algérienne, ou autres expressions musicales (kabyle, chaabi, chaoui, bedoui, targui), jusqu'aux pièces classiques arabo-andalouses ou musiques sahariennes: chacun était venu écouter sa star, Cheb Mami, Bilal, ou Chabba Djenat, le groupe de rock X.Press. Au total 22 chanteurs ou groupes auxquels s'était ajouté, à la dernière minute, Khaled.

« Djazaïr », « une année de l'Algérie en France », commençait, ponctué de diverses manifestations. Ainsi, l'Institut du monde arabe, à Paris, a balayé, du 11 janvier au 1er juin 2003, quarante ans de création cinématographique algérienne, dans un pays où la production a toujours été intimement liée aux soubresauts politiques. Quatre-vingts films, présentés à l'IMA, ont épousé l'histoire et l'évolution de la société algérienne. L'histoire coloniale et le mouvement d'indépendance algérien étaient présents, notamment, à travers *Une si jeune paix* (Jacques Charby, 1964) ou *le Vent des Aurès* (1966) de Mohamed Lakhdar-Hamina, qui avait décroché la Palme d'or à Cannes en 1975 avec *Chronique des années de braise* (également programmé). Les paysans, « gâtés » par les réalisateurs algériens, ont été évoqués à travers *le Charbonnier* (1972) de Mohamed Bouamari, *Noua* (1972) d'Abdelaziz Tolbi, ou *les Nomades* (1976) de Sid Ali Mazif.

Le statut de la femme a été également l'un des thèmes récurrents, avec *Elles* (1966) d'Ahmed Lallem, *Une femme pour mon fils* (1982) d'Ali Ghanem, *Leïla et les autres* (1977) de Sid Ali Mazif ou *la Nouba des femmes du mont Chenoua* (1978) de la romancière Assia Djebar. La montée du fondamentalisme religieux (*Bab El-Oued City* de Merzak Allouache, 1994), le désarroi d'une génération d'émigrés déçus par le « miroir aux alouettes » français (*Salut Cousin* de Merzak Allouache, 1996), ont été aussi abordés. Le cinéma berbère fut, quant à lui, représenté par *la Montagne de Baya* (1997) d'Azzedine Meddour, ou *Machaho* (1995) de Belkacem Hadjadj. Le cycle de l'IMA ne négligea pas les films les plus récents, avec par exemple *Wesh Wesh, qu'est-ce qui se passe* (2001), de Rabah Ameur-Zaïmeche. L'institut Louis-Lumière, à Lyon, a proposé lui aussi une programmation spéciale, du 7 au 12 janvier 2003, avec en ouverture l'avant-première de *Rachida* de Yamina Bachir-Chouikh, présenté au Festival de Cannes en 2002, dans la section « Un certain regard ».

La Comédie-Française, dans le cadre de « Djazaïr », a rendu hommage à l'écrivain algérien Kateb Yacine, mort en 1989, au cours de plusieurs soirées. « Idéal politique pour tous les enfants de l'indépendance de l'Algérie », selon son compatriote, le dramaturge Mohamed Kacimi, qui a orchestré une série de manifestations, ces soirées ont retracé le parcours littéraire et biographique de l'écrivain. Y ont participé les Comédiens-Français et la chanteuse algérienne Houria Aïchi, dont le chant orné à la manière des Aurès, pays d'origine de Kateb Yacine, a apporté la couleur musicale. Un peintre également des Aurès, Rachid Koraïchi, a « habillé » la façade du théâtre avec de grandes toiles en soie. D'autres manifestations se sont déroulées tout au long de l'année 2003, des expositions de peinture (les peintres orientalistes français à l'IMA à partir d'octobre), des rencontres littéraires, des colloques (comme celui tenu à Beaubourg autour des « archives de l'Algérie », en novembre).

Cheb Mami en concert à Saint-Denis le 29 août.

L'effervescence kabyle

« Djazaïr, une année de l'Algérie en France » a été critiqué par d'autres créateurs algériens. Des artistes kabyles connus, notamment l'humoriste Mohamed Fellag et les chanteurs Idir et Takfarinas, vivant en France, ont exprimé des réserves sur cette manifestation. Le chanteur kabyle contestataire Ferhat M'henni a aussi critiqué vivement la France pour la tenue de « Djazaïr ». Il a justifié sa position, dans un entretien paru dans le quotidien algérien *le Matin*, en évoquant les « victimes des émeutes du printemps noir en Kabylie en 2001 ». Ces émeutes qui avaient fait plus d'une centaine de morts et des milliers de blessés avaient éclaté à la suite de la mort d'un lycéen, le 18 avril 2001, dans la gendarmerie de Beni Douala, près de Tizi Ouzou, principale ville de Kabylie située à 110 km à l'est d'Alger. Et quelques jours après le début d'« une année de l'Algérie en France », en janvier 2003, la coordination des tribus kabyles (âarchs) de Tizi Ouzou appelait à une « grève générale active » dans cette région, en révolte larvée contre le pouvoir central. Les « âarchs », fer de lance de la contestation en Kabylie, comptaient fermer « toutes les institutions publiques » et « bloquer les routes », pour exiger la libération de leurs délégués (six délégués de cette coordination, dont Belaïd Abrika, la figure emblématique de ce mouvement contestataire, ont été incarcérés en octobre et novembre 2002 à la prison de Tizi Ouzou). Ils demandaient également le départ des « indus occupants » des assemblées locales et départementales, élus lors des élections locales du 10 octobre 2002, rejetées par les âarchs. Un compromis sera trouvé entre le pouvoir algérien et les leaders kabyles en juin 2003, mais d'autres événements viendront perturber cette « année de l'Algérie ».

La violence terroriste

D'abord, la violence intégriste, certes atténuée depuis les années 1993-1997, s'est poursuivie. Deux exemples, situés en janvier et en septembre 2003, disent la férocité de cette guerre cruelle.

La première semaine de janvier de l'année 2003 est ensanglantée

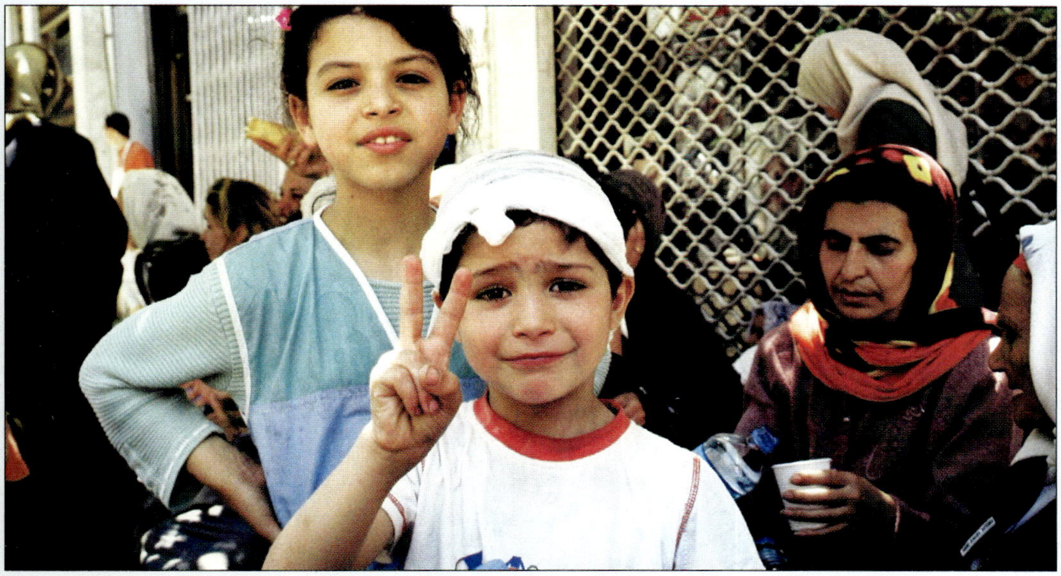

Le tremblement de terre du mois de mai a fait des milliers de victimes et nourri les colères.

par les groupes armés islamistes qui tuent au moins 56 personnes, confirmant ainsi leur rejet de la politique de réconciliation nationale du président Abdelaziz Bouteflika. Les principaux groupes armés, opposés à tout compromis avec les autorités, ont attaqué quasi simultanément les forces de sécurité à Batna dans les Aurès à 430 km au sud-est d'Alger, et des civils isolés à Blida à 50 km au sud d'Alger. Le Groupe salafiste pour la prédication et le combat (GSPC) d'Hassan Hattab, affilié au mouvement Al-Qaïda d'Oussama Ben Laden, tue 43 membres des forces de sécurité et en blesse 19 autres dans une embuscade meurtrière, dans les inextricables maquis des Aurès, à Teniet El-Abed. De son côté, le Groupe islamique armé (GIA), le plus sanguinaire des groupes armés algériens, massacre deux familles entières, totalisant 13 personnes dans le hameau isolé de Glaftia, près de Blida, sa zone d'activité de prédilection avec la région voisine de Médéa. Le GIA est dirigé par Rachid Abou Tourab depuis la mort de son chef Antar Zouabri, tué en février 2002 par les forces de sécurité à Boufarik, non loin de Blida. Ces deux groupes rivaux restent farouchement opposés à la politique de « concorde civile » qui a permis la reddition de quelque 6 000 islamistes armés depuis septembre 2001, et entendent poursuivre leurs attaques et tueries jusqu'à l'établissement d'un Etat islamique, basé sur la loi coranique.

Au mois de septembre 2003, cent cinquante islamistes armés sont tués lors d'un ratissage de l'armée qui dure deux semaines dans les maquis des Babors, près de Sétif, à 300 km à l'est d'Alger. Les quotidiens *El Watan* et *El Youm*, citant des sources proches des militaires participant aux opérations, précisent que c'est un « premier bilan », et disent également que ces hommes tués appartenaient au Groupe salafiste pour la prédication et le combat (GSPC), dont 105 membres ont été retrouvés « carbonisés » à l'intérieur de grottes, à la suite des bombardements intensifs des maquis par l'artillerie de campagne. A la fin de l'année 2003, la lutte contre le terrorisme n'est pas achevée en Algérie.

D'AUTRES SÉISMES

Un autre terrible événement viendra perturber, gravement, « l'année de l'Algérie en France ». Dans la nuit du 21 au 22 mai 2003, un violent tremblement de terre frappe l'Algérie. Au moins 3 000 personnes sont tuées, et 10 000 sont blessées Un bilan précise que 1 300 personnes ont été tuées et 3 000 blessées dans le seul département de Boumerdès, situé à 50 km à l'est d'Alger, le plus touché par ce séisme d'une magnitude de 6,2 à 6,8 sur l'échelle de Richter. Dans le département d'Alger, dont la région est a été dévastée par ce séisme, plus de 1 000 morts et 5 000 blessés ont été enregistrés. Outre la protection civile (pompiers) et l'armée algérienne, plus de 300 professionnels étrangers du secourisme participent aux opérations de sauvetage. Traumatisés, les sinistrés et leurs proches lancent des accusations tous azimuts, contre les maires, les préfets, les hauts responsables de l'Etat, les promoteurs et les entrepreneurs. Tous sont accusés d'être responsables de la fragilité des immeubles, dont des dizaines se sont effondrés ensevelissant leurs habitants sous des tonnes de béton. Les autorités, mal à l'aise, et expliquant l'attitude de leurs concitoyens par l'émotion suscitée par cette « catastrophe nationale », ont multiplié les déclarations rassurantes sans calmer les esprits.

Quelques jours avant ce tremblement de terre, la vie politique algérienne enregistre une violente secousse. Le président Abdelaziz Bouteflika limoge le lundi 5 mai le chef de gouvernement algérien Ali Benflis, son ancien homme de confiance, sur fond de « divergences profondes », et désigne pour le remplacer Ahmed Ouyahia, titulaire de cette fonction de décembre 1995 à décembre 1998. Un communiqué lapidaire de la présidence de la République signifie le départ de M. Benflis, à la tête du gouvernement algérien depuis août 2000. « Je voudrais préciser à l'opinion publique algérienne que je n'ai à aucun moment démissionné de mon poste », a ajouté M. Benflis, dont les propos sont rapportés par l'agence algérienne APS. De « profondes divergences », liées au contrôle du Front de libération nationale (FLN, ex-parti unique), dans la perspective de l'élection présidentielle de 2004, opposaient M. Bouteflika à M. Benflis depuis plusieurs semaines, avait indiqué la presse algérienne. « Entre lui et le chef de l'Etat, le courant ne passe plus (...). Le fossé qui les sépare est immense », notait le quotidien *Liberté*, résumant le sentiment général de la presse et des observateurs en Algérie qui constataient, depuis plusieurs semaines, une dégradation des rapports entre les deux têtes de l'exécutif. L'affrontement sera violent entre les partisans d'Ali Benflis et ceux d'Abdelaziz Bouteflika, à la rentrée de septembre 2003, et une partie de la presse algérienne subira les contrecoups de cette bataille (plusieurs journalistes algériens ont été arrêtés dans l'été 2003 pour avoir dénoncé les agissements du pouvoir).

Tous ces événements, crise politique, tremblement de terre et violence terroriste, n'ont pourtant pas réussi à affaiblir les liens franco-algériens, qui ne cessent de se renforcer entre les deux Etats. Au moment où se développe « une année de l'Algérie en France », la visite de Jacques Chirac à Alger en mars 2003 est un grand succès: des dizaines de milliers d'Algériens lui font de gigantesques ovations, à Alger et Oran. Entre la France et l'Algérie, lentement, progressivement, se tourne la page douloureuse de la guerre d'Algérie.

Benjamin Stora
Professeur d'histoire du Maghreb à l'INALCO (langues orientales, Paris), auteur de *la Guerre invisible, Algérie années 90* et *la Gangrène et l'Oubli, la mémoire de la guerre d'Algérie.*

Le président Bouteflika accueille Jacques Chirac, en visite officielle en mars.

Juin

Lu	Ma	Me	Je	Ve	Sa	Di
						1
2	3	4	5	6	7	8
9	10	11	12	13	14	15
16	17	18	19	20	21	22
23	24	25	26	27	28	29
30						

Chine, dimanche 1er
Début de la mise en eau du barrage des Trois-Gorges, dans la province centrale du Hubeï, le plus grand projet hydroélectrique du monde.

France, dimanche 1er
Le prix du timbre, inchangé depuis 1996, passe de 0,46 à 0,50 euro.

Milan, dimanche 1er
L'Italien Gilberto Simoni remporte le Tour d'Italie cycliste.

France, lundi 2
La Direction des constructions navales (DCN) devient une société de droit privé, détenue à 100 % par l'Etat.

Bagdad, lundi 2
Arrivée du représentant spécial de l'ONU, S. Vieira de Mello. (→ 19.8)

Chinchilla (Espagne), mardi 3
Une collision entre un train pendulaire Talgo et un convoi de marchandises fait 19 morts.

Toulouse, mardi 3
Entrée en fonctions du nouveau procureur général, Michel Barrau. Il succède à Jean Volff, démis de ses fonctions. (→ 19)

Oslo, mardi 3
Le prix Abel (une sorte de « Nobel de mathématiques ») est attribué au Français Jean-Pierre Serre.

Paris, jeudi 5
Adoption définitive de la loi contre la violence routière.

La Rochelle, jeudi 5
Le siège du Medef est détruit par un incendie lors d'une opération coup de poing contre la réforme des retraites. (→ 10)

Montpellier, vendredi 6
Inauguration de l'amphithéâtre d'O, construit par l'architecte Jean-Christophe Masnada, offrant 1 800 places en gradins et en plein air.

Paris, vendredi 6
L'acteur Guillaume Depardieu est amputé de la jambe droite.

Saint-Denis, samedi 7
Rugby : le Stade français remporte le bouclier de Brennus face au Stade toulousain (32-18).

Pologne, dimanche 8
Les Polonais approuvent l'entrée de leur pays dans l'UE (77,45 %). (→ 14)

DÉCÈS

Paris, vendredi 5
Manuel Rosenthal, compositeur et chef d'orchestre (*18.6.1904).

3 093,21 27,57 $

€ 1,1698 $

Patrice Alègre accuse Dominique Baudis

Toulouse, dimanche 1er
Titre de *la Dépêche du Midi* : « Alègre passe aux aveux. » A l'intérieur, les détails de la déposition qu'il a faite vendredi devant le juge d'instruction. Oui, il a participé à des soirées sado-maso avec des notables toulousains, dont un substitut. Oui, il a assassiné la prostituée Line Galbardi. Et aussi un travesti qui avait filmé les ébats. Dans une lettre lue par Karl Zéro dans « le Vrai Journal », sur Canal +, il ajoute que Baudis est parmi ceux qui lui ont demandé de « faire taire » le travesti. Par la voix de son avocat, Dominique Baudis demande à être mis en examen. Pour avoir accès au dossier. (→ 3)

L'Europe à la conquête de la planète Mars

Baïkonour, lundi 2
Il était 23 h 45 (heure locale) lorsque la fusée Soyouz-Fregat s'est élevée dans le ciel du Kazakhstan, emportant avec elle la sonde *Mars Express*. Construite par l'Agence spatiale européenne, la sonde devrait être mise sur l'orbite de Mars vers Noël, après quoi elle libérera le module *Beagle 2*, qui se posera alors sur la « planète rouge » et déploiera ses panneaux solaires et ses instruments. Des caméras, deux spectromètres, un microscope, une foreuse et une taupe capable de collecter des échantillons jusqu'à 1,5 m de profondeur, devraient permettre de répondre à la question : y a-t-il eu de la vie sur Mars ?

Luc Ferry peut compter sur Nicolas Sarkozy

Le savoir-faire de Nicolas Sarkozy en matière de négociations va être précieux.

Paris, mardi 3
Les enseignants ont encore fait grève et manifesté, la mobilisation a été aussi importante que la semaine dernière, mais le ton des représentants syndicaux a changé. En raison, justement, du ton nouveau adopté par le gouvernement, et plus particulièrement par le ministre de l'Intérieur, Nicolas Sarkozy, auquel le Premier ministre a fait appel pour mener les négociations en compagnie des ministres de l'Education nationale et de l'Enseignement scolaire, Luc Ferry et Xavier Darcos. Le projet de loi sur la décentralisation a déjà été reporté. « Tout est négociable », dit Ferry, ce que confirme Sarkozy : « Il n'y a pas de sujet tabou. » Le bac débute le 12. (→ 10)

Les casseurs du G8 livrés à eux-mêmes

Evian, mardi 3
On a beaucoup parlé pour ne rien dire, ironisaient, ce soir, les détracteurs du G8 qui a pris fin sur les bords du lac de Genève. De fait, George W. Bush et Jacques Chirac se sont serré la main mais ne se sont guère rapprochés, et le rééquilibrage entre le Nord et le Sud n'a pas vraiment fait l'objet de décision spectaculaire. C'est d'ailleurs bien cet « égoïsme » des grandes puissances qui a déterminé 150 000 altermondialistes à manifester à Genève, Evian leur étant interdit. La conjugaison de l'action des radicaux et d'une certaine incohérence de la police genevoise, « cognant » où l'on ne « cassait » pas, a eu pour effet 2 millions d'euros de dégâts.

Le 1er, dans le cadre du « Train Capitale », une grande exposition ferroviaire organisée jusqu'au 15 à Paris, le nouveau Corail Téoz roule sur les Champs-Elysées.

Le 1er, à Trouville, des pluies subtropicales venues du centre de la France provoquent d'importants dégâts. Toute la Normandie est touchée par les intempéries.

Abou Mazen et Ariel Sharon ont engagé le processus de paix

Akaba, mercredi 4
Est-ce enfin l'esquisse d'un espoir de paix en Palestine ? Réunis dans le port jordanien d'Akaba, Abou Mazen (alias Mahmoud Abbas) et Ariel Sharon se sont engagés devant George W. Bush à mettre en application la « feuille de route » devant conduire à la création d'un Etat palestinien. Ainsi le Premier ministre palestinien a-t-il appelé ses compatriotes à mettre fin à l'Intifada et promis de tout faire pour « arrêter la violence et le terrorisme ». Quant à son homologue israélien, il s'est de son côté engagé à « démanteler les colonies non autorisées ». La question reste de savoir si Abou Mazen et Ariel Sharon sauront combattre les extrémistes de leurs camps respectifs. (→ 11)

De gauche à droite : Abou Mazen, George W. Bush (qui s'est félicité des « progrès accomplis » à ce sommet), Ariel Sharon et leur hôte, le roi Abdallah II de Jordanie.

Un centre éducatif pas tellement fermé

Sainte-Eulalie, vendredi 6
Pour la quatrième fois, un délinquant s'est échappé du centre éducatif fermé de Sainte-Eulalie, premier du genre, qui s'est ouvert en mars. Deux ont été vite arrêtés, les autres pas. Pour le maire de la commune, située au nord-est de Bordeaux, c'est assez. C'est même trop. « La structure est inadaptée », écrit-il au préfet. Il lui demande de fermer l'établissement. Les centres éducatifs fermés ont pour vocation d'éviter la prison aux mineurs délinquants âgés de 13 à 16 ans. Soixante doivent être ouverts. Ceux qui s'échappent savent que, quand ils seront repris, ils seront incarcérés. Pour de bon.

L'armée russe frappée en Ossétie

Mozdok, jeudi 5
Les indépendantistes tchétchènes ont frappé fort dans un pays limitrophe de la république. Dans la matinée, une femme kamikaze d'une quarantaine d'années a fait sauter un bus à la sortie de la base militaire russe de Mozdok, en Ossétie du Nord. Le bilan est ce soir de 18 morts : des pilotes d'hélicoptère, des techniciens et la kamikaze. Celle-ci aurait amorcé sa ceinture d'explosifs en entrant dans le bus, selon certains témoins, mais d'autres sources laissent entendre qu'elle aurait pu se jeter sous les roues du véhicule. Le mois dernier, deux attentats avaient fait 97 morts en Tchétchénie même.

Justine Hénin et Juan Carlos Ferrero sont sacrés à Roland-Garros

Justine Hénin reçoit le trophée de son souverain, le roi des Belges, Albert II.

Paris, dimanche 8
Le Néerlandais Martin Verkerk, classé 46e joueur mondial et révélation de ce tournoi, n'a pas pesé lourd face à Juan Carlos Ferrero. L'Espagnol l'a balayé en 2 h 09 min et en trois sets (6-1, 6-1, 6-2), avant de se voir remettre la coupe des Mousquetaires par Yannick Noah, dernier vainqueur français du tournoi il y a 20 ans face à Mats Wilander. Hier, Justine Hénin-Hardenne s'est montrée tout aussi expéditive. Elle a terrassé sa compatriote Kim Clijsters en 1 h 07 min et en deux sets (6-0, 6-4), remportant ainsi son premier tournoi du Grand Chelem. La Wallonne a aussi conquis le public qui, lors de sa demi-finale épique contre Serena Williams, ne lui a pas ménagé son soutien.

Le 4, la Dominicaine Amelia Vega, 18 ans, est élue Miss Univers à Panama City. Elle mesure 1,83 m.

Le Portugal gangrené par la pédophilie

Lisbonne, vendredi 6
L'humoriste portugais Herman José a été inculpé. Depuis février, le Portugal est secoué par un énorme scandale de pédophilie : la Casa Pia, une institution qui accueille des enfants en détresse, des orphelins et des handicapés, aurait depuis trente ans alimenté un réseau de pédophiles. L'une des vedettes de la télévision, Carlos Cruz, avait déjà été mise sous les verrous, et des membres éminents du Parti socialiste sont sur la sellette. Jorge Sampaio, le président de la République, a exigé hier que la justice soit appliquée « les yeux fermés, quel qu'en soit le prix ».

Le 6, à Kappelen, Mlles Marion Huibrechts et Christel Verwyvelen sont le premier couple homosexuel belge à être uni par les liens du mariage.

Juin

Lu	Ma	Me	Je	Ve	Sa	Di
						1
2	3	4	5	6	7	8
9	10	11	12	13	14	15
16	17	18	19	20	21	22
23	24	25	26	27	28	29
30						

Etats-Unis, lundi 9
Alerte à la variole du singe dans trois Etats : Wisconsin, Indiana et Illinois. Le virus a déjà contaminé 37 personnes.

Paris, mardi 10
A deux jours du baccalauréat, Nicolas Sarkozy et Luc Ferry trouvent un compromis avec les enseignants. L'expérimentation de l'autonomie des établissements scolaires est reportée. (→ 11.7)

New York, mardi 10
Dimitri Perricos est nommé chef des inspecteurs en désarmement de l'ONU pour l'Irak. (→ 11)

Autriche, mercredi 11
Le Parlement porte à 65 ans l'âge légal de départ à la retraite à taux plein. La durée de cotisations passe de 40 à 45 ans.

France, mercredi 11
Sortie des *Triplettes de Belleville*, long métrage d'animation français de Sylvain Chomet.

Algesiras (Espagne), jeudi 12
Abdelaziz Benyaich est le deuxième Français à être arrêté dans l'enquête sur les attentats de Casablanca. 91 personnes sont déjà inculpées. (→ 19.8)

Roissy, jeudi 12
Le F-BVFA, le plus ancien des cinq Concorde de la flotte d'Air France, est offert au National Air and Space Museum de Washington. (→ 14)

Charleroi, vendredi 13
Un Anderlechtois de 32 ans, Ali El Bouyeri, est arrêté : il s'apprêtait à faire exploser une voiture piégée devant une synagogue de la ville.

Marseille, vendredi 13
Les éboueurs reprennent le travail après onze jours de grève.

République tchèque, samedi 14
Les Tchèques approuvent l'entrée du pays dans l'UE (77,33 %). (→ 21)

Le Bourget, samedi 14
Le F-BTSD, le dernier Concorde à avoir assuré la liaison New York-Paris, est offert au musée de l'Air et de l'Espace.

Le Mans, dimanche 15
24 Heures auto : victoire du Danois Tom Kristensen, du Britannique Guy Smith et de l'Italien Rinaldo Capello avec la Bentley Speed n° 7.

DÉCÈS

Castelnau-Montratier (Lot), le 12
Georges Coulonges, écrivain et parolier (*4.4.1923).

3 108,94 — 26,27 $ — € 1,1836 $

La réforme des retraites échauffe même les esprits des députés

Paris, mardi 10
Les négociations sont achevées, l'heure est venue des débats parlementaires. Ils vont être longs. Le PCF a déposé 7 000 amendements et le PS 2 900. Nul ne se hasarde à prévoir un calendrier. En ouvrant la discussion, Jean-Pierre Raffarin s'est voulu solennel, plaçant sa réforme sous le signe de la « lucidité démographique » car cela fait « 30 ans que notre pays ne remplace plus ses générations ». Les élus communistes ont entonné *l'Internationale*. Ceux de l'UMP ont répliqué par *la Marseillaise*. Le chahut a amené Jean-Louis Debré, président de l'Assemblée, à suspendre la séance quelques minutes. Dans les rues, les manifestations ont continué. Mais la mobilisation faiblit. (→ 17)

Des échauffourées se sont produites place de la Concorde, face à l'Assemblée nationale.

Hans Blix en avait gros sur le cœur

Londres, mercredi 11
Pour Hans Blix, le chef des inspecteurs en désarmement de l'ONU en Irak, le moment des confidences est arrivé : il quittera ses fonctions à la fin du mois. Interviewé par Helena Smith dans *The Guardian*, Hans Blix révèle ainsi que le Pentagone, qui lui reprochait de ne pas fournir des rapports suffisamment accablants, a organisé des campagnes « ignobles » pour le discréditer. Traitant ses détracteurs de « salauds », l'ancien ministre suédois des Affaires étrangères a ajouté que la disparition de l'ONU ne déplairait pas à certains membres de l'Administration Bush. (→ 15)

La feuille de route est mal partie

Jérusalem, mercredi 11
Le processus de paix réactivé à Akaba la semaine dernière a-t-il déjà vécu ? Hier, l'armée israélienne avait tiré six missiles sur Abdelaziz Rantissi, n° 2 du Hamas, sans réussir à le tuer. La riposte n'a pas tardé. Un kamikaze, déguisé en Juif orthodoxe, s'est fait sauter dans un autobus en plein centre de Jérusalem, faisant 16 morts et 65 blessés, selon un bilan provisoire. Et, moins d'une heure après, les Israéliens lançaient un autre raid dans la bande de Gaza, tuant un membre important du Hamas et six habitants. George W. Bush se déclare extrêmement « préoccupé ». (→ 8.7)

Le déménagement de l'Otan envisagé

Bruxelles, jeudi 12
Donald Rumsfeld, secrétaire américain à la Défense, n'exclut pas la possibilité de déménager l'Otan de Belgique si ce pays ne renonce pas à sa loi dite « de compétence universelle », qui a permis à des Irakiens de porter plainte contre le général Tommy Franks. C'est ce qu'il a annoncé aujourd'hui à Bruxelles, à l'occasion d'une réunion portant sur la restructuration de l'organisation. Il y aura désormais un commandement opérationnel unique (au lieu de deux), implanté à Mons (Belgique), celui de Norfolk, en Virginie, étant transformé en centre de modernisation. (→ 12.7)

Le 11, les Mémoires d'Hillary Clinton, publiés l'avant-veille aux Etats-Unis sous le titre « Living History », sont publiés en France. « Mon histoire » relate les huit années passées à la Maison-Blanche auprès de son mari.

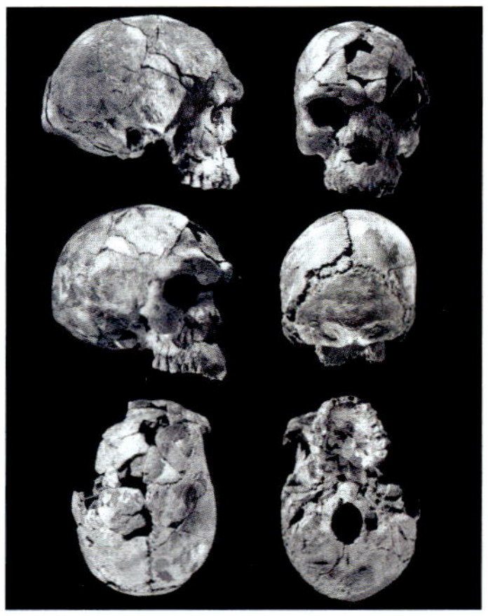

Le 12, la revue britannique *Nature* publie les photographies de trois crânes découverts en Ethiopie en 1997 : ce sont les plus vieux *Homo sapiens* connus (160 000 ans).

Gregory Peck est mort de sa belle mort

Los Angeles, jeudi 12
Homme de cœur et de conviction, ce grand comédien abordait ses rôles avec une conscience professionnelle et une abnégation qui faisaient l'admiration des cinéastes les plus exigeants. Né le 5 avril 1916, Eldred Gregory Peck avait eu le bon esprit d'oublier son premier prénom pour faire une carrière sans tache à Hollywood. S'il a interprété les aventuriers avec bonheur, notamment dans *Le monde lui appartient* de Raoul Walsh (1952), il donnera le meilleur de son talent en incarnant des héros plus complexes, sous la direction d'Alfred Hitchcock (*le Procès Paradine,* 1948), de John Huston (*Moby Dick,* 1956) ou encore de Robert Mulligan (*Du silence et des ombres,* 1962). Il avait 87 ans.

Dans « le Dernier Rivage » (1959).

Guy Lux était une légende de la télévision

Neuilly-sur-Seine, vendredi 13
La télévision française a perdu tout un pan de son âme populaire avec le décès de Guy Lux (*21.6.1919). De son vrai nom Maurice Guy, il avait mis son sens inné de l'animation au service d'une télévision résolument tournée vers le grand public, à l'époque où le service public avait précisément un sens. Ce pilier de la RTF, puis de l'ORTF, s'était attiré une popularité immense, dans les années 1960, avec des jeux en direct comme « Intervilles » ou des émissions de variétés telles que « le Palmarès des chansons », qui consacrèrent nombre de vedettes de la chanson. En 1969, il avait lancé « le Schmilblick », un jeu dont le nom, imaginé par Pierre Dac, est passé dans le langage courant.

Il avait fait ses débuts en 1952 à la radio.

Une Constitution en projet pour l'Europe

Bruxelles, vendredi 13
Voici quinze mois, la Convention pour l'avenir de l'Europe, que préside Valéry Giscard d'Estaing, avait été chargée de concevoir un projet de Constitution européenne. Voilà qui est fait. Le texte, qui doit maintenant être débattu par les chefs d'Etat et de gouvernement des 25 pays de l'UE élargie, constitue, selon VGE, des « semences à partir desquelles pourra sans doute germer, à terme, un vrai peuple d'Europe ». La principale innovation est que, sauf cas précis, le mode de prise de décision serait celui de la majorité qualifiée. Et non plus celui de l'unanimité.

Affrontements sanglants au Liberia

Monrovia, vendredi 13
Charles Taylor n'a manifestement pas l'intention de céder aux pressions qui s'exercent sur lui. L'inculpation pour crimes de guerre en Sierra Leone et le mandat international lancé contre lui ne l'émeuvent guère, pas plus d'ailleurs que l'envoi d'un bâtiment américain au large de Monrovia, avec ces marines à bord. Mais, sur le terrain, la situation est plus préoccupante. Les rebelles du Lurd (Libériens unis pour la réconciliation et la démocratie) ont certes été repoussés de la capitale, mais jusqu'à quand? Aujourd'hui, un bilan officiel a été donné: 300 à 400 morts. (→ 21.7)

La « majorité silencieuse » prend la parole

Ce qu'ils veulent: l'instauration d'un service minimum dans les transports.

Paris, dimanche 15
Les organisateurs attendaient quatre à cinq mille personnes. Il en est venu dix fois plus, mobilisés par Internet et par le bouche à oreille, séduits par les mots d'ordre lancés par Liberté, j'écris ton nom, La France qui bosse, et autres associations libérales dont une jeune femme, Sabine Hérold, est devenue la figure emblématique. Aux cris de: « On veut bosser ! », « Raffarin, tiens bon ! » ou « Public, privé, égalité », ils ont défilé du Châtelet à la place de la Concorde, vitupérant les grévistes (« Cheminots, au boulot ! »), les leaders syndicaux et les fonctionnaires, définis par les plus virulents des manifestants comme des « privilégiés d'Ancien Régime ».

Le 15, à San Antonio, le Français Tony Parker remporte la finale du championnat de basket des Etats-Unis (NBA) avec les San Antonio Spurs face aux New Jersey Nets.

Opération contre la résistance irakienne

Irak, dimanche 15
Cette nuit, les troupes américaines ont été engagées dans une vaste opération baptisée Scorpion du désert. L'objectif poursuivi est ambitieux: éradiquer la résistance irakienne dans un périmètre situé à l'ouest et au nord de Bagdad, autrement dit dans les anciens fiefs de Saddam Hussein. Cette opération a été lancée alors que s'achève, aujourd'hui, le délai accordé par les occupants aux Irakiens pour leur remettre les armes qu'ils détiendraient. D'ores et déjà, le bilan de la récolte s'avère très maigre: 46 mitrailleuses et 11 missiles sol-air pour les armes les plus lourdes, et pas plus de 123 pistolets… (→ 3.7)

Le 15, au Parc des Princes, Johnny Hallyday donne le dernier des quatre concerts parisiens organisés pour fêter ses 60 ans. 60 000 spectateurs y assistent, dont un ancien rocker… le Premier ministre, Jean-Pierre Raffarin.

Juin

Lu	Ma	Me	Je	Ve	Sa	Di
						1
2	3	4	5	6	7	8
9	10	11	12	13	14	15
16	17	18	19	20	21	22
23	24	25	26	27	28	29
30						

Paris, lundi 16
L'acteur Samy Naceri est condamné à huit mois de prison avec sursis et son permis est annulé pour trois ans pour infractions au Code de la route et violences.

France, mardi 17
Le groupe jurassien Smoby rachète le constructeur de petites voitures Majorette à Triumph Adler.

Paris, mercredi 18
La Cour de cassation entérine le non-lieu général dans le volet non ministériel de l'affaire du sang contaminé. Le dossier est clos.

Paris, mercredi 18
Jean-Claude Trichet bénéficie d'une relaxe définitive dans l'affaire des comptes du Crédit lyonnais.

Paris, mercredi 18
Le rapport d'enquête parlementaire sur Air Lib, accablant pour son ex P-dg, Jean-Charles Corbet, est transmis à la justice. (→ 24.7)

Jérusalem, mercredi 18
L'inscription en araméen « Jacques, fils de Joseph, frère de Jésus », découverte l'an dernier sur un ossuaire du Ier siècle, est apocryphe.

Rome, mercredi 18
Le Parlement italien adopte une loi assurant l'immunité au président du Conseil pour la durée de son mandat. (→ 19)

Toulouse, jeudi 19
L'ex-prostituée Patricia est mise en examen pour « dénonciation de crime imaginaire ». (→ 20)

Toulouse, vendredi 20
Lakhdar Messaoudene, interpellé avant-hier, est mis en examen pour complicité d'assassinat avec Patrice Alègre sur Line Galbardi. (→ 26)

Paris, samedi 21
A compter de ce soir, la tour Eiffel scintille de 20 000 feux blancs durant les dix premières minutes de chaque heure de la tombée de la nuit à 2 h du matin (1 h l'hiver).

Florence, dimanche 22
La France remporte pour la première fois la Coupe d'Europe masculine d'athlétisme par équipes.

DÉCÈS

Cahors, samedi 21
Jean-Charles (Jean Louis Marcel Charles), écrivain, auteur de *la Foire aux cancres* (*2.12.1922)

Shelter Island (Etats-Unis), le 21
Leon Uris, écrivain, auteur d'*Exodus* (*3.8.1924).

3 190,11 — 26,92 $ — € 1,1610 $

Jean-Pierre Raffarin écrit aux Français

France, mardi 17
La lettre du Premier ministre est datée du 10 juin, mais ce n'est qu'aujourd'hui qu'elle commence à être distribuée par la poste dans les 26 millions de foyers français. Jean-Pierre Raffarin y détaille sa réforme des retraites. Ce sujet, écrit-il, « concerne le bonheur auquel chacun a droit ». En l'état, le financement des pensions n'est plus assuré. Grâce à sa réforme qui est « sage, juste, sociale, solidaire », les retraites seront sauvées. Ce courrier en forme de dépliant a été conçu par trois hommes : Dominique Ambiel, conseiller en communication à Matignon, Maurice Lévy, le patron de Publicis, et un expert en relations sociales, Raymond Soubie. (→ 24.7)

Les Français sont de plus en plus gros

France, mardi 17
Une enquête, réalisée par la Sofres avec la collaboration de l'Inserm pour les laboratoires Roche, révèle des chiffres inquiétants quant à la progression de l'obésité et du surpoids en France. De 1997 à 2003, la fréquence de l'obésité est passée de 8,2 % à 11,3 %, celle du surpoids de 28,5 % à 30,3 %. Ainsi, la France, avec 41,6 % d'habitants dont l'IMC (indice de masse corporelle) est anormalement élevé, pourrait finir par rejoindre les Etats-Unis, où les obèses et les individus en surpoids sont plus de 50 % de la population. L'enquête a porté sur les plus de 15 ans.

Un appel des juges contre la corruption

Paris, jeudi 19
Sept ans après l'« appel de Genève », qui n'a pas été entendu, les plus célèbres magistrats européens ne désespèrent pas de pouvoir endiguer la corruption. La « déclaration de Paris », lue dans le grand amphithéâtre de la Sorbonne par l'ancien juge Eva Joly, réclame que la « traçabilité des flux financiers » soit facilitée et que les diverses immunités protégeant les personnalités mises en cause soient levées. Coïncidence : hier, la justice française a interdit la mise en vente, jusqu'à la fin du procès Elf, du livre d'Eva Joly : *Est-ce dans ce monde que nous voulons vivre ?* (→ 12.11)

Protestations par le feu

Mohamed Vakili-Far est le moins gravement brûlé des trois Moudjahidines iraniens.

Paris, mercredi 18
Il est 9 h 30 lorsque Marzieh Bakhani s'asperge d'essence et s'enflamme, à quelques pas de l'immeuble de la DST. A 13 heures, c'est une autre femme, Sedighieh Mohageri, qui se transforme en torche. Vers 17 heures, un homme, Mohamed Vakili-Far, tente à son tour de s'immoler par le feu. Tous les trois sont des militants de l'Organisation des moudjahidines du peuple iranien (OMPI), mouvement en lutte contre le pouvoir de Téhéran, mais considéré comme terroriste par les Quinze. Les désespérés protestaient contre le coup de filet opéré hier par le juge Bruguière en région parisienne, et en particulier à Auvers-sur-Oise : 165 arrestations dont celle de Maryam Radjavi, la dirigeante de l'OMPI. (→ 3.7)

Jean-Louis Borloo veut des villes humaines

Paris, mercredi 18
Le projet de loi présenté ce matin en Conseil des ministres par le ministre délégué à la Ville, Jean-Louis Borloo, est ambitieux. Très ambitieux. Voulant réconcilier « l'humain et l'urbain », il prévoit la destruction, en cinq ans, de 200 000 logements vétustes, ce qui se traduira par la démolition de nombre de tours et barres HLM sur l'ensemble du territoire : 750 quartiers « en marge du territoire national » ont été recensés. Dans le même temps, un nombre égal de logements sociaux sera construit et 200 000 autres seront réhabilités. Ce plan, qui veut aussi relancer les zones franches urbaines, créatrices d'emplois, a un coût. Elevé : 1,2 milliard d'euros par an sur cinq ans à partir de 2004. Le prix de la métamorphose.

Jean-Louis Borloo, le ministre de la Ville, a une obsession : « casser les ghettos ».

Le nouvel Harry Potter a été lancé à 12 millions d'exemplaires !

Londres et New York, samedi 21
Jour J : ce 21 juin, heure H : 0 h 01. La mise en vente du cinquième volume des aventures d'Harry Potter, préparée par une campagne de marketing sans précédent, a eu lieu aux Etats-Unis et en Grande-Bretagne à une heure très symbolique : celle de tous les mystères et de tous les sortilèges ! Tiré à quelque 3,5 millions d'exemplaires en Grande-Bretagne et à plus de 8,5 millions aux Etats-Unis, *Harry Potter and the Order of the Phoenix* ne comporte pas moins de 896 pages et marque une évolution sensible dans la psychologie du héros. Avant ce lancement, le site de vente en ligne Amazon. com avait déjà reçu plus de 1,3 million de commandes. Et il s'en est vendu 1,8 million en librairie rien qu'en Angleterre ce jour ! (→ 3.12)

Ce 21, Joanne K. Rowling a dédicacé son nouveau livre à des écoliers d'Edimbourg.

L'Union européenne va encore s'élargir

Thessalonique, samedi 21
Les 25 chefs d'Etat et de gouvernement des pays de l'UE (les 15 actuels et les 10 qui adhéreront le 1er mai 2004) sont d'accord : le projet de Constitution issu de la Convention présidée par Giscard est « une bonne base de départ ». Mais ils veulent voir plus loin. Huit autres pays étaient représentés à ce sommet : la Bulgarie et la Roumanie, qui feront partie de l'UE dès 2007 ; la Turquie, dont le sort n'est pas fixé ; et les cinq pays des Balkans (Albanie, Macédoine, Bosnie, Croatie, Serbie-Monténégro). Ces derniers, c'est décidé, rejoindront l'UE dès qu'ils rempliront les critères de stabilité politique et économique exigés par l'Union. (→ 1.7)

Raffarin et Sarkozy chahutés en Corse

Bastia, samedi 21
A deux jours du lancement officiel de la campagne référendaire, Jean-Pierre Raffarin et Nicolas Sarkozy, qui étaient venus appeler les électeurs à voter oui au scrutin du 6 juillet sur le statut de l'île, n'ont pas pu tenir meeting à cause d'une poignée de manifestants opposés à la réforme des retraites. Les militants de l'UMP, qui les attendaient sous une tente, les ont rejoints dans l'aérogare où ils étaient bloqués et où, crispés, ils ont improvisé des discours, debout sur des chaises, avant que leurs opposants ne parviennent à s'y introduire à leur tour, entraînant des huées et quelques échanges de horions. (→ 25)

La France bat des records de chaleur

France, dimanche 22
« Exceptionnel », « historique » : pour Météo France, une telle chaleur n'avait pas été enregistrée en juin sur la moitié est de la France depuis 50 ans. Ni dans le sud d'ailleurs sur une aussi longue durée. Il n'y a que le quart nord-ouest à être épargné. A 16 heures, à Gourdon (Lot), il faisait plus de 40°. Ces derniers jours, il a fait plus de 39° à Lyon. Des pics de pollution à l'ozone touchent l'Ile-de-France, Strasbourg, le Var, etc. Le responsable est un anticyclone qui s'est installé au-dessus du pays depuis la fin du mois de mai. Les températures sont de 10 à 12 degrés supérieures à la moyenne saisonnière… (→ 18.7)

Le pétrole irakien à nouveau exporté

Irak, dimanche 22
Interrompue depuis le 17 mars, trois jours avant l'attaque anglo-américaine, l'exportation du pétrole brut irakien a repris aujourd'hui : deux pétroliers ont chargé du brut en provenance de Kirkouk dans le port turc de Ceyhan. La production irakienne ne représente actuellement que le tiers de ce qu'elle était avant la guerre et reste soumise à une condition majeure : la sécurité. Or un oléoduc a été saboté à l'ouest de la capitale, hier. Quant à la manne financière procurée par cette reprise, l'administrateur Paul Bremer n'a pas décidé comment elle sera redistribuée au peuple irakien.

José Bové purgera sa peine de prison

Potensac (Aveyron), dimanche 22
Quelques minutes après six heures, ce matin, les gardes mobiles ont enfoncé la porte de la ferme de José Bové. Ils l'ont menotté et conduit en hélicoptère à la maison d'arrêt de Villeneuve-lès-Maguelonne, où il a déjà séjourné un mois, en juillet dernier, pour le saccage du McDonald's de Millau. Cette fois, c'est la destruction de plants de riz et de maïs transgéniques qui lui vaut une condamnation à 10 mois de prison. A la gauche, indignée que le leader de la Confédération paysanne soit incarcéré, le ministre de la Justice a répondu que son devoir est de faire que les mêmes règles soient appliquées à tous. (→ 10.7)

Le 19, Dargaud ressuscite *Pilote*, le plus célèbre magazine de bande dessinée, disparu en 1989, le temps d'un numéro « spécial été ».

Le Salon du Bourget s'achève avec une nouvelle percée d'Airbus

Le Bourget, dimanche 22
Les Américains et les Russes absents, le Salon du Bourget ne pouvait espérer renouveler les ventes records de 2001. Cependant, les groupes européens ont fait plus que bonne figure, notamment Airbus qui a enregistré 14,7 milliards d'euros de commandes de la part de Qatar Airways, Corean Air et Emirates. Par ailleurs, sa maison mère EADS a formalisé avec Arianespace un contrat de trente lanceurs Ariane 5, pour un montant de 3 milliards d'euros. Enfin, la France investira 300 millions d'euros pour le développement, par Dassault Aviation, d'un avion de combat sans pilote (ou UCAV).

Jean-Pierre Raffarin et Michèle Alliot-Marie découvrent la maquette de l'A-400M.

Juin

Lu	Ma	Me	Je	Ve	Sa	Di
						1
2	3	4	5	6	7	8
9	10	11	12	13	14	15
16	17	18	19	20	21	22
23	24	25	26	27	28	29
30						

Los Angeles, lundi 23
Lancement par Apple de son nouveau processeur, le G5.

Bâle, mardi 24
Swiss annonce la suppression de 3 050 emplois sur 9 500 salariés.

Paris, mercredi 25
Eric Delzant, préfet de Haute-Corse, est relevé de ses fonctions.

Londres, mercredi 25
Dans le quotidien *The Independent*, plusieurs généraux américains affirment que des officiers de la garde républicaine irakienne ont été payés par les services secrets américains pour ne pas engager le combat contre les forces anglo-américaines.

Roissy, mercredi 25
Entrée en service du terminal 2E de l'aéroport Roissy-Charles-de-Gaulle.

Plumelec (Morbihan), jeudi 26
Jeannie Longo remporte à 44 ans, dans le contre-la-montre, un 47e titre de championne de France.

Nancy, jeudi 26
Le Républicain lorrain révèle que Patrick Dils, innocenté en 2002, a perçu 700 000 euros d'indemnités pour ses 15 ans de détention.

Turin, jeudi 26
Fiat va supprimer 12 300 emplois dans le monde sur trois ans.

Dourdan, samedi 28
Dominique Sopo succède à Malek Boutih à la présidence de SOS Racisme.

Pau, samedi 28
Pau-Orthez obtient son 8e titre de champion de France de basket face à Villeurbanne (74-66).

Orly, samedi 28
Reprise des vols d'Air France vers l'Algérie, interrompus depuis le détournement d'un Airbus Alger-Paris en décembre 1994.

Paris, lundi 30
Jean Volff devient avocat général à la Cour de cassation.

France, lundi 30
Entrée en vigueur du système de « portabilité » du numéro mobile, qui permet de changer d'opérateur en conservant le même numéro.

Bobigny, lundi 30
La chaîne par satellite Khalifa TV est placée en liquidation judiciaire.

Italie, lundi 30
La vitesse maximale sur autoroute est relevée de 130 à 150 km/h.

3 109,02 — 27,20 $ — € 1,1432 $

Les deux géants asiatiques se rapprochent

Pékin, lundi 23
Arrivé hier à Pékin pour une visite de six jours en Chine, le Premier ministre indien, Atal Behari Vajpayee, n'aura pas perdu son temps : dès aujourd'hui, il a signé un important accord avec Wen Jiabao, son homologue chinois. Pour la première fois depuis la guerre qui les avait opposées en 1962, l'Inde et la Chine se sont engagées à rechercher une « solution juste, raisonnable et acceptable » à leurs différends frontaliers. La Chine, jusqu'à présent, n'a pas reconnu l'intégration de l'ancienne principauté du Sikkim à l'Union indienne, en 1975. Quant à l'Inde, si elle a admis depuis longtemps que le Tibet faisait « partie intégrante » de la république de Chine, elle accueille toujours le dalaï-lama, au grand dam des autorités de Pékin.

Atal Behari Vajpayee est âgé de 78 ans.

L'alerte mondiale sur le SRAS est levée

Genève, mardi 24
Le syndrome respiratoire aigu sévère (SRAS) n'a peut-être pas fini de tuer, mais sa propagation est endiguée. Pour l'OMS (Organisation mondiale de la santé), l'état d'alerte mondial n'a donc plus de raison d'être. Il est levé à Pékin, une des dernières destinations où il était encore déconseillé de se rendre. Le bilan s'élève à 807 morts à travers le monde (sur 8 458 cas identifiés), dont 347 en Chine continentale et 296 à Hong Kong. A elle seule, la capitale chinoise a enregistré 191 victimes. Les médecins demeurent toutefois prudents. Certains n'excluent pas un retour saisonnier de la maladie, contre laquelle aucun vaccin n'a pour l'heure été élaboré. (→ 2.7)

Rebondissements dans l'affaire Alègre

Toulouse, jeudi 26
L'affaire Alègre/Baudis n'en finit plus de rebondir. Hier, Me Gilbert Collard, à qui le tueur avait confié le jour même sa défense, livrait son « sentiment que l'ancien maire de Toulouse n'est pour rien dans cette affaire ». Aujourd'hui, le procureur a reçu une lettre d'Alègre par laquelle il revient sur ses aveux. Il n'a pas tué, en 1992, Line Galbardi ni Claude Martinez, et n'a pas fréquenté Dominique Baudis. Lequel, confronté à l'une de ses accusatrices, Patricia, dit n'avoir rencontré « qu'un regard fuyant et des yeux baissés »... (→ 1.7)

Accord des 15 sur la réforme de la PAC

Luxembourg, jeudi 26
La France habituellement sourcilleuse sur toute modification de la politique agricole commune (PAC), a lâché du lest. A l'aube, Hervé Gaymard, ministre français de l'Agriculture, a pu annoncer qu'un compromis venait d'être trouvé entre les quinze ministres de l'UE. Le principe du « découplage » est accepté : les aides aux exploitants ne dépendront plus des seuls volumes de production. Elles seront modulées par des critères environnementaux comme de sécurité alimentaire. L'Organisation mondiale du commerce l'avait exigé.

Le pétrole russe intéresse Tony Blair

Londres, jeudi 26
Les sujets qui risquaient de fâcher ont été éludés : Tony Blair ne recevait pas Vladimir Poutine pour parler de l'Irak, mais pour sceller d'importants accords industriels et commerciaux, qui feront de la Grande-Bretagne un investisseur majeur en Russie. Soucieux de diversifier l'approvisionnement en pétrole et en gaz de son pays, Tony Blair a en effet favorisé la percée de Shell et de BP en Russie : ils y investiront plus de 16 milliards de dollars. Un accord de co-entreprise a même été signé entre BP et le groupe russe TNK.

Le 23, à Wimbledon, le Croate Ivo Karlovic, issu des qualifications et 203e mondial, bat au premier tour le tenant du titre, l'Australien Lleyton Hewitt (1-6, 7-6, 6-3, 6-4).

Le 28 débute à Rouen l'Armada 2003 qui se déroulera jusqu'au 6 juillet. 44 navires s'alignent sur la Seine, des vieux gréements aux prestigieux trois- et quatre-mâts dont ici, au premier plan, le navire portugais *Sagres*.

Les intermittents vont devoir travailler plus

France, vendredi 27
La réforme est « intelligente » pour la CFDT, mais « scélérate » pour la CGT, qui promet un « été chaud ». Ce matin, la CFDT, la CGC et la CFTC, syndicats minoritaires, ont signé un accord avec le patronat (Medef, CGPME et UPA) sur l'indemnisation des intermittents du spectacle au chômage (artistes et techniciens). La réforme restreint les conditions d'accès à l'indemnisation : il faudra ainsi avoir travaillé trois mois sur dix (ou dix et demi), et non plus sur douze. Destiné à réduire le déficit de l'Unedic, le nouveau système a aussi pour but de limiter les abus : quand, par exemple, une secrétaire est déclarée comme intermittente… (→ 10.7)

Les ayatollahs veulent anéantir le mouvement étudiant en Iran

L'espoir de réformes avait réuni ces étudiants sur une place de Téhéran, le 10 juin.

Téhéran, samedi 28
Quatre députés réformateurs iraniens, Fatemeh Haqiqatjou, Meysam Saeidi, Reza Yousefian et Ali Akbar Mousavi Khoeini, ont décidé de faire pendant deux jours un « sit in » dans l'enceinte du Parlement, afin de protester contre les arrestations qui ont frappé depuis plus de deux semaines les étudiants. Ceux-ci manifestaient pour le retour aux libertés, confisquées par le pouvoir religieux, mais la répression a été des plus brutales. Selon des propos tenus par Abdolnadi Namazi, le procureur général, et rapportés aujourd'hui par un journal réformateur, quelque 4 000 étudiants auraient été arrêtés. Leurs organisations demandent au président Mohammad Khatami de rompre son silence face au « cauchemar ».

La finale de la Coupe des Confédérations sous le signe du deuil

Saint-Denis, dimanche 29
Les Français comme les Camerounais auraient préféré ne pas disputer cette finale de la Coupe des Confédérations. Tous n'avaient en tête que le décès tragique, jeudi, de Marc-Vivien Foé. Cet excellent joueur camerounais, qui évoluait dans le championnat d'Angleterre, était aussi très apprécié en France, où il avait joué à Lens et à Lyon. Or c'est justement à Lyon qu'il s'est brutalement effondré, lors du match de demi-finale entre le Cameroun et la Colombie (1-0), pour des raisons non encore élucidées. Toujours est-il que la finale a bel et bien eu lieu, au Stade de France. Le président de la Fifa, Sepp Blatter, n'avait pas voulu entendre parler d'annulation. Il a été copieusement sifflé par le public. Détail secondaire : la France a gagné par 1-0.

Après le match, les Bleus et les Lions rendent hommage à Marc-Vivien Foé.

J2M touchera-t-il ses 20,6 millions ?

New York, lundi 30
Jean-Marie Messier n'avait pas renoncé à toucher les 20,6 millions d'euros que lui devait Vivendi Universal, suite à son départ, à titre d'indemnités. Pourtant, VU contestait la clause du contrat sur laquelle s'appuyait l'ancien président pour faire valoir ses droits : selon VU, cette clause avait été introduite à l'insu du conseil d'administration, la veille même de ce départ forcé, et était donc sans valeur. Tel n'est toutefois pas l'avis du tribunal arbitral de New York, qui a donné raison à J2M. La direction de VU veut contre-attaquer. (→ 9.7)

Katharine Hepburn a rejoint Spencer Tracy

Connecticut, dimanche 29
Une grande dame de Hollywood s'est éteinte dans le Connecticut, à 96 ans (*12.5.1907). Tôt révélée par un fort tempérament et un talent empreint de distinction, Katharine Hepburn avait un esprit redoutable dont ont fait les frais ceux qui moquaient sa carrure de garçon manqué. Son intelligence, son dynamisme et son humour acide ont fait merveille dans plusieurs comédies de George Cukor, dont l'éblouissant *Indiscrétions* (1940) et *Madame porte la culotte* (1949), celui-ci avec Spencer Tracy à qui une union discrète la liera jusqu'à sa mort, en 1967. Mais elle était aussi capable d'assumer des rôles plus dramatiques, comme dans *Devine qui vient dîner?* de Stanley Kramer (1967).

Du 27 au 29, quelque 15 000 « bikers » ont sillonné Barcelone pour célébrer le centième anniversaire de Harley-Davidson, après avoir déjà paradé aux Etats-Unis et au Japon. Ils reprendront demain la route pour Hambourg.

L'ONU au miroir de la crise irakienne

Kofi Annan est le n° 1 de l'Organisation.

En 2002-2003, l'ONU a été pendant plusieurs mois au cœur de l'attention médiatique. Le Conseil de sécurité allait-il ou non consentir à autoriser la guerre contre l'Irak pour éliminer le régime de Saddam Hussein ? On a assisté en public, et en direct à la télévision, à des débats passionnés. Ils ont notamment opposé le secrétaire d'Etat américain et les ministres des Affaires étrangères anglais et français. Les deux premiers entendaient obtenir cette autorisation, mais au besoin s'en passer, et le troisième obtenait le soutien tacite d'une majorité du Conseil pour ne pas la leur accorder. D'où un accès de mauvaise humeur prolongé des Etats-Unis contre l'ONU, considérée comme « irrelevant » (hors du sujet, incapable, inepte) dès lors qu'elle ne servait pas les desseins américains. D'où le recours à la force contre l'Irak par les seuls Etats-Unis et quelques alliés de la « coalition » puis, après une facile victoire, la soumission du pays à un régime d'occupation militaire. D'où enfin une résistance endémique et meurtrière contre les troupes d'occupation au cours des mois suivants, qui démontre que l'action guerrière unilatérale – peut-être parce qu'elle était unilatérale – n'a rien réglé.

Cette controverse qui s'est prolongée a des causes juridiques et techniques. Elles tiennent à l'interprétation de la Charte des Nations unies et des résolutions du Conseil de sécurité déterminant les conditions d'emploi de la force armée. Elle a des raisons plus fondamentales. Elles tiennent à la conception que chacun se fait de l'importance et du rôle des Nations unies. Schématiquement, les Etats-Unis, qui sont la puissance internationale dominante, y voient un instrument, une « boîte à outils » parmi d'autres. On l'utilise si elle est disponible, on s'en passe si elle ne l'est pas. Une large majorité d'Etats y voient à l'inverse la source de la légalité et de la légitimité de l'usage de la force armée. L'ONU devient alors une instance de canalisation et de limitation de l'usage de la force par les Etats, dont les Etats-Unis – ce qui précisément est inacceptable pour eux.

L'ONU n'a pu dans ces conditions remplir qu'un rôle marginal dans l'affaire irakienne. On peut avoir le sentiment qu'elle a perdu beaucoup de sa raison d'être. D'un côté, elle est en butte à l'hostilité de la puissance dominante, alors que ce sont les Etats-Unis qui l'avaient conçue et animée après 1945. De l'autre, elle ne paraît plus en mesure d'avoir de prise sur les événements. 2003 et l'affaire irakienne sonnent-ils le glas de l'ONU ? Est-elle condamnée à connaître le sort de la SDN d'avant guerre ? Certainement pas. Il faut relativiser l'importance et les conséquences de la crise. Rappelons d'abord quelques données de base. L'ONU a près de soixante ans, et, durant toute cette période, elle a su s'adapter et se développer face aux évolutions profondes de la société internationale. S'adapter : prévue pour répondre à des situations d'agression de type hitlérien, c'est-à-dire tournée vers le passé, elle a survécu à la guerre froide, et encadré avec succès la décolonisation puis la dislocation du camp socialiste et de l'URSS. Se développer : comprenant cinquante et un Etats membres à l'origine, elle en rassemble aujourd'hui près de deux cents, c'est-à-dire la totalité des Etats.

En outre, parler de l'ONU comme d'une entité unique ne rend justice ni à sa richesse ni à sa diversité. L'ONU comprend plusieurs dimensions. On peut schématiquement en relever quatre. Elle comporte d'abord une couronne extérieure, constituée par les institutions spécialisées. Organisations autonomes, elles sont reliées à l'ONU et compétentes dans des domaines techniques de la coopération internationale – l'Unesco dans le domaine culturel, l'OMS pour la santé publique, la FAO pour l'agriculture et l'alimentation, l'OACI pour la navigation aérienne, le FMI et la Bird pour les relations financières internationales. Ces organisations forment un socle pour la régulation universelle des rapports internationaux. Elles ne sont pas touchées par les controverses actuelles. Les Etats-Unis viennent même de réintégrer l'Unesco qu'ils avaient quittée depuis un quart de siècle.

Les autres dimensions concernent l'ONU au sens étroit. On y trouve une Assemblée générale, qui regroupe sur un pied d'égalité tous les Etats : c'est largement l'ONU des petites puissances. L'égalité ne se retrouve pas en matière de financement. Les membres de l'UE contribuent au budget pour plus de 35 %, les Etats-Unis pour 22 %. L'UE est donc le contributeur principal. La plupart des autres, sauf le Japon (20 %), ont une contribution faible, voire symbolique. On y rencontre aussi un Secrétariat, dirigé par le secrétaire général, aujourd'hui M. Kofi Annan : lui seul parle et agit au nom de l'Organisation, en exprime l'identité, puisque l'ONU, comme toute organisation internationale, n'a ni population, ni territoire, ni souveraineté. C'est une bureaucratie, aujourd'hui forte de plusieurs milliers d'agents présents dans le monde entier.

On y trouve surtout le Conseil de sécurité, organe central, le plus important de l'ONU. Par sa composition, par ses pouvoirs, par son fonctionnement, il est l'organe des grandes puissances. Par sa composition : il ne comprend que quinze membres, dont cinq membres permanents, nommément désignés dans la Charte, et qui sont la Chine, les Etats-Unis, la France, le Royaume-Uni, la Russie. Par ses pouvoirs : il est l'organe le plus puissant de l'ONU. Il dispose du droit de prendre des décisions obligatoires pour tous les Etats. Il a la possibilité d'utiliser la force armée, ou d'autoriser les Etats, seuls ou en coalition, à y recourir. Cette situation résulte du fait que la Charte qui a créé l'Organisation en 1945 a été mise sur pied, avant tout, pour maintenir ou rétablir la paix et la sécurité internationales, et dotée des moyens correspondants. Mais il fallait aussi tenir compte de la volonté des Etats de conserver la responsabilité de leur propre défense et leurs propres forces armées. Il fallait en plus tenir compte de l'inégalité de puissance entre Etats et de la différence des moyens qu'ils pouvaient mobiliser pour contribuer aux actions de l'ONU. D'où la composition inégalitaire ou hiérarchisée du Conseil.

Par son fonctionnement : chacun des membres permanents dispose d'un droit de veto, c'est-à-dire de la faculté d'empêcher l'adoption de toute résolution qui ne lui convient pas. Le veto était politiquement inévitable dès lors que l'accord entre grandes puissances n'était pas assuré – et il a été décidé lors de la conférence de Yalta – parce qu'il était le seul moyen d'assurer que l'ONU ne serait pas utilisée par une grande puissance contre les autres en cas de désaccord. Souvent critiqué, il a en réalité pour fonction de sauvegarder l'ONU. En cas de division des membres permanents, l'ONU devient inefficace mais peut survivre pour l'avenir. Le veto explique à la fois l'impuissance

Présence des forces de l'ONU (casques bleus) au 30 juin 2003

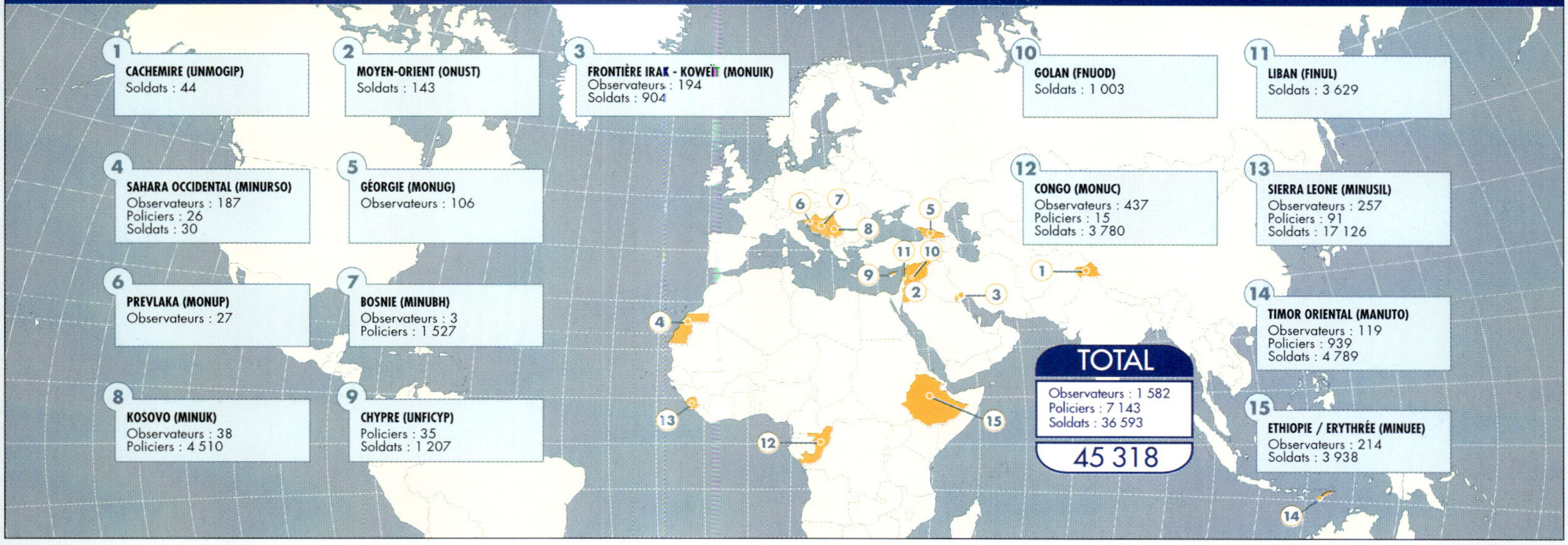

Dans certaines situations, la sécurité n'est pas assurée uniquement par les Casques bleus, mais par des forces multilatérales sous pavillons nationaux. Il s'agit par exemple de la SFOR en Bosnie, de la KFOR au Kosovo ou de l'ISAF en Afghanistan. Il donc existe une distinction entre les missions civiles qui relèvent de l'ONU et les missions militaires qui, tout en étant autorisées par le Conseil, sont assurées par des forces autonomes.

récurrente de l'ONU et sa longévité.
C'est dans ce contexte qu'il faut situer la présente crise. Elle n'est ni la première ni la plus grave de celles que l'ONU a traversées. Elle est même surtout une crise des relations transatlantiques. La ligne de fracture est passée entre les membres de l'Alliance atlantique, opposant notamment pour la première fois l'Allemagne aux Etats-Unis. Elle est aussi une crise interne pour l'Union européenne, puisqu'au couple franco-allemand, rejoint par la Belgique, se sont affrontés le Royaume-Uni, l'Espagne et la plupart des futurs membres d'Europe centrale et orientale. La Russie et la Chine n'ont suivi qu'avec réserve la France et l'Allemagne. Ainsi, les Nations unies n'ont jamais été le problème de l'affaire irakienne, sinon dans la perception médiatique. La fracture est beaucoup plus la fracture de l'axe transatlantique, qui, depuis la fin de la guerre froide, était la colonne vertébrale des relations internationales. L'ONU a enregistré cette fracture, elle ne l'a pas créée.

On le mesure avec les conséquences de la controverse. Le Conseil exerce toujours ses pouvoirs : les tribunaux pénaux qu'il a institués travaillent, les décisions qu'il a prises pour lutter contre le terrorisme après le 11 septembre sont toujours en vigueur. Il a pu depuis lors intervenir dans plusieurs crises, notamment en Afrique. La situation antérieure, on peut même dire la situation structurelle du Conseil, se maintient : suivant l'accord entre ses membres et surtout ses membres permanents, le Conseil a une efficacité conditionnelle et intermittente. La donnée nouvelle résulte plutôt de l'isolement relatif des Etats-Unis dans l'Organisation – alors que la logique de la puissance est plutôt que chacun cherche à être le meilleur ami de la puissance dominante. L'action des Etats-Unis en Irak a dilapidé le capital de sympathie que leur avait gagné le 11 septembre. L'affaiblissement relatif des Nations unies est bien moindre que la dégradation de l'image diplomatique et de l'influence des Etats-Unis. Il est frappant qu'ils n'aient pu élargir, ni politiquement ni opérationnellement, une coalition en principe victorieuse.

Les Nations unies ne sont donc pas le problème dans l'affaire irakienne. Elles sont au contraire la solution. Les Etats-Unis eux-mêmes, dès l'arrêt officiel des combats, sont revenus devant le Conseil en souhaitant obtenir après coup un concours qu'ils avaient d'abord récusé. Mais ils ne voulaient de l'ONU que comme une sorte d'ONG, cantonnée aux activités humanitaires, hors d'état d'influer sur le processus politique et économique de reconstruction de l'Irak. Or les faits ont démontré que l'ONU était indispensable sur ces deux plans. Les autorités irakiennes mises en place par les forces d'occupation sont sans prise sur la situation, faute de statut international défini. La lourde charge de la remise en état du pays pèse essentiellement sur les Etats-Unis. Sur le plan humanitaire, l'attentat qui a causé la mort du représentant de l'ONU en Irak, Sergio Vieira de Mello, a entraîné le départ discret de la plupart des équipes sur place. Les Etats-Unis n'ont pas encore accepté d'élargir substantiellement le rôle politique du Conseil de sécurité au travers des résolutions successives qu'il a adoptées sur le sujet. Mais il continue à apparaître comme l'instance de recours qui, le moment venu, soit devra pallier l'échec de la politique américaine, soit faciliter son ajustement, soit valider son succès.

C'est déjà évoquer l'avenir des Nations unies. L'Organisation, dans ses dimensions générales, n'a pas été atteinte par cette crise. La Charte demeure un texte pleinement actuel et même futuriste. Les rédacteurs de la Charte, en 1945, ont doté la société internationale d'un projet qui reste le seul véritable projet organisateur universel auquel adhèrent tous les Etats. Il peut être enrichi, mais ses principes sont toujours la matrice de ses développements, qui passent par des régulations multilatérales. Le thème de la réforme de l'ONU est à l'ordre du jour. Le désir de réforme se limite au demeurant à la modification de la composition du Conseil de sécurité, que beaucoup jugent inadaptée aux données nouvelles. On évoque ainsi l'entrée comme nouveaux membres permanents de l'Allemagne, du Japon et de représentants des continents africain, asiatique, latino-américain, voire d'un pays arabe. Là n'est pas l'essentiel, et on peut penser que la réforme ne se fera pas, parce qu'elle se heurte à des obstacles insurmontables.

D'une part, la réforme n'est nullement indispensable à l'efficacité du Conseil dès lors que ses membres s'entendent, et que d'autre part les Etats-Unis n'insistent guère à son sujet, alors qu'ils auraient là un moyen facile et redoutable de délégitimer le Conseil : ils pourraient le disqualifier pour défaut de représentativité, comme survivance archaïque d'équilibres disparus. Ils s'abstiennent de le faire. C'est dire qu'eux-mêmes savent qu'il est préférable de conserver l'instrument, de le mettre à profit en tant que de besoin, de le contourner si nécessaire mais de pouvoir toujours y recourir si l'on ne peut faire autrement – prudence diplomatique, hommage du vice à la vertu, ou, en d'autres termes, de la puissance à la légitimité.

Serge Sur
Professeur à l'université Panthéon-Assas (Paris-2)
Directeur du Centre Thucydide et de l'Annuaire français de relations internationales (AFRI).

Juillet

Lu	Ma	Me	Je	Ve	Sa	Di
	1	2	3	4	5	6
7	8	9	10	11	12	13
14	15	16	17	18	19	20
21	22	23	24	25	26	27
28	29	30	31			

Toulouse, mardi 1er
Le procureur général, Michel Barrau, écarte un dépaysement de l'affaire Alègre, car il « briserait la dynamique de l'enquête ». (→ 8.9)

Bouin (Vendée), mardi 1er
EDF inaugure le plus puissant parc éolien de France. Il peut alimenter la consommation de 22 000 foyers.

Rome, mardi 1er
L'Italie prend la présidence semestrielle de l'UE.

Blida (Algérie), mercredi 2
Abassi Madani et Ali Belhadj, les dirigeants historiques du Front islamique du salut, sont libérés après douze ans de prison.

Prague, mercredi 2
Le CIO confie l'organisation des Jeux olympiques d'hiver 2010 à la ville canadienne de Vancouver.

Genève, mercredi 2
L'OMS retire la ville de Toronto de la liste des régions infectées par le virus du SRAS. (→ 5)

Paris, jeudi 3
La ville afghane de Bamiyan est inscrite au patrimoine mondial de l'Unesco.

Créteil, jeudi 3
Samir Cheney, le conducteur de la Porsche qui avait tué une mère et ses deux filles à un abribus de Vitry-sur-Seine en mai 2002, est condamné à 5 ans de prison.

Irak, jeudi 3
Les Etats-Unis offrent 25 millions de dollars à qui permettra de capturer Saddam Hussein. (→ 4)

Paris, samedi 5
Yvan Colonna est mis en examen pour assassinat et association de malfaiteurs en relation avec une entreprise terroriste. Il est incarcéré à la prison de la Santé. (→ 11)

France, samedi 5
L'Italienne Serena remporte « Nice People » sur TF1.

Touchino, samedi 5
Deux attentats commis par des femmes kamikazes tchétchènes font 16 morts lors d'un concert de rock près de Moscou.

Genève, samedi 5
L'OMS retire Taiwan de la liste des pays infectés par le SRAS. (→ 8)

DÉCÈS

Brassac (Tarn), vendredi 4
André Claveau, chanteur de charme (* 17.12.1911).

3 072,4 — 27,75 $ — € 1,1492 $

Les habitants de Hong Kong défient le gouvernement de Pékin

Honk Kong, mardi 1er
La formule « un pays, deux systèmes », censée régir le statut politique de Hong Kong depuis la rétrocession à la Chine de l'ancienne colonie britannique, va-t-elle être vidée de son sens par Pékin ? C'est ce que redoutent les centaines de milliers d'habitants qui ont manifesté dans les rues en scandant des slogans hostiles au régime : du jamais vu en Chine depuis le drame de Tiananmen, en 1989. La majorité des Hongkongais s'insurge contre le projet de loi visant à mettre en application l'article 23 de la Constitution du territoire. L'article en question laisse en effet à l'autorité tout loisir de restreindre les libertés au prétexte de lutter contre la « trahison » et contre la « subversion ». (→ 7)

Le chef de l'exécutif local, Tung Chee-hwa, est promis sur cette affiche à l'entartage.

David Beckham est arrivé au Real Madrid

Madrid, mercredi 2
Diamants à l'oreille, chevelure blonde nouée avec un catogan et tout de clair vêtu, David Beckham n'a pas raté son arrivée au Real Madrid : plus de 8 000 maillots frappés à son numéro et à son nom ont été vendus dès aujourd'hui. Le club espagnol espère rentabiliser les 35 millions d'euros qu'il a déboursés pour « acheter » au Manchester United son célébrissime milieu de terrain. Ce dernier vaut en effet de l'or. Ballon au pied bien sûr, mais aussi, et peut-être surtout, par l'extraordinaire popularité que lui attire son image de prolétaire enrichi, mais que le succès n'a pas pour autant détourné des valeurs traditionnelles : la « beckhamania » est d'abord une opération de marketing.

Il portera le numéro 23 sur le terrain.

Comment défendre la laïcité menacée ?

Paris, jeudi 3
Face aux affaires de voile islamique et à la montée des communautarismes, Jacques Chirac craint que « la cohésion nationale » soit menacée. Aussi a-t-il créé une Commission de réflexion sur l'application du principe de laïcité dans la République, dont la présidence est assurée par Bernard Stasi, médiateur de la République. Accueillant à l'Elysée ses vingt membres, Jacques Chirac leur a assigné pour objectif de « concilier l'unité nationale et la neutralité de la République avec la reconnaissance de la diversité, notamment religieuse ». Ils devront lui remettre leurs propositions avant la fin de l'année.

Maryam Radjavi retourne à Auvers

Auvers-sur-Oise, jeudi 3
Suite à une décision de la cour d'appel de Paris, Maryam Radjavi a été libérée de la prison de Fleury-Mérogis et a pu regagner son QG d'Auvers-sur-Oise, où elle avait été arrêtée le 17 juin, avec d'autres militants de l'Organisation des moudjahidines du peuple iranien. Les autorités de Téhéran avaient vivement applaudi à cette opération, destinée à démanteler un mouvement qualifié de « terroriste », notamment en raison de son financement, supposé occulte. Or, dans les documents saisis à Auvers, la DST n'a rien trouvé qui fût de nature à étayer cette accusation.

Le 4, le crooner Barry White, dont la sensualité des nombreux succès fit scandale dans les années 1970, meurt à Los Angeles (* 12.9.1944).

L'« assassin au jeu de cartes » s'est rendu

Espagne, jeudi 3
Alfredo Galan n'a plus envie de jouer. Ses poursuivants sont trop médiocres. « J'aurais pu continuer à tuer pendant vingt ans » sans être soupçonné, a-t-il expliqué aux policiers ébahis de Puerto Llano, en Castille, auxquels il a décidé de se rendre. Entre le 24 janvier et le 18 mars, cet ancien caporal de l'armée espagnole, âgé de 26 ans, renvoyé en mars pour problèmes psychiatriques, a commis six meurtres, « par hasard et sans raison ». En signant ses crimes d'une carte à jouer laissée près des corps. Il s'est « lassé » : le portrait-robot ne lui ressemblait même pas…

Yvan Colonna vivait caché en Corse

Porto-Pollo, vendredi 4
« Je suis Yvan. Pas de problème. C'est bien moi. On arrête de jouer. Vous avez bien bossé. » L'homme qui parle ainsi au commissaire Christian Lambert, le patron du Raid (Recherche, assistance, intervention, dissuasion), ne ressemble plus guère à l'avis de recherche affiché depuis quatre ans dans toute la France. Les muscles ont épaissi, le visage aussi, et la longue chevelure paraît plus noire. Réputé vif, il n'a même pas eu le temps de s'emparer de la grenade ni de l'arme de poing qu'il transportait dans son sac. C'est pourtant bien Yvan Colonna qui vient d'être arrêté sur le chemin menant à la bergerie de Margaritaghia, à Porto-Pollo, en Corse-du-Sud, sur sa terre

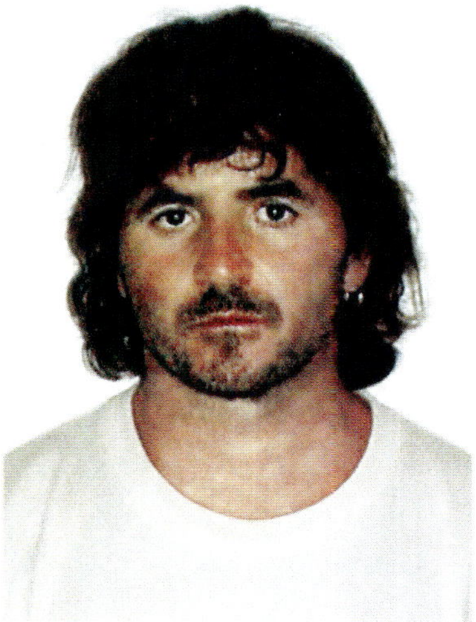

natale qu'il n'avait sans doute jamais quittée alors qu'on le traquait en Afrique, au Venezuela et jusque dans les Caraïbes, à Saint-Domingue. Accusé d'avoir abattu le préfet Claude Erignac le 6 février 1998 à Ajaccio, il avait pris la fuite dans la nuit du 22 au 23 mai 1999, dans des conditions qui restent à éclaircir, quelques heures avant que la police ne vienne frapper à sa porte. Le ministre de l'Intérieur, Nicolas Sarkozy, a aussitôt félicité les policiers pour leur travail « opiniâtre, patient et méticuleux commencé il y a un an » et a estimé que l'arrestation de Colonna « renforce la République ». Le propriétaire de la bergerie, Frédéric Paoli, est activement recherché. (→ 5)

Saddam Hussein appelle au combat

Schwarzenegger était venu présenter son dernier film, « Terminator III », aux GI.

Bagdad, vendredi 4
Après une attaque au mortier qui, hier, a blessé seize GI, Saddam Hussein est réapparu sur la chaîne Al-Jezira, sous la forme d'un enregistrement audio. Le raïs a affirmé que « des cellules de résistance » avaient été créées sur « une grande échelle » en Irak pour engager la lutte contre les forces d'occupation. Cette intervention pourrait bien avoir été programmée : elle est intervenue le jour de la fête nationale américaine, l'Independence Day, éclipsant quelque peu la visite d'Arnold Schwarzenegger, venu soutenir le moral des troupes. Or, depuis la fin des opérations proclamée par George W. Bush le 1er mai dernier, les coalisés ont officiellement reconnu avoir perdu trente-deux des leurs lors d'attaques quasi quotidiennes. (→ 17)

La comtesse de Paris avait un cœur de reine

Paris, samedi 5
Isabelle d'Orléans et Bragance aurait pu être la reine des Français. Veuve du comte de Paris, prétendant au trône de France, elle s'est éteinte âgée de 91 ans (*13.8.1911). Descendante, comme son époux, du roi Louis-Philippe, elle eut une vie publique des plus discrètes, s'attachant à maintenir le prestige de sa maison et l'unité de sa famille. Or cette mère attentive de onze enfants eut à affronter bien des malheurs et des tempêtes, notamment sa séparation de fait avec l'homme qu'elle avait épousé en 1931. Mais la comtesse de Paris sut garder la tête haute. Elle avait publié des livres d'histoire ou de souvenirs, dont *Mon bonheur de grand-mère*.

Elle sera inhumée vendredi 11 à Dreux.

Première victoire d'un Suisse sur le gazon

Il devient troisième au classement ATP.

Londres, dimanche 6
Il n'y croyait plus. Passé professionnel en 1998, sixième au classement ATP en 2002, Roger Federer désespérait de gagner un tournoi du Grand Chelem. C'est désormais chose faite, et de belle manière : le champion suisse a terrassé Mark Philippoussis en trois sets (7-6, 6-2, 7-6) à Wimbledon, sans avoir été sérieusement inquiété par l'Australien. C'est une première pour ce joueur de 21 ans, et c'en est une également pour la Suisse, dont aucun ressortissant ne s'était adjugé un tel titre. Précision qui en dit long sur les qualités de Federer : il n'a perdu qu'un seul set pendant la durée de tout le tournoi.

Les Corses refusent par référendum une réforme des institutions

Corse, dimanche 6
A la question : « Approuvez-vous les orientations proposées pour modifier l'organisation institutionnelle de la Corse ? », les électeurs ont répondu non à 50,98 %, alors que la quasi-totalité de la classe politique corse avait appelé à voter oui, à l'exception du député-maire de Bastia, Emile Zuccarelli, qui a fait basculer le scrutin. La collectivité territoriale et les deux départements ne seront donc pas fondus dans une entité unique. Pour Nicolas Sarkozy, le ministre de l'Intérieur, « les clans ont gagné ». Et l'heure est maintenant au « rétablissement de l'Etat de droit ». Ce à quoi Jean-Guy Talamoni, le chef de file des nationalistes, répond que « les tensions » vont au contraire s'accroître « entre l'île et Paris ».

Les fiefs nationalistes ont voté oui tandis que Bastia votait non à plus de 70 %.

Juillet

Lu	Ma	Me	Je	Ve	Sa	Di
	1	2	3	4	5	6
7	8	9	10	11	12	13
14	15	16	17	18	19	20
21	22	23	24	25	26	27
28	29	30	31			

Hong Kong, lundi 7
Le chef de l'exécutif, Tung Chee-hwa, reporte l'adoption de la loi antisubversion qui est contestée.

Paris, lundi 7
La durée du mandat sénatorial est réduite de neuf à six ans.

Tourcoing, mardi 8
Premier décès français du SRAS: un cardiologue de 65 ans meurt au centre hospitalier où il avait été admis le 23 mars à son retour de Hanoi (Viêt-nam). (→ 25.8)

Irak, mardi 8
L'ancien ministre de l'Intérieur, Mahmoud Dhiyab al-Ahmad, est arrêté.

Ramallah, mardi 8
Le comité central du Fatah refuse la démission du Premier ministre Mahmoud Abbas. (→ 29)

Port-Soudan, mardi 8
Un enfant de trois ans est le seul rescapé du crash d'un Boeing 737 qui fait 115 victimes.

Paris, mercredi 9
Frédéric Paoli, mis en examen pour recel de malfaiteur, est incarcéré.

Paris, mercredi 9
La justice ordonne la mise sous séquestre des indemnités de départ (20,6 millions d'euros) de Vivendi de Jean-Marie Messier. (→ 15.9)

Arkansas, mercredi 9
Un Américain de 39 ans, Terry Willis, retrouve la parole après 19 ans de coma.

Bruxelles, jeudi 10
Pol Jacquemart est nommé président de la RTBF.

Paris, jeudi 10
Antonio Ferrara, en cavale depuis le 12 mars, est arrêté.

Paris, jeudi 10
Jacques Chirac accorde deux mois de remise de peine à José Bové, en plus des deux mois dont ce dernier bénéficie au titre de grâce collective du 14 Juillet. (→ 10.8)

France, vendredi 11
Le taux de réussite au baccalauréat passe au-dessus de 80 % pour la première fois depuis 1968 (80,1 %).

Rome, vendredi 11
Stefano Stefani, sous-secrétaire d'Etat au Tourisme, est contraint à la démission après ses propos insultants à l'égard des Allemands.

Mozambique, samedi 12
Madagascar est réintégrée au sein de l'Union africaine.

3 138,27 — 29,12 $ — € 1,1305 $

Les GI commandés par « l'Arabe fou »

Washington, lundi 7
« The right man in the right place? » C'est ce qu'a pensé Donald Rumsfeld en nommant au Central Command le général John Abizaid. Âgé de 52 ans, le successeur de Tommy Franks a pour avantage d'être un bon connaisseur du monde arabe. Parlant couramment la langue du Coran et descendant d'une famille d'immigrés libanais, celui que ses camarades de l'académie militaire de West Point surnommaient « l'Arabe fou » a également étudié à l'université d'Amman, en Jordanie. Réputé pour son tempérament de fonceur et pour son esprit pragmatique, cet ancien chef de la 1re division d'infanterie a inspiré à Clint Eastwood une scène de son film *le Maître de guerre* (1986).

Berlusconi injurie un eurodéputé allemand

Le Premier ministre italien a consterné son principal allié, Gianfranco Fini.

Berlin, mercredi 9
C'est officiel: Gerhard Schröder n'ira pas passer ses vacances en Italie, ainsi qu'il l'avait prévu. Cette décision fait suite aux propos injurieux que le sous-secrétaire d'Etat italien au Tourisme, Stefano Stefani, a tenus vendredi, où il qualifiait les Allemands de « blonds stéréotypés » et formés à « se croire les premiers de la classe ». Ces amabilités se situaient dans le droit fil du violent incident qui, mercredi 2, avait éclaté au Parlement de Strasbourg, à l'ouverture de la présidence italienne de l'Union européenne. Silvio Berlusconi avait en effet répondu à l'eurodéputé allemand Martin Schulz, qui l'avait sévèrement attaqué, qu'il avait un rôle de « kapo » tout prêt à lui proposer dans un film sur les camps de concentration. Il avait ensuite refusé de s'excuser. (→ 11)

Les grands festivals de l'été interrompus par les intermittents

Bernard Faivre d'Arcier annonce, la mort dans l'âme, la fin du festival d'Avignon.

Avignon, jeudi 10
Hier soir, le festival d'Aix-en-Provence a basculé dans le chaos avec le sabotage de la représentation de *la Traviata* par les intermittents du spectacle en grève. Aussi, ce matin, décision était-elle prise d'interrompre les festivités. A Avignon, c'est le directeur du festival lui-même, Bernard Faivre d'Arcier, qui a préféré éviter le pire en baissant le rideau. Il était pourtant solidaire des grévistes. Après l'annulation des Francofolies de La Rochelle et les menaces qui pèsent sur les Vieilles Charrues de Carhaix, l'action lancée par la CGT a été jugée suicidaire par François Fillon. (→ 20)

Une planète née il y a 13 milliards d'années

Houston, jeudi 10
Grâce au télescope spatial Hubble, la Nasa a découvert la plus ancienne des planètes connues. Elle est située dans la constellation du Scorpion, à quelque 5 600 années-lumière de la Terre. Son âge a été estimé à près de 13 milliards d'années (contre environ 5 milliards pour la Terre), ce qui en fait l'une des toutes premières planètes créées après le big bang. Deux fois plus grosse que Jupiter, elle tourne autour d'un soleil réduit à l'état de naine blanche, donc en stade terminal. Jusqu'à présent, les astronomes de la Nasa sont parvenus à détecter une centaine de planètes hors de notre système solaire.

Le 9, les Rolling Stones (Mick Jagger et Keith Richards) donnent au Stade de France le deuxième de leurs trois concerts parisiens dans le cadre de la tournée internationale « Fourty Licks Tours » pour leurs 40 ans de carrière.

Première mosquée à Grenade depuis 1492

La mosquée a coûté 4 millions d'euros.

Grenade, jeudi 10
L'inauguration d'une mosquée face à l'Alhambra, au sommet de la colline de l'Albaicin, est un événement historique. Depuis la fin de la Reconquista (1492), aucune mosquée n'avait été érigée dans la ville. La Communauté islamique en Espagne, une association dont Malik Abderramane Ruiz, le président, ainsi que les principaux membres, sont des convertis, a mis plus de vingt ans pour la financer. Le terrain a été acheté avec des dons libyens. Le sultan de Chardja (Emirats arabes unis) a offert deux millions d'euros. Hassan II, le sultanat de Brunei et la Malaisie ont donné le reste. L'imam sunnite vient de Sous, dans le sud du Maroc.

Les assassins du préfet Erignac condamnés

Dominique Erignac, la veuve du préfet.

Paris, vendredi 11
Après huit heures de délibéré, la cour d'assises spéciale (elle est uniquement composée de magistrats) a rendu son verdict : pour Alain Ferrandi et Pierre Alessandri, les « auteurs principaux », qui étaient présents sur les lieux du crime, la réclusion à perpétuité ; pour Vincent Andriuzzi et Jean Castela, les « inspirateurs », 30 ans de réclusion ; et, pour les quatre autres accusés, entre 15 et 25 ans. Les débats ont toutefois laissé persister des zones d'ombre : sur l'identité du tireur (est-ce ou non Yvan Colonna ? Quatre des huit accusés l'ont finalement mis hors de cause), sur les motifs de cet assassinat et sur la façon dont l'enquête a été conduite. (→ 16)

Une « coalition violette » compose le gouvernement en Belgique

Bruxelles, samedi 12
Guy Verhofstadt a formé son nouveau gouvernement. Après l'échec électoral des Verts, ceux-ci en ont logiquement été écartés. La coalition n'est donc plus « arc-en-ciel » mais « violette », couleur qui résulte du mélange du bleu libéral et du rouge socialiste. La stricte parité linguistique est respectée : sur quatorze ministres, sept sont néerlandophones et sept francophones. Louis Michel, en charge des Affaires étrangères dans le cabinet précédent, conserve son poste malgré les tensions que ses positions lors du conflit irakien avaient suscitées. Après avoir prêté serment à Albert II, Guy Verhofstadt a réuni ses ministres. A l'ordre du jour : abroger au plus vite la loi de compétence universelle. (→ 1.8)

De g. à dr., les deux des quatre vice-Premiers ministres, Patrick Dewael (Intérieur), et Louis Michel (Affaires étrangères), et Guy Verhofstadt, le Premier ministre.

Premier pas vers un gouvernement irakien

Bagdad, dimanche 13
L'administrateur civil américain Paul Bremer n'a pu, comme il l'aurait voulu, s'appuyer principalement sur les forces de l'opposition en exil pour former le Conseil de gouvernement irakien. La première instance gouvernementale de l'après-Saddam Hussein, telle qu'elle a été présentée aujourd'hui, est le fruit d'un difficile dosage entre les exilés et les opposants de l'intérieur, entre les chiites, avantageusement représentés, les sunnites, très nettement pénalisés, les Turcomans et les chrétiens. Trois femmes font partie des 25 membres de ce Conseil, dont les pouvoirs restent cependant assez limités.

Le 10, l'émission « A la recherche de la nouvelle star » s'achève sur M6. Une majorité de téléspectateurs donne la victoire au Liégeois Jonatan Cerrada (à dr.), 17 ans, face à Thierry Amiel (à g.), 21 ans, le favori du jury.

Le 13, le chanteur cubain Compay Segundo s'éteint à La Havane, à l'âge de 95 ans (*18.11.1907). De son vrai nom Maximo Francisco Repilado Munoz, il était devenu une légende du « son » cubain.

Juillet

Lu	Ma	Me	Je	Ve	Sa	Di
	1	2	3	4	5	6
7	8	9	10	11	12	13
14	15	16	17	18	19	20
21	22	23	24	25	26	27
28	29	30	31			

Iran, lundi 14
Annonce de la découverte de trois gisements de pétrole représentant 4 % des réserves mondiales.

Sydney, mardi 15
L'athlète Cathy Freeman, 30 ans, met fin à sa carrière sportive.

Paris, mardi 15
Lancement du chantier du tramway par l'abattage d'arbres.

Washington, mardi 15
Le Pentagone annonce le maintien en Irak, pour une durée indéfinie, de la 3e division d'infanterie qui devait quitter le pays en septembre.

Bruxelles, mercredi 16
La Commission européenne inflige une amende de 10,35 millions d'euros à Wanadoo pour avoir vendu à perte ses packs ADSL.

Paris, mercredi 16
Devant le juge Laurence Le Vert, Yvan Colonna nie être l'assassin du préfet Claude Erignac. (→ 1.9)

France, mercredi 16
De violents orages nocturnes font cinq morts dans l'ouest du pays.

Téhéran, mercredi 16
L'Iran reconnaît que la journaliste irano-canadienne Zahra Kazemi, arrêtée par les forces de sécurité, est morte le 11 à la suite d'une hémorragie cérébrale provoquée par les coups qu'elle a reçus. (→ 23)

Sao Tome et Principe, mercredi 16
Une junte « de salut national » renverse le président de l'archipel, Fradique de Menezes.

Dubaï, jeudi 17
La chaîne de télévision Al-Arabiya diffuse un nouvel enregistrement attribué à Saddam Hussein. Il appelle ses compatriotes à résister « par tous les moyens ». (→ 24)

Paris, jeudi 17
Les députés adoptent un texte supprimant l'obligation d'un jour sans chasse par semaine.

Paris, vendredi 18
Jean-Pierre Raffarin annonce le dépôt en 2004 d'un projet de loi visant à réprimer l'homophobie.

Nice, dimanche 20
Deux attentats attribués au FLNC-Union des combattants, contre la Trésorerie générale et la Direction régionale des douanes, font seize blessés légers.

Sandwich, dimanche 20
L'Américain Ben Curtis, classé 236e mondial, remporte le 132e Open britannique de golf et devient 35e.

3 129,21 — 28,82 $ — € 1,1237 $

L'Europe de la défense était à l'honneur au défilé du 14 Juillet

Paris, lundi 14
Lors de la traditionnelle intervention télévisée du 14 Juillet, Jacques Chirac n'a pas manqué de déplorer l'arrêt des grands festivals, qualifié d'« épouvantable gâchis », tout en promettant aux intermittents la mise en place avant le 1er janvier 2004 d'un nouveau système d'aide à la création. Avant de s'asseoir devant les caméras, le président de la République avait pu assister à un défilé militaire marqué par la présence, des plus significatives, d'un détachement du quartier général strasbourgeois du Corps européen (ou Eurocorps) avec son chef, le général allemand Holger Kammerhoff. Il doit être être remplacé, en septembre prochain, par le général français Jean-Louis Py.

Le général Kammerhoff conduit 150 soldats de l'Eurocorps sur les Champs-Elysées.

Le Fonds global contre le sida a besoin de 3 milliards de dollars

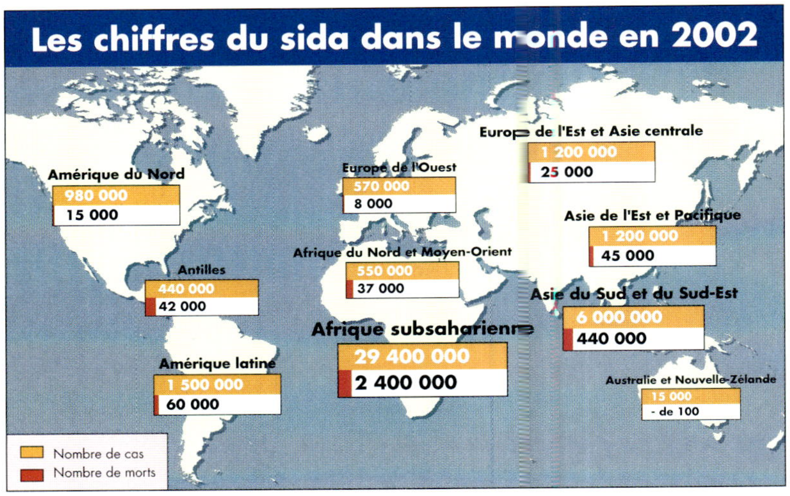

Paris, mercredi 16
Les Etats donateurs du Fonds global contre le sida, la tuberculose et le paludisme ont tenu leur conférence dans un climat alarmiste. Créé le 1er janvier 2002 sous l'égide de l'ONU, le Fonds estime en effet qu'il ne pourra pas faire face à la catastrophe humanitaire que représente le sida s'il ne reçoit pas, d'ici à 2005, 3 milliards de dollars. Or on en est encore loin, même si Jacques Chirac s'est engagé à verser tous les ans 150 millions d'euros, ceux-ci s'ajoutant au milliard annuel de l'UE promis par Romano Prodi. Les Etats-Unis contribueront à la lutte avec 15 milliards de dollars sur cinq ans, mais un seul sera versé au Fonds global.

Bush a été piégé par un faux dossier

Rome, mercredi 16
George W. Bush, dans son discours du 28 janvier dernier sur l'état de l'Union, avait accusé l'Irak d'avoir tenté de se fournir en uranium au Niger. Or, dans son édition de ce matin, le quotidien italien *La Repubblica* révèle, documents à l'appui, que cette assertion reposait sur un dossier « bidon » vendu en 2001 au Sismi, le Service de renseignement et de sécurité militaire italien, par un escroc nigérien. Malgré la grossièreté du faux, le Sismi n'y avait vu que du feu et avait communiqué le dossier au MI6 britannique, lequel le transmit à la CIA qui repéra l'imposture. Sans en informer le président.

Le 14, dans la 9e étape du Tour de France entre Bourg-d'Oisans et Gap, le coureur espagnol Joseba Beloki chute sur du goudron fondu. Terrassé par de multiples fractures, le rival direct de Lance Armstrong doit abandonner.

Une loi qui renforce la sécurité financière

Paris, jeudi 17
Le texte adopté ce soir par les députés se veut, selon Francis Mer, le ministre de l'Economie, « une réponse à la crise de confiance dans les mécanismes du marché ». Les leçons ont été tirées de l'affaire Enron: il est désormais interdit d'exercer à la fois une activité d'audit et de conseil pour une même société. Et l'Autorité des marchés financiers, qui va se substituer à la Commission des opérations de Bourse et au Conseil des marchés financiers, sera pourvue d'une commission des sanctions. Elle sera également dotée de la personnalité morale, ce qui lui permettra d'engager des actions en justice.

Le massif des Maures est dévasté par un gigantesque incendie

Les pompiers parlent de véritables « combats de rue » pour sauver les habitations.

Var, vendredi 18
L'incendie, parti hier de Vidauban, s'est propagé à une vitesse exceptionnelle qui a pu atteindre quatre kilomètres à l'heure. Attisé par des vents violents et tournants, il a traversé le massif des Maures, dans le Var, jusqu'à rejoindre la mer. En 24 heures, 10 000 hectares ont flambé. De mémoire de pompier, on n'avait jamais vu cela. Dans la nuit, 8 000 personnes ont été évacuées des campings de Roquebrune-sur-Argens et de Fréjus. Hormis deux blessés légers chez les pompiers, qui ont dû mobiliser 1 300 hommes, les dommages sont matériels. Les bungalows et les voitures ont brûlé par dizaines. La sécheresse n'explique pas tout: plusieurs foyers de départ de feu ont été relevés. (→ 22)

Ronaldinho a quitté Paris pour Barcelone

Barcelone, samedi 19
On l'attendait au Manchester United, voire au Real Madrid. Finalement, c'est au FC Barcelone que Ronaldinho est arrivé aujourd'hui, après une semaine de négociations en forme de coups de théâtre. Pour « lâcher » le footballeur brésilien qu'il ne cherchait du reste pas à retenir, le Paris-Saint-Germain avait placé la barre assez haut: 30 millions d'euros. Le club catalan, quoique très endetté, a su convaincre *in extremis* le président du PSG, Francis Graille, du sérieux de sa proposition. Le transfert s'est donc réalisé pour les 30 millions demandés. Quant à Ronaldinho, il sera payé 4,5 millions d'euros par an, sur une durée de cinq ans.

Tempête autour du suicide de David Kelly

Londres, dimanche 20
La BBC a décidé de dire la vérité: c'est bien David Kelly, ancien inspecteur en désarmement en Irak, qui a révélé à son journaliste Andrew Gilligan que le service de communication de Tony Blair avait « gonflé » un rapport sur les armes de destruction massive afin de conditionner l'opinion britannique. La publication de cette information sur la BBC, le 29 mai, avait déclenché une controverse qui devait déboucher sur une crise politique majeure, vendredi dernier, avec le suicide, à Southmoor, du microbiologiste. Bien que couvert par la BBC, il avait été soupçonné par le gouvernement d'être l'informateur. Ses nerfs n'y ont pas résisté. (→ 29.8)

Le 17, Virginie Dedieu décroche le titre de championne du monde de natation synchronisée à Barcelone. Le programme de l'Aixoise était inspiré de Camille Claudel.

Paris-Plage revient au bord de la Seine

Paris, dimanche 20
L'an dernier, l'opération Paris-Plage avait attiré 2,3 millions de visiteurs. Il en est déjà venu 600 000 pour ce seul dimanche, à tel point que le maire de Paris, Bertrand Delanoë, accompagné du basketteur Tony Parker, a eu bien du mal à se frayer un chemin sur les berges. 3 000 tonnes de sable fin (trois fois plus qu'en 2002), puisées dans une carrière des Yvelines, ont été étalées rive droite, sur trois kilomètres, entre les Tuileries et le pont Henri-IV. Et, s'il n'est toujours pas permis de se baigner dans la Seine, des brumisateurs ont été installés pour distiller de la fraîcheur aux estivants jusqu'au 17 août.

Le 20, clôture du festival des Vieilles Charrues à Carhaix (Finistère). Trois jours durant, les concerts se sont déroulés normalement (ici le Galicien Carlos Nunez), au terme d'un bras de fer entre les organisateurs et la CGT qui réclamait l'annulation. On a compté près de 180 000 spectateurs.

Juillet

Lu	Ma	Me	Je	Ve	Sa	Di
	1	2	3	4	5	6
7	8	9	10	11	12	13
14	15	16	17	18	19	20
21	22	23	24	25	26	27
28	29	30	31			

Arabie Saoudite, lundi 21
Les autorités annoncent avoir arrêté 16 membres de la Qaida et saisi une grande quantité d'armes et d'explosifs. (→ 3.8)

Paris, lundi 21
Nicolas Sarkozy dénonce « la dérive mafieuse » des terroristes corses.

Genève, lundi 21
Le Sud-Coréen Jong-Wook Lee succède à la Norvégienne Gro Harlem Brundtland comme directeur général de l'OMS.

Espagne, mardi 22
Deux attentats attribués à ETA font douze blessés, dont deux graves, à Alicante et Benidorm.

Caen, mardi 22
Patrick Henry est condamné à quatre ans de prison ferme et 20 000 euros d'amende pour trafic de stupéfiants.

Ottawa, mercredi 23
Indignation du Canada après l'annonce de l'inhumation en Iran de Zahra Kazemi sans qu'aucune autopsie n'ait été pratiquée. (→ 30)

Bayonne, mercredi 23
L'Américain Tyler Hamilton remporte la 16e étape du Tour de France malgré une fêlure de la clavicule depuis la 1re étape.

Corse-du-Sud, mercredi 23
3 000 ha de maquis et de forêts ont été détruits par le feu depuis huit jours dans la vallée de la Gravone.

Sao Tome et Principe, mercredi 23
Retour au pouvoir du président Fradique de Menezes, qui promet une amnistie aux putschistes.

Paris, jeudi 24
L'ex-P-dg d'Air Lib, Jean-Charles Corbet, est mis en examen pour abus de biens sociaux et abus de confiance et placé sous contrôle judiciaire.

Lille, vendredi 25
Deux jeunes gens sont condamnés à un mois de prison ferme pour avoir entravé le passage dans un hall d'immeuble roubaisien.

Prague, dimanche 27
Mick Jagger, le chanteur des Rolling Stones, fête ses 60 ans en présence de l'ancien président tchèque, Vaclav Havel.

DÉCÈS

Palm Springs, vendredi 25
John Schlesinger, cinéaste britannique (* 16.2.1926).

3 109,32 — 28,12 $

€ 1,1514 $

Plongée record en apnée pour une femme

Turks et Caicos, lundi 21
Superbe blonde dolichocéphale native des Caraïbes, Tanya Streeter évoque par sa silhouette longiligne et sa chevelure les sirènes des légendes scandinaves. Etait-elle prédestinée à la plongée dans les grandes profondeurs? Toujours est-il qu'à 30 ans cette athlète britannique a réalisé un exploit en battant le record du monde de plongée sous-marine en apnée, catégories hommes et femmes confondues, avec 122 m. Le précédent record était détenu par le Belge Patrick Musimu, avec 120,1 m. Tanya Streeter a plongé le long d'un câble au large de l'archipel des Turks et Caicos, au nord d'Haïti, demeurant en apnée pendant 3 minutes et 38 secondes et remontant à la surface par ses propres moyens. Un dispositif de sécurité avait été toutefois établi sur son parcours aquatique.

Union en Allemagne pour sauver la santé

Berlin, lundi 21
Minoritaire au Bundesrat (le Sénat), le chancelier Gerhard Schröder devait absolument trouver un accord avec les chrétiens-démocrates pour réformer le système de santé. Après un mois de négociations, voilà qui est fait. Le SPD et la CDU-CSU se sont mis d'accord pour économiser 10 milliards d'euros l'an prochain et 23 milliards d'ici à 2007, afin de combler un déficit qui a atteint 3 milliards l'an dernier. Les consultation médicales, gratuites, vont devenir payantes (de 5 à 10 euros). Un forfait hospitalier (10 euros par jour) sera institué. Les prothèses dentaires ne seront plus remboursées, sauf aux mineurs. En échange, les prélèvements sur les salaires seront réduits.

La guerre civile au Liberia inquiète de plus en plus Washington

Les marines étaient basés sur un bâtiment croisant au large de Monrovia.

Monrovia, lundi 21
Les Américains interviendront-ils au Liberia? Le Pentagone a donné l'ordre à une Task Force navale transportant 4 500 hommes de troupe de quitter la mer Rouge pour la Méditerranée, d'où elle pourrait rejoindre l'Atlantique en cas de besoin. En attendant, quelque cinquante marines ont été envoyés dès aujourd'hui à Monrovia pour assurer la protection de l'ambassade des Etats-Unis, touchée par un obus. Entre les rebelles du Lurd (Libériens unis pour la réconciliation et la démocratie) et les forces fidèles au président Charles Taylor, les combats avaient repris ce matin pour le contrôle de la capitale, tuant des dizaines de civils. (→ 11.8)

Créer son entreprise avec… un euro !

Paris, mardi 22
Créer son entreprise avec un capital d'un euro, l'immatriculer en ligne, la domicilier chez soi, sans risquer d'être saisi, et renouer avec les allocations chômage si elle venait à être mise en faillite dans les trois ans, voilà qui va être possible grâce à la loi sur l'initiative économique adoptée par les députés sur proposition du secrétaire d'Etat aux PME, Renaud Dutreil. Parmi les autres dispositions: l'obligation faite aux banques d'adresser un « préavis de rupture du concours bancaire » avant de couper tout crédit à une PME.

Le 21, le roi des Belges, Albert II, fête ses dix ans de règne. De nombreuses vedettes participent au concert « De Annie Cordy à Zornik », donné place Poelaert à Bruxelles, parmi lesquelles Tom Jones (à l'extrême gauche).

Les agriculteurs ont besoin d'être aidés

Bruxelles, mardi 22
La Commission européenne a fait un geste : sous la pression des ministres de l'Agriculture de l'UE, notamment italien, français, allemand et autrichien, elle accepte le principe d'un versement anticipé de certaines aides étatiques aux éleveurs victimes de la sécheresse, Mais cela ne suffira pas. En Allemagne, le manque à gagner des agriculteurs est estimé à un milliard d'euros. Selon Jean-Michel Lemetayer, le président de la Fédération nationale des syndicats d'exploitants agricoles (FNSEA), les éleveurs français vont devoir débourser 28 millions pour s'approvisionner en paille. Le Fonds de solidarité de l'UE pour les catastrophes naturelles, créé en 2002, pourrait être sollicité. (→ 29)

Les fils de Saddam Hussein sont morts

Irak, jeudi 24
Nombre d'Irakiens étaient restés sceptiques. Aussi, comme s'y était engagé le général Ricardo Sanchez, le commandant en chef du contingent américain en Irak, les photographies des cadavres des deux fils du raïs ont été publiées. Et, cette fois, il n'y a plus de doute : il s'agit bien de Oudaï et Qoussaï, placés en deuxième et troisième positions dans la liste des personnalités les plus recherchées du régime baasiste. L'opération avait eu lieu mardi dernier à Mossoul. Les Américains avaient été informés par un voisin de leur arrivée discrète dans une villa appartenant à un cousin de Saddam Hussein. Après avoir essuyé des tirs d'armes légères en réponse aux sommations, l'assaut fut ordonné. Avec les grands moyens. Hélicoptères et avions antichars A-10 furent alors engagés, criblant la villa de roquettes et de missiles. Oudaï et Qoussaï ne pouvaient en sortir vivants. Le général Sanchez a reconnu que les deux frères s'étaient défendus avec une énergie « féroce ». Ils n'avaient que des balles à opposer aux missiles. (→ 17.8)

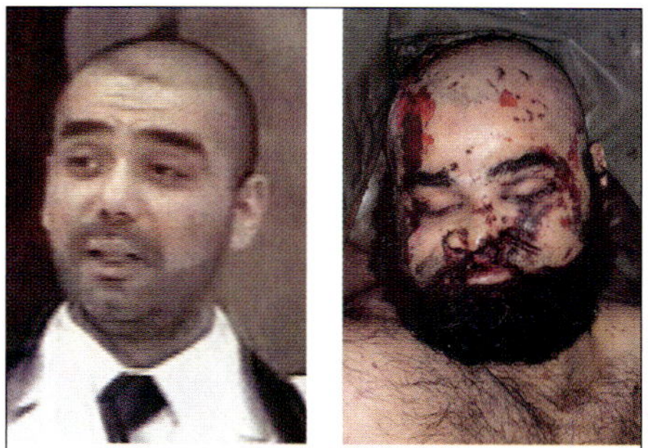

Oudaï Hussein, 39 ans.

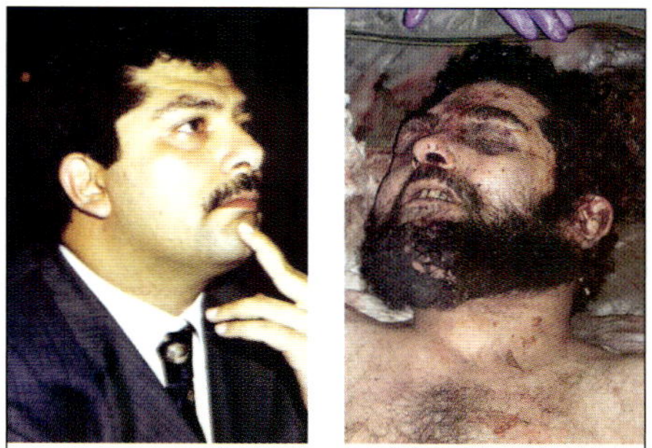

Qoussaï Hussein, 37 ans.

Schwarzenegger veut sauver la Californie !

Sacramento, mercredi 23
Arnold Schwarzenegger se verrait très bien dans le rôle du gouverneur de la Californie. Républicain bon teint, bien que marié à une nièce de feu John F. Kennedy, le populaire acteur envisage de briguer la succession du gouverneur actuel, le démocrate Gray Davis, s'il est remercié par les électeurs. Gray Davis est en effet jugé responsable du déficit de leur Etat – 38 milliards de dollars ! – par nombre de contribuables. Certifiée aujourd'hui, la pétition organisée par ses adversaires doit entraîner un vote sur son maintien ou non, et sur le nom de son éventuel successeur. (→ 6.8)

La retraite est réformée, la santé protégée

Une directive européenne rerd cette inscription obligatoire.

Paris, jeudi 24
François Fillon, le ministre des Affaires sociales, est au bout de ses peines. Après la discussion de près de 10 000 amendements déposés par les groupes socialiste et communiste, les députés et sénateurs de droite ont définitivement adopté la réforme des retraites. La durée de cotisations passera à 40 ans pour tous en 2008 et 41 ans en 2012, avant d'évoluer encore. L'âge légal de la retraite demeure 60 ans, mais un employeur ne pourra plus mettre un salarié à la retraite d'office avant 65 ans. Quant à ceux qui ont commencé à travailler entre 14 et 16 ans, ils pourront faire valoir leurs droits à la retraite plus tôt. Et il sera possible de racheter trois années d'études. (→ 14.8). Les députés ont aussi décidé une hausse de la fiscalité sur le tabac, et la vente de cigarettes aux mineurs de moins de 16 ans sera interdite.(→ 20.10)

Pouvait-on éviter le 11 septembre ?

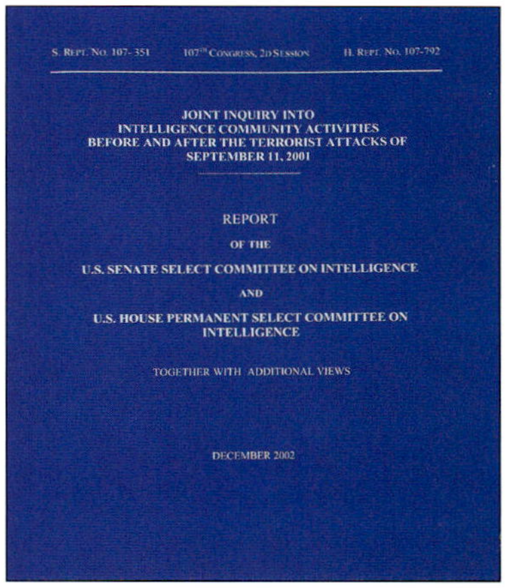
S. Rept. No. 107-351 | 107th Congress, 2d Session | H. Rept. No. 107-792

JOINT INQUIRY INTO
INTELLIGENCE COMMUNITY ACTIVITIES
BEFORE AND AFTER THE TERRORIST ATTACKS OF
SEPTEMBER 11, 2001

REPORT
OF THE
U.S. SENATE SELECT COMMITTEE ON INTELLIGENCE
AND
U.S. HOUSE PERMANENT SELECT COMMITTEE ON INTELLIGENCE

TOGETHER WITH ADDITIONAL VIEWS

DECEMBER 2002

Washington, jeudi 24
Les attentats du 11 septembre 2001 pouvaient-ils être évités ? Peut-être. Le rapport de la commission spéciale du Congrès se garde de l'affirmer mais estime qu'en ne partageant pas leurs informations, le FBI et la CIA « ont manqué la possibilité de faire échouer le complot ». Il apparaît en effet qu'un agent du FBI avait alerté sa hiérarchie sur l'éventualité d'une attaque aérienne contre le WTC et qu'un autre agent avait avisé sa centrale, le 10 juillet, que Ben Laden avait envoyé des agents aux Etats-Unis afin d'apprendre à piloter. Quant à la CIA, elle avait identifié, dès janvier 2000 en Malaisie, deux des futurs kamikazes comme terroristes, ce qui ne les a pas empêchés d'obtenir des visas pour les Etats-Unis.

Coups de revolver au conseil municipal

New York, mercredi 23
Elu de Brooklyn, James Davis a été tué à la mairie de New York, peu avant une séance du conseil municipal. Depuis le balcon surplombant la salle, le tueur, Othniel Askew, a vidé son chargeur sur sa victime avant d'être abattu par un agent de sécurité. Ce déséquilibré, qui rêvait de supplanter Davis sur les listes démocrates à de prochaines élections, avait échappé aux contrôles en entrant dans la mairie… à son côté ! Issu de la communauté noire, James Davis avait mené campagne contre les armes à feu et pour le mariage des homosexuels.

Le 25, l'émission « Greg le millionnaire » s'achève sur TF1. Marika dit oui à Grégory Basso, 29 ans, qui lui a tout avoué : sa pauvreté, ses petits boulots, sa vie de stripteaseur et de gogo dancer, et même son séjour carcéral.

Jacques Chirac promet subsides et autonomie aux Polynésiens

Tahiti, dimanche 27
Boycotté par les indépendantistes, qui avaient organisé une manifestation en marge de son arrivée hier (vendredi à Nouméa) à l'aéroport de Faaa, Jacques Chirac a comblé les vœux de Gaston Flosse, président du gouvernement de Polynésie. Dans son discours au siège dudit gouvernement, le président de la République a rappelé que la loi de décentralisation du 17 mars 2003 allait permettre à la Polynésie d'avancer plus avant dans la voie de l'autonomie et que le territoire verrait prochainement ses compétences encore élargies. Mais, aussi, il a promis de pérenniser le fonds d'aide de 151 millions d'euros annuels, créé pour compenser les pertes liées à la fin des essais nucléaires.

Gaston Flosse avait mobilisé ses troupes pour accueillir Jacques Chirac à Faaa.

Les attentats sont de retour en Corse

Bastia, dimanche 27
« Nous allons reprendre la lutte armée et la radicaliser. » C'est en ces termes qu'un individu se réclamant du FLNC des « anonymes » a annoncé la rupture de la trêve décrétée il y a sept mois et le ralliement de son groupe au FLNC-Union des combattants, lequel a repris le combat depuis le verdict du procès Erignac. Et ce soir en effet, à Furiani, à proximité de Bastia, un bâtiment de l'EDF a été dévasté par une bombe. Les clandestins s'estiment « grugés » par « l'Etat colonial français », qui n'a pas tenu sa promesse de « rapatrier » dans l'île les prisonniers corses détenus dans les prisons continentales.

Bob Hope a fait rire tous les Américains

Le 30 juin 1985, Bob Hope inaugurait à sa façon un monument à son effigie.

Toluca Lake, dimanche 27
Son long nez pointu et ses mimiques loufoques avaient fait de cette « bête » de la scène et de l'écran une idole pour plusieurs générations d'Américains. Il avait fêté ses 100 ans le 29 mai. Décédé à son domicile californien, Bob Hope était né sous le nom de Leslie Townes Hope en Angleterre, en 1903. Emigré dès sa prime enfance aux Etats-Unis, ce comédien, formé à l'école de la rue et tout aussi doué pour les claquettes et la chanson, se taillera d'immenses succès avec des spectacles et des films conçus pour la classe moyenne américaine. Toute sa vie, il avait affiché (et prouvé) une fidélité patriotique sans faille envers son pays d'adoption.

Incident autour du sort d'Ingrid Betancourt

Le 22, Nicolas Sarkozy rencontrait le président Alvaro Uribe à Bogotá.

Paris, dimanche 27
Invité ce soir du journal de France 2, Dominique de Villepin, le ministre des Affaires étrangères, s'est efforcé de faire retomber la tension entre la Colombie et le Brésil, d'un côté, et la France de l'autre. Si un avion Hercules C-130 a bien atterri à Manaus, le 9 juillet, au départ d'Evreux, c'était dans le cadre d'une opération humanitaire, afin de pouvoir rapatrier Ingrid Betancourt, otage des Farc depuis février 2002, dont on pensait qu'elle allait être libérée. De quoi rassurer Bogotá et Brasilia, qui, déjà mécontents d'avoir été écartés de l'opération, avaient cru à tort que Raul Reyes, n° 2 des Farc, gravement malade, allait être exfiltré vers la France.

Le 27, les championnats du monde de natation s'achèvent à Barcelone sur le triomphe du jeune Américain Michael Phelps, successivement vainqueur en 200 m papillon, en 200 m quatre nages, en relais 4 x 100 m et en 400 m quatre nages. Avec, à la clé, cinq records du monde individuels ! Les Etats-Unis sont largement en tête du tableau, avec 30 médailles dont 12 en or.

Le 27, à Paris, Lance Armstrong monte pour la cinquième fois d'affilée sur la plus haute marche du podium du Tour de France. Cette victoire, qui le met au même rang que Jacques Anquetil, Eddy Merckx, Bernard Hinault et Miguel Indurain, le champion américain l'a conquise de haute lutte contre l'Allemand Jan Ullrich (2e) et le Kazakh Alexandre Vinokourov (3e).

Lu	Ma	Me	Je	Ve	Sa	Di
	1	2	3	4	5	6
7	8	9	10	11	12	13
14	15	16	17	18	19	20
21	22	23	24	25	26	27
28	29	30	31			

Paris, lundi 28
Les parlementaires socialistes saisissent le Conseil constitutionnel sur la loi réformant les retraites.

Paris, lundi 28
Jean-Pierre Raffarin annonce que 4 000 assistants d'éducation seront recrutés d'ici à la fin de l'année en plus des 16 000 prévus.

Paris, lundi 28
L'Etat ne détient plus que 15 % du capital de Renault après la cession de 8,5 % pour 1,2 milliard d'euros.

Paris, lundi 28
Selon la Cour des comptes, 40 à 50 % des médicaments prescrits aux personnes âgées ne sont pas utilisés.

Bochum, lundi 28
Le hooligan allemand Daniel Kohl est condamné à 3 ans et 4 mois de prison ferme pour avoir participé au lynchage du gendarme français Daniel Nivel à Lens lors de la Coupe du monde de football.

Liberia, lundi 28
La rébellion s'empare du port de Buchanan, deuxième ville du pays.

Kunming (Chine), mardi 29
Zinedine Zidane annonce qu'il prendra sa retraite en 2005.

Washington, mardi 29
Ariel Sharon assure que « la construction de la clôture de sécurité continuera ». (→ 31)

Washington, mardi 29
George W. Bush refuse de rendre publiques les 28 pages du rapport du Congrès sur le 11 septembre mettant en cause des dignitaires saoudiens.

Téhéran, mercredi 30
Mohammed Ali Abtahi, vice-président iranien, reconnaît que Zahra Kazemi a été victime d'un « meurtre ».

Madrid, jeudi 31
Selon Greenpeace, 1 137 plages sont polluées par la marée noire due au naufrage du *Prestige*.

Ajaccio, jeudi 31
La voiture de Dominique Ferrière, président du TGI d'Ajaccio, est détruite par un attentat.

France, jeudi 31
30 000 hectares ont été détruits par le feu dans le sud-est de la France en juillet, dont 17 300 dans le Var. (→ 10.8)

France, jeudi 31
Le taux de chômage atteint 9,5 % de la population active.

3 169,63 — 29,36 $ — € 1,1253 $

Les incendiaires recommencent et tuent dans le sud de la France

Sainte-Maxime, mardi 29
Les incendies ont repris dans le massif des Maures, où 6 000 hectares ont brûlé en 24 heures. Et, cette fois, il n'y a plus de doute sur leur origine criminelle : 28 départs de feu ont été identifiés et des débris de cocktail Molotov ont été trouvés. Les conséquences aussi sont criminelles : hier, les corps calcinés de deux touristes britanniques ont été découverts près de La Garde-Freinet ; la nuit dernière, une femme de 76 ans a péri brûlée vive à Sainte-Maxime, où 3 000 habitants ont dû être évacués dans la panique la plus totale. La ville a été sauvée, mais plusieurs dizaines de maisons ont brûlé aux environs. Deux hélicoptères bombardiers d'eau russes sont attendus. (→ 31)

Dans la nuit, aux portes de Sainte-Maxime et de Fréjus : un immense brasier.

Tragique fin de soirée entre Bertrand Cantat et Marie Trintignant

Bertrand Cantat, le chanteur de Noir Désir, est placé depuis mardi en garde à vue.

Vilnius, mercredi 30
Bertrand Cantat est arrivé menotté à l'hôtel Domino Plaza, dans le centre de la capitale lituanienne, pour une tentative de reconstitution du drame qui s'est joué dans la nuit de samedi à dimanche, et à la suite duquel Marie Trintignant a sombré dans un coma dont deux opérations n'ont pas pu la sortir. Selon les rares témoins, l'actrice et le chanteur du groupe Noir Désir se sont violemment disputés. Puis Cantat a appelé Vincent, le frère de Marie, qui participait également au tournage du téléfilm sur la vie de Colette, réalisé par leur mère, Nadine. Lorsqu'il s'est rendu compte de l'état de sa sœur et a appelé les secours, il était déjà trop tard. (→ 1.8)

La feuille de route est malmenée

Israël, jeudi 31
« Brique après brique, mur après mur, l'occupation doit tomber ! » Tel était le slogan entonné par les Palestiniens massés à Kalkiliya, derrière un tronçon de la clôture de sécurité achevé par les Israéliens, soit un mur de béton d'une hauteur de 10 m. Et, de l'autre côté, des pacifistes israéliens venus en autocar de Tel-Aviv dénonçaient ce qu'ils ont appelé « le mur de l'apartheid ». Cette manifestation n'a pas ébranlé dans sa détermination le gouvernement, quitte à faire des entorses à la feuille de route : ce même jeudi, un appel d'offres a été lancé pour agrandir la colonie juive de Neveh Delakim, à Gaza. (→ 6.8)

Le 30, au Mexique, la 21 529 464e et dernière Coccinelle sort en fanfare de l'usine Volkswagen de Puebla. La « voiture du peuple », voulue en 1934 par Hitler et conçue par Ferdinand Porsche, a été la plus construite du monde.

Le Tour du Centenaire a tenu ses promesses

Ce Tour de France 2003 ne pouvait pas, ne devait pas, être un Tour de France comme un autre. En effet, pour cause de centenaire, le rappel de l'histoire avait été battu des mois et des mois avant l'échéance de juillet. A vrai dire, on savait de longue date que les symboles et les souvenirs seraient au rendez-vous ; que les champions et leurs exploits seraient célébrés, et les lieux mythiques honorés : ainsi avaient parlé les organisateurs.

Le cyclisme a pour particularité, relativement à la plupart des autres sports, d'être fortement attaché à ses racines, et l'évocation de la naissance du Tour de France et sa traversée du XXe siècle allaient, à elles seules, mobiliser la chronique : livres, éditions spéciales, documentaires vidéo, rétrospectives audio… tout se préparait depuis plusieurs mois.

Maurice Garin en 1903.

Depuis que les grandes lignes du Tour 2003 avaient été annoncées : le départ de Paris – en réalité de Montgeron, en Essonne, face à l'auberge du Réveil-Matin, comme en 1903 – puis le parcours épousant lui aussi les contours de la première édition avec les mêmes étapes à Lyon, à Marseille, à Toulouse, à Bordeaux et à Nantes ; et, naturel-lement, un passage par les lieux emblématiques qui ont contribué à la légende du Tour comme les cols du Galibier et de l'Izoard dans les Alpes, d'Aspin et du Tourmalet dans les Pyrénées, là où la communauté cycliste – qui n'en est point avare – a établi des lieux de mémoire pour commémorer ses grands hommes.

Et ils sont nombreux ces grands hommes. Il avait beaucoup été question d'Henri Desgrange (dont les initiales allaient reparaître pour la circonstance sur le maillot jaune) et de Géo Lefèvre, les fondateurs du Tour de France ; de Maurice Garin, son premier vainqueur ; des héros français de l'avant-guerre (Antonin Magne, André Leducq, Georges Speicher, Roger Lapébie) et de l'après-guerre Jean Robic, Louison Bobet) quand les Français trouvaient en eux les motifs de fierté dont ils avaient besoin. On évoquait aussi les recordmen, ces quintuples vainqueurs de référence, Jacques Anquetil, Eddy Merckx, Bernard Hinault et Miguel Indurain, dont on se demandait s'ils allaient être rejoints par l'Américain Lance Armstrong, dominateur des quatre précédentes éditions, « miraculé » du cancer qui divisait l'opinion, admiré par certains mais honni par d'autres, le contexte international avivant peut-être encore un peu plus la ligne de partage sportive.

Bref, le décor était planté, les organisateurs et les médias ayant estimé juste de jouer sur la corde de la mémoire. Par exemple, une caravane du Centenaire, dotée d'un superbe « visuel » historique allait, de ses dix véhicules décorés et animés de figurants en costumes d'époque, raconter cent ans de Tour de France au public massé sur le bord de la route.

L'année des célébrations

« Avec le Tour de France, notre pays se célèbre lui-même sous prétexte de sport », pouvait résumer avec justesse un observateur avisé. Il n'allait pas manquer de faire fête au Tour, ce pays – ainsi du reste que de très nombreux spectateurs étrangers. Car les études l'ont ensuite démontré, les foules et les audiences réalisées par la télévision côtoyèrent les records.

On le sentit dès le début, que le public avait du talent, et l'on ne s'étonna point qu'à ce diapason les coureurs fassent merveille, comme bénis par le souffle régénérateur du Centenaire. Dès le prologue, l'émotion fut au rendez-vous au pied de la tour Eiffel à Paris avec la défaite du tenant du titre Lance Armstrong, avec la malchance de celui qui aurait dû se parer du premier maillot jaune, l'Ecossais David Millar, et avec la victoire inattendue d'un de ces aventuriers des antipodes, l'Australien Bradley Mc Gee.

D'autres frissons allaient nous être réservés, jour après jour. Frissons sportifs aux arrivées des étapes de plaine, le plus souvent jugées au sprint, et gagnées avec une étonnante maestria par le nouveau prodige italien Alessandro Petacchi. Lisez bien, il s'adjugea la première, la troisième, la cinquième et la sixième, avant de rentrer chez lui aux abords des Alpes. Il avait déjà remporté six étapes en juin au Tour d'Italie et il allait en remporter cinq en septembre au Tour d'Espagne. Faut-il préciser que Petacchi, la vélocité et l'élégance personnifiées, fit oublier complètement son compatriote Mario Cippollini, la star fantasque, champion du monde en titre, mais dont l'équipe n'avait pas été sélectionnée par les organisateurs.

Virenque en plein effort.

Ces « emballages » magistraux, les échappées qui s'efforçaient d'y échapper, les commémorations que la France profonde avait préparées nous avaient amenés au pied des Alpes sans qu'on pût s'ennuyer une seconde. Et là, nouvel effet de grâce avec un long raid victorieux « à l'ancienne », mené à bien sur la route de Morzine par le coureur préféré des Français, Richard Virenque, qui sait si bien illustrer le panache et le courage. Victoire d'étape, maillot jaune et maillot blanc à pois rouges de meilleur grimpeur pour le coureur varois. Dans les plis de ces maillots, discrètement, une pincée de revanche et une autre de rédemption pour un champion tellement malmené – comme l'ensemble du cyclisme, d'ailleurs – à la fin des années 90.

C'est paradoxalement en étant battu le lendemain sur les pentes de l'Alpe-d'Huez que Lance Armstrong s'empara du maillot jaune. Devancé par le grimpeur basque Iban Mayo, qui lui avait déjà donné du fil à retordre un mois plus tôt dans le Critérium du Dauphiné Libéré, l'Américain tira en la circonstance bénéfice de la victoire collective remportée quelques jours plus tôt par ses équipiers de l'US Postal et lui-même dans le contre-la-montre par équipes de St-Dizier. Ce maillot jaune, il n'allait plus le quitter. Cependant, que d'émotions l'attendent encore !

Vingt-quatre heures plus tard, par exemple, en vue

Blessé, l'Américain Tyler Hamilton terminera quatrième.

de l'arrivée à Gap, une chute dramatique de l'Espagnol Joseba Beloki, l'un de ses challengers, l'oblige à sortir de la route en pleine descente, à traverser un champ, avant de retrouver sa place en tête de peloton en contrebas, sans une égratignure – les images de ce très insolite épisode ont fait le tour du monde !
Après Mayo, Armstrong se découvre ce jour-là un nouvel adversaire en la personne du Kazakh Alexandre Vinokourov, vainqueur du jour, coureur opportuniste et complet. Et ce n'est pas fini. Grosse surprise, en effet, lors du premier contre-la-montre individuel disputé dans le Tarn, à Cap'Découverte, un exercice où, ordinairement, l'Américain conforte sa suprématie. Là, sous une chaleur accablante, et à demi-défaillant, Armstrong concède plus d'une minute et demie à l'Allemand Jan Ullrich. Le revenant, le vainqueur prodige du Tour 1996, victime de ses errements au cours des dernières saisons, n'a rien perdu de son énorme classe. Le vrai challenger, on le comprend désormais, c'est lui.

Le 21 juillet, Ullrich évite Mayo et Armstong près de Luz-Ardiden.

Le verdict de Luz-Ardiden

Les Pyrénées se profilent, corsées, alors que les écarts entre les protagonistes – Armstrong, Ullrich, Vinokourov – sont ténus, chose surprenante, aux deux tiers de la course. Mais, dans la difficile étape de Bagnères-de-Bigorre à Luz-Ardiden, l'Américain va connaître en quelques kilomètres les affres de la malchance et les fastes de la victoire. Dans l'ultime montée, en effet, il tombe lourdement en entraînant l'Espagnol Mayo avec lui ; se relève, glisse encore une fois pour finalement passer à l'attaque, gagner cette étape reine et reprendre quarante secondes à ses rivaux. Si rien de fâcheux ne se produit le lendemain sur la route de Bayonne, c'est l'avant-dernier jour, contre la montre, que l'affaire se jouera entre Armstrong et Ullrich.
Or rien ne se passe dans la dernière étape pyrénéenne si ce n'est l'exploit athlétique, sous forme d'une magistrale échappée solitaire, de l'Américain Tyler Hamilton. Hamilton qui, victime d'une lourde chute dès la première étape et victime d'une fêlure de la clavicule, a failli abandonner le lendemain, avant d'effectuer tout le Tour avec un bandage serré – et il terminera quatrième à Paris !

Mais nous n'y sommes pas encore, à Paris. Reste à négocier, sous une pluie battante, les cinquante kilomètres qui séparent Pornic de Nantes. Là, c'est Jan Ullrich, pointé en tête, qui effectue une spectaculaire cabriole. C'en est fini de ses chances. Armstrong termine prudemment. Du coup, c'est David Millar, le malchanceux du prologue à Paris, qui s'adjuge ce contre-la-montre à suspense.
Et à Paris, à l'arrivée cette fois, c'est le Français Jean-Patrick Nazon qui s'imposera dans un sprint d'apothéose, qui permettra également à l'Australien Baden Cooke de ravir le maillot vert du classement par points à son compatriote Robbie Mc Ewen. Nazon (qui avait porté le maillot jaune durant une journée en début de Tour) apporte ainsi une consolation au cyclisme français, qui en a plutôt besoin. Car si Richard Virenque, irréprochable, rejoint l'Espagnol Federico Bahamontes et le Belge Lucien Van Impe avec six victoires dans le classement du meilleur grimpeur, au classement général, les positions des « Tricolores » sont plutôt médiocres, le meilleur d'entre eux, Christophe Moreau, ne pointant qu'en huitième place à plus de douze minutes d'Armstrong, sans jamais avoir pu peser sur la course.

Le 27 juillet, Jean-Patrick Nazon (à gauche) remporte la dernière étape.

Sang-froid et autorité

On en était là du bilan sportif 2003 lorsque, sur le magnifique podium des Champs-Elysées, Lance Armstrong fut congratulé par ses « pairs », Eddy Merckx, Bernard Hinault et Miguel Indurain. Le matin même, douze mille cyclistes en maillot jaune avaient sillonné le circuit final pour dire que le Tour de France était bel et bien, pour tous ceux qui aiment le vélo, un emblème respecté, une sorte de monument national. Et la parade finale offerte au public parisien – et aux téléspectateurs – vint apporter avec goût et émotion, une jolie touche finale à ce Tour du Centenaire.
Retenons ce commentaire de l'historien Jacques Augendre : « On attendait beaucoup de ce Tour du Centenaire. Il a tenu ses promesses. Ce fut le plus disputé, le plus exaltant de ces quinze dernières années et, avec une moyenne de 40,758 km/h, le plus rapide de l'histoire… Ce cinquième succès de Lance Armstrong est le plus beau et c'est assurément le plus prestigieux, car il confirme une constance exemplaire. Nous avons la preuve qu'il maîtrisait parfaitement son sujet et qu'il possédait un mental exceptionnel forgé par sa lutte victorieuse contre le cancer. Confronté à des problèmes qu'il n'avait jamais connus dans le passé, il les a réglés avec méthode, avec sang-froid, avec autorité. Il n'a commis aucune erreur. » Qui ne saurait partager cette analyse en forme d'éloge ? Friands de records et de comparaisons, les observateurs, sous le charme, s'interrogent maintenant sur les chances de Lance Armstrong d'obtenir une sixième victoire en 2004 et d'en devenir ainsi le recordman absolu. Son orgueil, l'homogénéité de son équipe et son haut degré de professionnalisme, une nouvelle fois démontrés, inclinent à répondre par l'affirmative. Laissons passer les mois. Contentons-nous dans l'immédiat du bonheur d'avoir retrouvé, au rendez-vous de l'histoire, un sport de nouveau en adéquation avec son public. L'alchimie du Centenaire a joué, qui a ravivé ce qu'il y avait de meilleur dans les esprits. Les démons du sport, on le sait maintenant, ne sévissaient pas seulement dans le cyclisme. Et le Tour a toujours fort bel âge. Grâce soit rendue aussi à la télévision, à ses moyens et à ses talents, qui transforme une compétition sportive, une aventure humaine en véritable fait de société, de proximité, fédérateur et généreux. L'affection qu'il suscite n'a rien d'usurpé. Osons donc lui souhaiter un autre centenaire…

Jean-Marie Leblanc
Directeur du Tour de France

Lance Armstrong est le grand vainqueur.

Août

Lu	Ma	Me	Je	Ve	Sa	Di
				1	2	3
4	5	6	7	8	9	10
11	12	13	14	15	16	17
18	19	20	21	22	23	24
25	26	27	28	29	30	31

Bruxelles, vendredi 1er
Ouverture sur le quai des Péniches, en bord de Senne, de Bruxelles-les-Bains, organisé jusqu'au 31 août sur le modèle de Paris-Plage.

France, vendredi 1er
Le taux de rémunération du livret A passe de 3 % à 2,25 %.

Paris, vendredi 1er
L'action Euro Disney perd 22,95 % après que le groupe a annoncé qu'il ne pourrait pas honorer certaines obligations bancaires arrivant à échéance en 2003 et en 2004.

Stuttgart, samedi 2
Cyclisme sur piste : le Français Laurent Gané obtient la médaille d'or aux championnats du monde en vitesse individuelle.

Dubaï, dimanche 3
Dans une bande sonore diffusée par Al-Arabiya, Ayman al-Zawahri, n° 2 de la Qaida, assure que « la bataille ne fait que commencer. »

Ile de Ré, mercredi 6
Audrey Texier, 16 ans, est retrouvée assassinée. Elle a été violée.

Californie, mercredi 6
Schwarzenegger se porte candidat au poste de gouverneur. (→ 7.10)

Israël, mercredi 6
339 des 6 000 Palestiniens détenus en Israël sont libérés. (→ 2.9)

Madagascar, mercredi 6
L'ex-président Didier Ratsiraka est condamné par contumace à dix ans de travaux forcés pour « détournement de fonds publics ».

Indonésie, jeudi 7
L'islamiste Amrozi est condamné à mort pour l'attentat commis à Bali en octobre 2002.

Bagdad, jeudi 7
Un attentat à la voiture piégée devant l'ambassade de Jordanie fait 11 morts et 65 blessés.

Vilnius, vendredi 8
Bertrand Cantat est inculpé de meurtre par la justice lituanienne. Il est maintenu en détention. (→ 13)

DÉCÈS

Bruxelles, vendredi 1er
Guy Thys, ex-entraîneur de l'équipe nationale de football (*6.12.1922).

Paris, lundi 4
Alice Saunier-Séité, ancien ministre des Universités (*26.4.1925).

Royan, lundi 4
René Pellat, haut-commissaire à l'énergie atomique (*24.2.1936).

3 165,49 — 30,78 $ — € 1,1321 $

Marie Trintignant meurt

Neuilly-sur-Seine, vendredi 1er
Rapatriée hier de Lituanie à bord d'un Falcon médicalisé, Marie Trintignant est décédée ce matin à 10 h 21 à la clinique Hartmann sans être sortie du coma. Le chanteur Bertrand Cantat, qui n'a pas été informé de la mort de sa compagne en raison de son « état psychologique fragile », se trouve sous observation à l'hôpital de la prison de Vilnius. Il a confié à son avocat : « Si Marie meurt, je préfère ne pas vivre. » Entendu hier, il a réfuté « le terme de crime » : « C'est un accident après lutte. » Le parquet de Paris a ouvert une information judiciaire pour « violences volontaires ayant entraîné la mort sans intention de la donner » et confié l'enquête à la juge Nathalie Turquey. (→ 8)

*L'actrice avait 41 ans (*21.1.1962).*

La loi de compétence universelle est abolie

Bruxelles, vendredi 1er
Depuis 1993, la loi dite de compétence universelle permettait aux tribunaux belges de juger n'importe quel auteur présumé de crime de guerre ou contre l'humanité, qu'il soit belge ou non, ce qui avait entraîné des plaintes contre des chefs d'Etat ou de gouvernement alliés de la Belgique, tels George W. Bush et Ariel Sharon. Elle est abrogée. Selon le nouveau texte, ne seront plus recevables que les plaintes déposées à l'encontre de citoyens du royaume ou y résidant depuis au moins trois ans, conditions également requises pour les plaignants. Les instructions en cours contre Tony Blair et Ariel Sharon sont définitivement closes.

La frontière américaine est bien verrouillée

Washington, vendredi 1er
A moins que de posséder un passeport à lecture optique, il faudra désormais montrer patte blanche pour entrer aux Etats-Unis. Une nouvelle disposition draconienne entre en effet en vigueur aujourd'hui. Outre une demande de visa, même pour un séjour inférieur à 90 jours, il sera nécessaire d'avoir un entretien avec un fonctionnaire d'un consulat américain, lequel décidera si le demandeur présente des garanties suffisantes. Cette procédure, qui entre dans le cadre de la lutte antiterroriste, n'annule toutefois pas le risque d'être refoulé à la frontière.

Suicide de l'un des dirigeants de Hyundai

Chung Mong-hun a fini par « craquer ».

Séoul, lundi 4
L'un des hommes les plus puissants et les plus influents de la Corée du Sud a mis fin à ses jours en se jetant par la fenêtre de son bureau du 12e étage. Fils du fondateur du groupe Hyundai, âgé de 54 ans, Chung Mong-hun dirigeait la branche Asie du grand conglomérat coréen. Il était accusé d'avoir versé la somme de 500 millions de dollars à la Corée du Nord en 2000 pour faciliter le sommet organisé cette même année entre les deux frères ennemis, et pour obtenir des parts de marché au Nord dans l'hypothèse d'une ouverture des frontières. Mis sous contrôle judiciaire, il n'avait pas supporté de se considérer lui-même comme déshonoré.

Les islamistes frappent à Jakarta

Jakarta, mardi 5
Avec 14 morts et 152 blessés, l'attentat à la voiture piégée qui a ravagé l'hôtel Marriott met cruellement en évidence l'incapacité de la police indonésienne à juguler le terrorisme. En frappant au cœur de la capitale, dans un établissement fréquenté par les Occidentaux, les terroristes ont lancé un véritable défi au pouvoir : l'attentat s'est produit en plein procès d'Abu Bakar Baashir, considéré comme l'un des principaux leaders de la Jemaah Islamiyah, réseau lié à la Qaida, à qui avait été attribué le carnage de Bali, en 2002. D'ailleurs, l'explosif utilisé serait le même. (→ 2.9)

Le 1er, un camion piégé explose dans l'enceinte de l'hôpital militaire russe de Mozdok, en Ossétie du Nord, soit à dix kilomètres de la Tchétchénie. On parle de 30 à 50 morts et de près d'une centaine de blessés. L'attentat, attribué par Moscou aux indépendantistes tchétchènes, a soufflé le bâtiment.

L'Etat s'est engagé à sauver Alstom

Paris, mercredi 6
Géant de la construction ferroviaire et navale, ainsi que de l'énergie, Alstom réalise 21 milliards d'euros de chiffre d'affaires et emploie 110 000 salariés, dont 25 000 en France. Or Alstom est au bord de la catastrophe, à cause de son endettement : 5 milliards d'euros. Le sauvetage devrait être assuré grâce à l'intervention de l'Etat, si Bruxelles donne son feu vert. L'Etat détiendrait alors 30 % du capital par le biais d'une augmentation de capital et se porterait contre-caution auprès des banques qui cautionnent Alstom auprès des clients. Un pool bancaire accorderait un prêt à échéances de 1,2 milliard et un prêt à court terme de 600 millions. (→ 18)

La France vit une chaleur caniculaire

Plus d'un département sur deux manque d'eau, comme ici à Mussidan (Dordogne).

France, dimanche 10
Depuis lundi dernier, la France étouffe. De jour comme de nuit. Et à en croire Météo France, la canicule doit persister jusqu'à jeudi. Ce mois d'août est le plus chaud depuis 1949. En 1976, au moins, les températures baissaient fortement la nuit. Pas cette fois. Les températures nocturnes sont supérieures de 3,5° à la normale saisonnière. Celles relevées de jour battent tous les records établis depuis 1873. Dans les deux tiers de ses 120 stations de mesure, Météo France constate des températures supérieures à 35°. C'est notamment le cas à Paris. Dans 15 % des cas, elles dépassent les 40°, y compris en Bretagne. L'air est aussi sec et chaud en altitude qu'au sol. Les orages n'éclateront pas. (→ 14)

Les altermondialistes affirment leur force au plateau du Larzac

Larzac, dimanche 10
Trente ans après les manifestations qui, en s'opposant à l'extension d'un camp militaire sur le plateau du Larzac, dans l'Aveyron, avaient marqué l'émergence d'une gauche écologiste et alternative, 200 000 à 300 000 altermondialistes se sont retrouvés pendant trois jours, sous la houlette d'Attac et de José Bové. Dans une ambiance combative et festive, et malgré la chaleur, les participants ont réaffirmé leur opposition radicale à la mondialisation libérale. Ce soir, ils se sont donné rendez-vous en septembre, pour faire échec au sommet de l'OMC de Cancun, au Mexique. Les socialistes venus à ce rassemblement n'ont pas été toujours très bien accueillis. (→ 1.9)

José Bové était sorti le 2 août de la maison d'arrêt de Villeneuve-lès-Maguelonne.

Jacques Deray était un classique

Boulogne-Billancourt, dimanche 10
Décédé à l'âge de 74 ans (*19.2.1929), Jacques Derayaud avait simplifié son patronyme en Deray pour se consacrer à une carrière de cinéaste, laquelle lui attira le respect tant de la profession que de la critique et du public. Il a su donner le meilleur de lui-même avec des thrillers comme *la Piscine* (1968), où la sobriété et l'efficacité de son style faisaient merveille. Son succès le plus marquant demeure toutefois *Borsalino* (1970), avec Alain Delon et Jean-Paul Belmondo, qui devait l'entraîner dans une voie plus conventionnelle. Delon aura tourné neuf films avec lui.

Le 5, le Portugal demande au Centre euro-atlantique de coordination des réactions en cas de catastrophe (EADRCC), qui dépend de l'Otan, de lui procurer des avions et hélicoptères pour lutter contre les incendies de forêts. Ils ont déjà détruit plus de 50 000 hectares et fait 11 victimes. (→ 16)

Le 5, à Minneapolis, l'Eglise épiscopalienne, la branche américaine de l'Eglise anglicane, confirme la nomination de Gene Robinson comme évêque dans le New Hampshire. Cette promotion fait scandale : le futur évêque est ouvertement homosexuel et a été accusé de harcèlement sexuel. (→ 2.11)

Août

Lu	Ma	Me	Je	Ve	Sa	Di
				1	2	3
4	5	6	7	8	9	10
11	12	13	14	15	16	17
18	19	20	21	22	23	24
25	26	27	28	29	30	31

Strasbourg, lundi 11
Après la mort, samedi, de Nicolas, âgé de 9 ans, à la suite de coups, ses parents, sa grand-mère et son oncle sont mis en examen pour « actes de torture et de barbarie » et incarcérés.

Thaïlande, lundi 11
L'Indonésien Riduan Isamuddin, alias Hambali, considéré par la CIA comme le « Ben Laden de l'Asie du Sud-Est », est arrêté.

Gironde, mardi 12
Le château de L'Hospital donne le coup d'envoi des vendanges. Elles n'avaient jamais été si précoces dans le Bordelais depuis 1893.

Buenos Aires, mercredi 13
Le Parlement argentin abroge les lois qui interdisaient les poursuites contre les tortionnaires ayant œuvré lors de la dictature militaire (1976-1983).

Paris, mercredi 13
Le rapport d'autopsie indique que Marie Trintignant a succombé à un œdème cérébral causé par des coups violents portés au visage. (→ 21)

Genève, jeudi 14
Bernie Ecclestone, vice-président de la Fédération internationale automobile (FIA), annule l'édition 2004 du Grand Prix du Canada de F1 en raison de l'entrée en vigueur dans le pays d'une loi antitabac.

Paris, jeudi 14
Le Conseil constitutionnel valide la totalité des articles de la loi réformant les retraites.

Moscou, jeudi 14
Le gouvernement donne son accord à la fusion des groupes russes Ioukos et Sibneft qui doit donner naissance au 4e groupe pétrolier mondial. (→ 25.10)

Portugal, samedi 16
Les incendies sont maîtrisés. Ils ont fait 18 morts et détruit 285 000 ha.

Chambord, dimanche 17
Un plancher du château s'effondre au cours d'une visite. Six touristes sont blessés.

Lyon, dimanche 17
Interpol lance un mandat d'arrêt international contre le milliardaire algérien Rafik Khalifa. La justice algérienne l'accuse de blanchiment d'argent.

Reykjavik, dimanche 17
Après un moratoire de 14 ans, l'Islande autorise à nouveau la pêche à la baleine.

3 279,21 — 28,76 $ — € 1,1258 $

Charles Taylor quitte enfin le Liberia et trouve refuge au Nigeria

Monrovia, lundi 11
Cédant à la pression des Etats voisins, de l'ONU et des Américains, Charles Taylor s'était engagé à abandonner le pouvoir le 11 août et à le céder à son vice-président, Moses Blah. Non sans s'être assuré de ses arrières financiers, il a tenu parole. Après une cérémonie protocolaire curieusement détendue, il s'est envolé pour le Nigeria où lui a été assuré un asile politique. L'ancien président du Liberia laisse son pays en ruine et ensanglanté. Le calme précaire instauré à Monrovia par les forces de l'Afrique de l'Ouest doit être consolidé en novembre par des casques bleus de l'ONU, tandis que des élections, en octobre 2005, devraient consacrer un début de normalisation.

Charles Taylor a été inculpé le 4 juin dernier pour crimes de guerre et crimes contre l'humanité par le tribunal spécial pour la Sierra Leone créé par les Nations unies.

L'Otan placée à la tête de l'Isaf en Afghanistan

Kaboul, lundi 11
Le général Götz F.E. Gliemeroth prend la succession du général Norbert van Heyst au commandement de la Force internationale d'assistance et de sécurité (Isaf) en Afghanistan. Si les deux sont allemands, le second n'a pas été investi par son pays, qui avait l'Isaf en charge depuis six mois (après avoir été précédé par la Grande-Bretagne et la Turquie), mais par l'Otan. Il s'agit là d'une première : jamais l'Otan n'était intervenue hors d'Europe. Le terme de sa mission n'a pas été fixé, d'autant que le champ d'action de l'Isaf pourrait, si les moyens lui en sont donnés, être étendu au-delà de Kaboul.

L'« ostalgie » est à la mode en Allemagne

Sous le bras de Daniel Brühl, héros de « Good bye Lenin ! », un portrait d'Erich Honecker, qui dirigea treize ans la RDA.

Allemagne, mercredi 13
Depuis sa sortie en février, le film de Wolfgang Becker, *Good bye Lenin !*, a attiré six millions de spectateurs. Un signe de la vague d'« ostalgie » qui s'est emparée du pays. Le film met en scène, de façon drôle et tendre, les efforts d'un fils pour faire croire à sa mère, plongée dans le coma à la veille de la chute du mur de Berlin et revenue à la vie huit mois plus tard, que rien n'a changé en son absence… Cette nostalgie de l'Est n'occulte pas les crimes de la dictature communiste, mais met en évidence les changements brutaux intervenus dans le quotidien des « Ossie » (Allemands de l'Est), dont tout a été bouleversé, y compris le mode alimentaire, jusqu'à leur faire perdre tout repère.

Tripoli paiera pour l'attentat de 1988

Londres, mercredi 13
La Libye et les familles des victimes de l'attentat qui avait détruit en plein vol un Boeing 747 au-dessus de Lockerbie, en Ecosse, en 1988 (270 morts), se sont accordées sur une indemnisation. La Libye, qui reconnaît sa responsabilité, versera 10 millions de dollars à chaque famille, mais sous diverses conditions : Tripoli exige en particulier la levée des sanctions infligées par l'ONU. Mais la France y fera obstacle au Conseil de sécurité si la Libye ne propose pas un traitement équivalent aux familles des victimes de l'attentat contre le DC-10 d'UTA (170 morts en 1989). (→ 12.9)

Le 11, en ouverture du tournoi de Toronto (Canada), la Belge Kim Clijsters étrenne son statut de n° 1 mondial du tennis féminin obtenu dimanche en finale du tournoi de Los Angeles face à Lindsay Davenport.

Une surmortalité due aux fortes chaleurs

Paris, jeudi 14
Jean-Pierre Raffarin a interrompu ses vacances et a présidé aujourd'hui une réunion de crise à l'issue de laquelle il a décidé que le « plan blanc » pourra être étendu à tous les départements en fonction des besoins. Celui-ci, activé hier en Ile-de-France, permet le rappel des personnels soignants en congé et la réquisition de lits supplémentaires dans les hôpitaux. Ceux-ci sont en effet surchargés. Selon Jean-François Mattei, ministre de la Santé, la canicule aurait entraîné une « véritable épidémie » qui aurait déjà fait 3 000 victimes, pour la plupart des personnes âgées. Pour faire face à l'afflux de dépouilles mortuaires, un hangar réfrigéré de 4 000 m² va être réquisitionné dans l'Essonne. (→ 18)

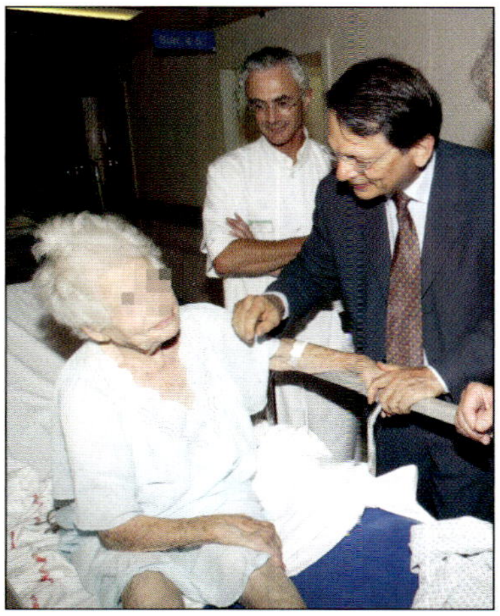

Jean-François Mattei, le ministre de la Santé, dans un hôpital bordelais.

On l'appelait « le boucher de l'Ouganda »

Djeddah, samedi 16
Porté au pouvoir en 1971 par un coup d'Etat appuyé par la Grande-Bretagne et les Etats-Unis, chassé en 1979 après un règne particulièrement sanglant, l'ancien président de l'Ouganda, Idi Amin Dada, est mort à l'âge estimé de 80 ans en Arabie Saoudite. Il y vivait en exil en compagnie de quatre de ses cinq épouses. Cuisinier dans l'armée britannique qui l'avait fait sergent, il s'était autoproclamé président à vie et maréchal. Il avait expulsé 50 000 Indo-Pakistanais en 1972 car, disait-il, Allah lui avait confié la mission de faire de l'Ouganda « le pays de l'homme noir ». Soupçonné d'anthropophagie, il serait responsable de la mort, selon Amnesty International, de 300 000 opposants.

1,90 m, 120 kg : il fut champion de boxe poids lourds de son pays de 1951 à 1960.

50 millions de Nord-Américains à tâtons

A la tombée de la nuit, l'électricité n'était pas revenue dans l'île de Manhattan.

Amérique du Nord, jeudi 14
Depuis 16 heures, le nord-est des Etats-Unis, dont New York, et le sud-est du Canada, autour de Toronto et Ottawa, sont privés d'électricité. L'origine de cette panne, la plus importante qu'ait connue le continent nord-américain, donne lieu à bien des hypothèses. Celle d'un attentat, vite exclue par George W. Bush. Celle d'une contamination du réseau électrique par Blaster, le virus informatique qui se propage depuis lundi à travers le monde via Windows. Celle de dysfonctionnements en chaîne après que la centrale de Niagara Falls, dans l'Etat de New York, a été touchée par la foudre. Contrairement à ce qui s'était passé en 1977, aucune scène de pillage n'a eu lieu à New York. (→ 18)

Le 17, à La Cavalerie, dans le Larzac, fin du Teknival, après trois journées où se sont rassemblés 40 000 « teufeurs ». L'Etat prendra en charge la remise en état des terrains et indemnisera les paysans victimes de dégradations.

La résistance prend de l'ampleur en Irak

L'oléoduc reliant la région de Kirkourk à la Turquie venait juste d'être rouvert.

Irak, dimanche 17
Confondant une simple caméra vidéo avec un lance-roquettes, des militaires américains ont abattu aujourd'hui, à l'ouest de Bagdad, un cameraman de l'agence Reuters. Face aux attaques de plus en plus meurtrières dont elles sont l'objet quotidiennement de la part de la résistance irakienne, les forces de la coalition font montre d'une nervosité croissante. Hier soir, c'est un soldat du petit contingent danois qui a été tué dans le sud du pays. Mais il y a encore plus grave aux yeux de Paul Bremer, l'administrateur américain. Une série de sabotages vient de démontrer que la résistance entendait ruiner tous ses efforts de reconstruction. Vendredi, un tronçon de l'oléoduc reliant le nord de l'Irak au port turc de Ceyhan a été dynamité, paralysant les exportations de brut pour deux semaines minimum et peut-être un mois. Or c'est l'argent du pétrole qui est précisément censé financer la reconstruction. Et un autre sabotage, ce dimanche, a privé d'eau quelque 300 000 Bagdadis et provoqué d'importantes inondations.

Alimenter Bagdad en eau : un défi que les Américains s'efforcent de relever.

Août

Lu	Ma	Me	Je	Ve	Sa	Di
				1	2	3
4	5	6	7	8	9	10
11	12	13	14	15	16	17
18	19	20	21	22	23	24
25	26	27	28	29	30	31

Amérique du Nord, lundi 18
Les derniers foyers encore privés d'électricité après la panne de jeudi sont raccordés au réseau.

Paris, lundi 18
Démission de Lucien Abenhaïm, directeur général de la santé, mis en cause pour sa gestion de la canicule. (→ 22)

Paris, lundi 18
L'ancien P-dg d'Alstom, Pierre Bilger, annonce qu'il renonce à 4,1 des 5,1 millions d'euros d'indemnités qui lui avaient été accordés : « Je ne veux pas être un motif de scandale. »

Jérusalem, mardi 19
Un attentat suicide dans un autobus, commis par un homme déguisé en juif orthodoxe, fait 21 morts et plus de 100 blessés.

Casablanca (Maroc), mardi 19
Quatre islamistes, membres de l'organisation Salafia Jihadia, sont condamnés à mort et 83 autres à de lourdes peines de prison pour complicité dans les attentats du 16 mai. Ils ont plaidé non coupable.

Anderlecht, mercredi 20
Naissance de Gabriel, Baudouin, Charles, Marie, deuxième enfant et premier fils du prince Philippe et de la princesse Mathilde.

Washington, jeudi 21
Le Pentagone confirme la capture du cousin de Saddam Hussein, Ali Hassan al-Majid, surnommé « Ali le chimique » pour son rôle dans le gazage de Kurdes et de chiites après la première guerre du Golfe.

Vilnius, jeudi 21
La juge française Nathalie Turquey met Bertrand Cantat en examen pour « violences volontaires ayant entraîné la mort sans intention de la donner » et « non-assistance à personne en danger ». (→ 4.9)

Paris, vendredi 22
Le gouvernement annonce que 500 millions d'euros seront débloqués pour compenser les pertes subies par les agriculteurs en raison de la sécheresse. (→ 29)

New York, samedi 23
Le Portugais Ramiro Lopes da Silva est nommé représentant spécial de l'ONU pour l'Irak.

DÉCÈS

Paris, vendredi 22
Piéral, né Pierre Aleyrangues, le nain le plus célèbre du cinéma français (*22.11.1923).

3 328,99 — 29,78 $

€ 1,0876 $

Attentat contre l'ONU à Bagdad

Bagdad, mardi 19
La mort du Brésilien Sergio Vieira de Mello, représentant de l'ONU en Irak, plonge la communauté internationale dans la stupeur et la consternation. Il était 16 h 30 (heure locale) quand une formidable explosion, provoquée par un camion piégé, a fait sauter l'hôtel Canal où se trouvait le QG de l'ONU. On dénombre ce soir 17 morts, dont six collaborateurs de Sergio Vieira de Mello, et une centaine de blessés. Cet attentat, dont on ignore encore s'il a été perpétré par la résistance irakienne ou par un groupe islamiste, a conduit le secrétaire général des Nations unies, Kofi Annan, à ordonner l'évacuation de tous les employés étrangers du QG. Dès demain, ils doivent être transférés à Amman, en Jordanie. (→ 23)

Le bureau de Sergio Vieira de Mello (en cartouche) se trouvait au point d'impact.

La liberté pour les touristes européens enlevés dans le Sahara

Micheline Calmy-Rey, le ministre suisse des Affaires étrangères, accueille les otages helvétiques à leur arrivée à l'aéroport militaire de Cologne-Wahn, en Allemagne.

Cologne, mercredi 20
Les quatorze derniers touristes retenus en otages après avoir été enlevés dans le Sud algérien (un Néerlandais, quatre Suisses, neuf Allemands) sont arrivés à Cologne à bord d'un Airbus qui les ramenait de Bamako. La raison pour laquelle ils se sont retrouvés au Mali, l'identité de leurs ravisseurs comme les conditions de leur libération, négociée par Jürgen Chrobog, secrétaire d'Etat allemand aux Affaires étrangères, n'ont pas été révélées. Une rançon (plusieurs millions d'euros) aurait été versée. Un seul otage n'est pas rentré : Michaela Spitzer. Cette mère de deux enfants est décédée durant sa détention, victime, officiellement, d'une insolation.

Victoire sur le fil d'Armel Le Cléac'h

Saint-Nazaire, vendredi 22
La lutte entre les deux Bretons a duré jusqu'au bout. Après avoir parcouru en quatre étapes 1 820 milles (environ 4 000 kilomètres), le Finistérien Armel Le Cléac'h, 26 ans, à bord de *Créatine*, remporte la Solitaire Afflelou-*Le Figaro* avec seulement 13 secondes d'avance sur Alain Gautier *(Foncia)*, qui avait pourtant 19 minutes d'avance, lundi, au départ de Dingle, en Irlande. Cette dernière étape revient à Lionel Péan *(Nouvel Observateur)*, un « vétéran » de 46 ans, qui avait lui-même gagné la Solitaire du *Figaro* en 1983.

Le 24, au Stade de France, lors du 100 m des Mondiaux d'athlétisme, estimant être victime d'une disqualification injustifiée, Jon Drummond décide de se coucher sur la piste et demande réparation.

Août

Lu	Ma	Me	Je	Ve	Sa	Di
				1	2	3
4	5	6	7	8	9	10
11	12	13	14	15	16	17
18	19	20	21	22	23	24
25	26	27	28	29	30	31

Ajaccio, lundi 25
Quatre détenus s'évadent de la maison d'arrêt construite en 1871.

Bombay (Inde), lundi 25
Deux attentats à la voiture piégée font 46 morts et 150 blessés.

Hanoi (Viêt-nam), lundi 25
Réouverture de l'hôpital franco-vietnamien qui avait été fermé en raison de l'épidémie de SRAS. Trois de ses médecins (dont deux Français) et deux infirmières en sont morts.

Saint-Denis, mardi 26
Le Français Marc Raquil obtient la médaille de bronze du 400 mètres aux championnats du monde d'athlétisme après une dernière ligne droite d'anthologie.

Kigali (Rwanda), mardi 26
Le président Paul Kagame est réélu à l'issue d'un scrutin contesté qui lui accorde 95,05 % des suffrages.

Paris, mercredi 27
En prévision de l'entrée en vigueur, au 1er octobre, d'un règlement européen libéralisant le commerce des véhicules neufs, Michel Leclerc ouvre en France 14 plates-formes de vente à prix cassés.

Saint-Denis, mercredi 27
Le Français Mehdi Baala obtient la médaille d'argent du 1 500 mètres derrière le roi du demi-fond, le Marocain Hicham el-Guerrouj.

Ramallah, jeudi 28
L'Autorité palestinienne gèle les comptes bancaires d'une trentaine d'organisations islamistes installées dans la bande de Gaza.

Lima (Pérou), jeudi 28
Selon la commission Vérité et Réconciliation, les combats entre les forces gouvernementales et les maoïstes du Sentier lumineux ont fait 69 000 morts de 1980 à 2000.

France, samedi 30
Début sur TF1 de la troisième saison de « Star Academy ».

République tchèque, dimanche 31
Le Belge Stefan Everts est sacré champion du monde de motocross GP, son 7e titre mondial.

Saint-Denis, dimanche 31
Les Français Marc Raquil, Leslie Djhone, Naman Keita et Stéphane Diagana obtiennent la médaille d'argent du 4 x 400 mètres.

Milwaukee, dimanche 31
Fin des cérémonies marquant le centenaire d'Harley-Davidson.

3 311,42 — 29,78 $ — € 1,0988 $

Deux soldats français tués en Côte d'Ivoire

Sakassou, lundi 25
Il était 21 heures quand un groupe de soldats français, de retour de patrouille fluviale sur le lac de Kossou, fut pris à partie par des éléments incontrôlés de l'ancienne rébellion ivoirienne. Après les avoir fermement invités à sortir de la zone dite de confiance, interdite tant à l'armée régulière qu'aux différentes factions armées, les Français reprirent le chemin de leur cantonnement. Les ex-rebelles, visiblement sous l'empire de l'alcool, en profitèrent pour leur tirer dans le dos. Le caporal Mickaël Dupré, du 1er régiment d'infanterie de marine, est mort sur le coup. Quant au brigadier-chef Fabien Rivière, du 515e régiment du train, il a succombé peu après à ses blessures. (→ 21.10)

Pete Sampras fait ses adieux au tennis

Avec Christian Charles, son fils de neuf mois, il n'a pas pu retenir ses larmes.

Flushing Meadows, lundi 25
Lorsque Pete Sampras s'est présenté sur le court central, au premier jour de l'US Open, ce n'était pas pour défendre son titre mais pour dire adieu à son public. Celui-ci lui a réservé une très longue *standing ovation*. L'Américain d'origine grecque restera comme l'un des plus grands champions de tous les temps. Vainqueur de 14 tournois du Grand Chelem (sept fois Wimbledon, cinq fois Flushing Meadows, deux fois Melbourne), il fut numéro un mondial pendant 276 semaines de suite entre 1993 et 1997, une longévité inégalée. Il avait, reconnaît John McEnroe, « le meilleur coup droit de l'histoire du tennis ». S'il se retire, à 31 ans, « en paix avec moi-même », il conserve tout de même un regret : n'être jamais parvenu à gagner à Roland-Garros.

Toute la vérité sur la navette Columbia

Washington, mardi 26
La commission d'enquête présidée par l'amiral Hal Gehman a enfin publié ses conclusions : elles sont accablantes. Si l'enquête a confirmé que l'accident de la navette Columbia, le 1er février, était bien dû à la chute d'un fragment de mousse isolante, la commission est des plus sévères à l'endroit de la Nasa, qui aurait accumulé les négligences. Selon l'amiral Gehman, les navettes sont des engins vieillissants qui n'ont pas fait l'objet, de la part de l'agence, de tous les soins de maintenance nécessaires. Aussi préconise-t-il leur remplacement dans les délais les plus brefs.

Les poujadistes ont perdu Pierre Poujade

Poujade en meeting à Perpignan (1955).

La Bastide-L'Evêque, mercredi 27
Celui dont le nom est resté le symbole des « petits » écrasés par les « gros » et des travailleurs indépendants en lutte contre les fonctionnaires et les trusts est décédé dans l'Aveyron, à 82 ans. Né le 1er décembre 1920, ancien résistant, tribun hors pair, Pierre Poujade fut le fondateur et l'animateur de l'Union de défense des commerçants et artisans (UDCA) qui, en 1956, avait fait élire 52 des siens à l'Assemblée nationale. Le mouvement poujadiste, porté par le charisme populaire de son chef, fut alors perçu comme une menace pour la IVe République. Mais son succès ne devait pas résister au retour du général de Gaulle aux affaires, en 1958.

Plus d'argent dans les caisses de Tati

Paris, vendredi 29
La fin d'un mythe ? Fabien Ouaki, le président de Tati, a déposé au tribunal de commerce de Paris une déclaration de cessation de paiement. Hier, devant le comité d'entreprise, il avait annoncé qu'il ne pourrait payer l'intégralité des salaires d'août. Fondée en 1948 par le père de son actuel président, la chaîne de vêtements à bas prix n'avait pas su, ces toutes dernières années, s'adapter à une évolution profonde des goûts de son public, et s'était aventurée dans des essais de diversification hasardeux. Son sort doit être tranché mardi. (→ 2.9)

Le 29, décès à Draguignan de Michel Constantin (ici avec Mireille Darc dans *Il était une fois un flic*), alias Constantin Hokloff (*13.7.1924). Il avait été volleyeur et journaliste avant de débuter à l'écran dans *le Trou*, en 1959.

Canicule: au moins 11 435 victimes

Paris, vendredi 29
Les Pompes funèbres générales avaient donc raison. Le ministère de la Santé confirme leurs estimations. La canicule a fait au moins 11 435 victimes dans toute la France entre le 1er et le 15 août, selon les chiffres fournis aujourd'hui par l'Institut national de veille sanitaire. 80 % d'entre elles avaient plus de 75 ans et les hommes ont été plus vulnérables que les femmes. Le Parti socialiste, qui réclame la création d'une commission d'enquête parlementaire pour déceler d'éventuels « dysfonctionnements » de l'Etat, a reçu jeudi le soutien de Jean-Louis Debré, président de l'Assemblée nationale: « La vérité n'est ni de gauche ni de droite, elle est normale. » A Paris, les corps de 300 à 400 victimes n'ont toujours pas été réclamés. (→ 3.9)

A Villetaneuse comme partout en région parisienne, les cercueils s'entassent.

Un chef religieux irakien assassiné

Nadjaf, vendredi 29
C'est l'attentat le plus meurtrier qu'a connu l'Irak depuis la fin officielle de la guerre. Mais, cette fois, il n'était pas dirigé contre les Américains. C'est en sortant de la mosquée où se trouve le tombeau d'Ali, le gendre du Prophète, que l'ayatollah Mohammad Bakr al-Hakim, le plus influent des religieux chiites, a été tué par l'explosion d'une voiture piégée, qui a également causé la mort d'au moins 81 fidèles. Pour les proches de l'ayatollah, les coupables ne peuvent être que des membres du Baas, le parti de Saddam Hussein. Une autre piste est toutefois évoquée: celle de fondamentalistes chiites hostiles à son attitude relativement conciliante à l'égard de l'occupant. (→ 2.9)

Tony Blair nie tout dans l'affaire Kelly

Blair est traité de menteur (« liar »)...

Londres, vendredi 29
Le directeur de la communication de Tony Blair, Alastair Campbell, a donné sa démission. Hier, le Premier ministre britannique avait rejeté les accusations dont Campbell et lui faisaient l'objet: non, a répété Tony Blair au juge Brian Hutton, personne ne s'est livré à une quelconque manipulation du fameux dossier établi par les services secrets sur les armes de destruction massive détenues par l'Irak. Une manipulation que feu David Kelly avait révélée à un journaliste de la BBC. Officiellement, le départ de Campbell n'a aucun lien avec l'audition à laquelle a été soumis le Premier ministre. (→ 25.9)

Charles Bronson était le dernier des durs

Los Angeles, samedi 30
Dans sa jeunesse, Charles Buchinsky a connu la misère, la violence sociale et la délinquance, et cette expérience devait marquer à jamais celui qui, sous le pseudonyme de Charles Bronson, fut l'un des « durs » les plus crédibles du cinéma américain. Décédé à l'âge de 81 ans (*3.11.1921), il fut révélé par Roger Corman dans *Mitraillette Kelly* (1958), mais il dut attendre 1969 et *Il était une fois dans l'Ouest,* réalisé par Sergio Leone, pour recevoir le statut de star. Son jeu, à la fois très physique et intériorisé, fera merveille dans des thrillers tels qu'*Un justicier dans la ville,* de Michael Winner (1974).

Le 30, dans une vidéo de 22 minutes diffusée par Noticias Uno, une télévision colombienne, Ingrid Betancourt affirme qu'elle est « vivante et en bonne santé ». Elle remercie la France pour les efforts déployés en faveur de sa libération et dit à son mari: « Nous serons prochainement ensemble. »

Le 31, les championnats du monde d'athlétisme s'achèvent au Stade de France avec un record de sept médailles françaises, dont celles en or du relais féminin du 4 x 100 mètres et d'Eunice Barber au saut en longueur.

La sécurité routière et l'« effet Sarkozy »

Nicolas Sarkozy et Gilles de Robien, ministre des Transports.

Grande nouveauté : en 2003, les Français ont un peu levé le pied. L'effet n'a pas tardé à se faire sentir : quelque 1 500 tués et 25 000 blessés de moins sur les routes qu'en 2002. Un succès incontestable pour nos dirigeants. Et d'autant plus remarquable que tous les gouvernements précédents s'y étaient cassé les dents…

Comment expliquer ce changement ? Sans nul doute, d'abord et avant tout, par l'implication du président de la République. On s'en souvient, Jacques Chirac avait surpris tout le monde, le 14 juillet 2002, en annonçant son intention de faire de la lutte contre la violence routière l'un des trois chantiers prioritaires de son nouveau quinquennat. Et, de fait, dès la rentrée de septembre, Jean-Pierre Raffarin, à sa demande, lançait les « Etats généraux de la sécurité routière » avec six ministres à ses côtés. Un véritable électrochoc pour cette équipe ministérielle qui, pendant des heures, avait écouté les propos révoltés d'individus lassés de l'incurie des pouvoirs publics face aux lois bafouées, aux routes transformées en jungle et aux chauffards ignorés ou absous.

Les ministres ont promis d'agir. Comme toujours… Sauf que cette fois, chantier présidentiel oblige, les promesses ont été tenues. A la veille des fêtes de fin d'année, ces mêmes ministres annonçaient solennellement les premières décisions : alourdissement des peines pour les infractions (aux limitations de vitesse, au taux d'alcoolémie, au non-port de la ceinture ou du casque, à l'utilisation du téléphone portable au volant, etc.), multiplication des contrôles et installation des radars automatiques, amélioration du système de recouvrement des amendes, instauration d'un permis probatoire pour les jeunes conducteurs, etc.

Là encore, la mise en œuvre a été menée tambour battant : avant l'été, la plupart de ces décisions étaient déjà effectives, les mesures administratives enregistrées et les lois votées. Certes, les radars automatiques n'ont été installés qu'à la Toussaint et le contrôle médical pour les candidats au permis de conduire et pour seniors (à partir de l'âge de 75 ans), particulièrement complexe à mettre en place, reporté à 2004. Mais, globalement, la promesse du gouvernement d'aller vite a été tenue. Et sa détermination fortement affichée : à chaque étape, le Premier ministre et les ministres concernés – notamment Gilles de Robien, qui pilote le projet, Nicolas Sarkozy, ministre de l'Intérieur, qui a la haute main sur les contrôles, et Dominique Perben, garde des Sceaux, chargé de durcir le dispositif pénal – sont intervenus pour annoncer, expliquer, argumenter, voire menacer.

C'est bien simple : la lutte contre la violence routière n'a guère cessé, depuis des mois, d'occuper le devant de la scène médiatique. Radios, télévisions et presse écrite se sont emparées du sujet avec gourmandise et semblent ne plus vouloir le lâcher. Conséquence de cet « engouement », les accidents de la route les plus spectaculaires ont cessé d'être traités comme des faits divers banals et inéluctables, ne méritant ni mention ni commentaire. Ils sont désormais traités comme des événements à part entière, et les responsables souvent considérés comme des criminels.

Dans l'imaginaire des automobilistes, ce changement de ton a eu des effets stupéfiants. L'Observatoire national de la Sécurité routière a enregistré entre décembre 2002 et février 2003 des baisses du nombre de tués sur les routes totalement inédites sur notre territoire : – 30,4 %, – 33,3 % et – 3?,9 % ! Et cela, il faut le rappeler, alors même que les premières mesures gouvernementales n'étaient pas encore mises en place. Paradoxe : au moment où la rigueur annoncée a commencé à se faire sentir sur le bord des routes, la tendance s'est infléchie. Comme si l'effet d'annonce passé, les mauvaises habitudes reprenaient peu à peu le dessus. Il est pourtant vrai que l'installation des premiers radars automatisés, à la fin de l'année, a réactivé la « peur du gendarme » et permis la reprise de la tendance à la baisse (*).

Mais la question se pose désormais : « l'effet Sarkozy » suffira-t-il à maintenir durablement la pression sur les automobilistes français ? Pour qu'ils continuent à rouler moins vite, à boucler plus systématiquement leur ceinture de sécurité et à surveiller de plus près le nombre de verres ingurgités dans les dîners en ville et les soirées, bref, pour que la situation sur les routes continue de s'améliorer, il va falloir leur prouver que les actes sont bien conformes aux paroles et que l'impunité d'hier n'a vraiment plus cours. Et ce sera d'autant moins facile que la fronde de certains lobbies, motards en tête, s'organise, que les personnes âgées, par ailleurs électeurs, clament leur crainte de perdre le droit de conduire et que les « effets indésirables », telle l'explosion du nombre de conducteurs sans permis, font leur apparition.

Pour maintenir le cap, le gouvernement aura besoin de l'appui sans faille du président de la République. Et devra aussi songer à développer un volet préventif avec une énergie égale à celle qu'il a déployée pour le volet répressif.

Arlette Chabrol
Journaliste spécialisée dans la prévention et la sécurité routières, co-auteur de *la Route en toute sécurité* (Guide France Info-Editions Jacob-Duvernet, 2002)

* Le bilan 2003 s'est finalement clos sur une tendance moyenne de – 22 % de tués par rapport à 2002.

Les radars automatiques ont un effet dissuasif. Les amendes parviennent directement au domicile du propriétaire du véhicule.

Septembre

Lu	Ma	Me	Je	Ve	Sa	Di
1	2	3	4	5	6	7
8	9	10	11	12	13	14
15	16	17	18	19	20	21
22	23	24	25	26	27	28
29	30					

Millau, lundi 1er
Le président du tribunal de grande instance interdit à José Bové, qui exécute depuis le 2 août la fin de sa peine dans un cadre associatif, de se rendre à la prochaine conférence de l'OMC à Cancun. (→ 7.11)

Saint-Tropez, lundi 1er
Fermeture du commissariat de police : la sécurité de la ville varoise est désormais assurée par… les gendarmes !

Paris, lundi 1er
Marc Simeoni, le fils du leader autonomiste Edmond Simeoni, est mis en examen et écroué à la Santé. Il est accusé d'avoir aidé Yvan Colonna durant sa cavale.

Paris, mardi 2
Le tribunal de commerce place le groupe Tati en redressement judiciaire, avec quatre mois pour faire preuve de sa viabilité.

Lille, mardi 2
Ouverture du lycée Averroès, le premier lycée privé musulman de France, dans les locaux de la mosquée de Lille-sud.

Jakarta (Indonésie), mardi 2
Abou Bakar Baashir, leader spirituel de la Jemaa Islamiyah qui lutte pour la création d'un Etat islamique, est condamné à quatre ans de prison.

Ramallah, mardi 2
Dans une interview diffusée sur le site internet de CNN, Yasser Arafat estime que la feuille de route « est morte à cause de l'agression militaire israélienne ces dernières semaines ». (→ 6)

Paris, mercredi 3
L'Etat vend les 15,74 % des parts qu'il détenait encore dans l'éditeur de logiciels Dassault Systèmes.

Irak, mercredi 3
La Pologne prend officiellement le commandement du secteur centre sud de l'Irak, sous la direction du général Andrzej Tyszkiewicz.

Vilnius, jeudi 4
La demande de mise en liberté de Bertrand Cantat est rejetée. (→ 30)

Madrid, vendredi 5
L'Espagne commande au groupe franco-allemand Eurocopter, filiale d'EADS, 24 hélicoptères de combat Tigre au détriment des Apache américains.

Tolla (Corse-du-Sud), vendredi 5
La voiture de Christine Clerc, journaliste au *Figaro Magazine*, est mitraillée.

3 392,75 — 27,32 $ — € 1,1063 $

Quarante années de frontière linguistique

Belgique, lundi 1er
L'anniversaire célébré par les Belges, s'il n'est pas de ceux qui suscitent une liesse populaire, n'en est pas moins important. Il y a 40 ans, le 1er septembre 1963, la frontière linguistique entrait en vigueur, préfigurant la naissance, 30 ans plus tard, de l'Etat fédéral. Dans la nuit du 31 août au 1er septembre, 43 communes changèrent de province. 23 000 Belges vivant en Wallonie se réveillèrent en Flandre et, à l'inverse, 87 000 autres passèrent en Wallonie. Une frontière invisible, établie par une loi du 8 novembre 1962, qui eut pour principale conséquence de stopper la progression de la francisation.

Des funérailles sous tension à Nadjaf

Nadjaf, mardi 2
Des centaines de milliers de chiites se sont rassemblés dans la ville sainte de Nadjaf pour assister aux funérailles de leur chef spirituel, Mohammad Bakr al-Hakim, assassiné vendredi dernier. A cette occasion, on a vu réapparaître publiquement les « brigades Badr », ces milices formées par l'ayatollah en Iran pour lutter contre le régime baasiste, et que les coalisés étaient censés avoir désarmées à leur retour en Irak. Plus significativement encore, le frère de la victime, Abdelaziz al-Hakim, s'en est pris violemment, devant la foule, aux « forces d'occupation, responsables du sang des martyrs de Nadjaf ». Le plus préoccupant, pour les Américains, est qu'Abdelaziz al-Hakim est membre du Conseil de gouvernement.

Abdelaziz al-Hakim, frère du « martyr ».

L'Union européenne intervient au Congo

A Bunia, la force Artémis est relevée à partir d'aujourd'hui par des casques bleus.

Bunia, lundi 1er
L'opération Artémis est terminée. A la date prévue. Décidée le 30 mai dernier par l'ONU, elle avait pour objectif de pacifier la ville de Bunia, au nord-est de la RDC (république démocratique du Congo) et de mettre un terme aux combats interethniques dont elle était le théâtre. C'est à l'Union européenne que l'ONU avait confié cette mission, avec la France comme « nation cadre ». Dès le 6 juin, les premiers hommes du général Jean-Paul Thonier sécurisaient l'aéroport, « ouvrant la porte » au gros de la troupe, soit 2 112 soldats issus de 17 pays européens (12 pays membres de l'UE et 5 autres). Avec Artémis, c'est la capacité de l'Europe à projeter une force loin de ses frontières qui aura été démontrée. Avec éclat.

Trois pompiers victimes du feu dans le Var

Var, mardi 2
Les dépouilles de Michel Giovannini, Patrick Zelda et Georges Lahaye ont été placées dans une chapelle ardente cet après-midi, au centre de secours de La Seyne-sur-Mer. Agés respectivement de 43, 42 et 37 ans, les pompiers ont trouvé la mort, hier soir, dans leur camion. Le véhicule a été surpris par les flammes et n'a pu se dégager. Il venait de quitter Grimaud et s'était engagé sur la D 14 pour lutter contre l'incendie qui ravage le massif des Maures, dans un triangle formé au nord de la N 98 par Collobrières, Cogolin et La Garde-Freinet, et qui a déjà détruit 4 500 hectares de forêt. Michel Giovannini, Patrick Zelda et Georges Lahaye sont les premières victimes, parmi les soldats du feu, des incendies du Var. Ce matin, ils étaient encore près de 1 500 de leurs collègues à lutter dans ce secteur, dont une partie de la population a été évacuée hier. Et toutes les dispositions ont été prises pour procéder à des évacuations plus importantes en cas de besoin. En fin d'après-midi, Jacques Chirac est venu s'incliner devant les cercueils des trois pompiers, à La Seyne-sur-Mer.

Ce qu'il reste du camion des trois pompiers tués par l'incendie des Maures entre Grimaud et Cogolin, lundi.

Les oubliés de la canicule ont été inhumés

Les 57 tombes au carré des indigents, au cimetière de Thiais (Val-de-Marne).

Thiais, mercredi 3
Un concerto de Benedetto Marcello et le texte d'une chanson de Barbara ont accompagné dans leur ultime demeure cinquante-sept victimes parisiennes de la canicule, que leurs familles n'ont pas réclamées. Elles ont été inhumées dans le carré des indigents, en présence de Jacques Chirac, de Bertrand Delanoë et de Jean-François Mattei. Le président de la République, le maire de Paris et le ministre de la Santé, mais également d'autres officiels tels que le président du conseil régional d'Ile-de-France, Jean-Paul Huchon, n'avaient pas voulu laisser ces oubliés partir seuls. S'étaient joints à eux des anonymes, venus par compassion ou pour manifester leur indignation. Quant aux journalistes, ils n'avaient pas été admis. (→ 25)

Accord énergétique entre Moscou et Riyad

Mardi, Vladimir Poutine accueillait le prince Abdallah Ben Abdel Aziz à Moscou.

Moscou, jeudi 4
Qualifiée d'« historique » par les deux parties, la visite officielle en Russie du prince héritier d'Arabie Saoudite l'est probablement. Elle a, en effet, permis au prince Abdallah Ben Abdel Aziz de prendre ses distances avec Washington en négociant des accords importants avec Vladimir Poutine sur le contrôle du marché du brut: la Russie, qui n'est pas membre de l'Opep, s'est engagée à coopérer avec Riyad pour stabiliser les cours. Le rapprochement des deux plus gros producteurs mondiaux est également une victoire diplomatique pour Poutine, qui voit se concrétiser ses ambitions internationales: ce soir, au terme de la visite du prince, il aura conclu avec lui un vaste programme de coopération industrielle.

Moneo n'est pas entré dans les habitudes

Paris, vendredi 5
Le porte-monnaie électronique a-t-il une chance de survivre? Huit banques actionnaires de Billettique monétique services (BMS) se sont accordées pour relancer Moneo, alors que l'abandon pur et simple avait été envisagé. Mis en service en octobre 1999 à Tours, ce moyen de paiement n'a pas réalisé la percée escomptée, avec 1,2 million de cartes seulement en circulation, contre les 37 millions attendues. Réservé aux achats de moins de 30 euros, Moneo est jugé trop cher par les usagers et par les commerçants, ceux-ci devant verser une commission de 0,9 à 3 %.

Crise politique à l'Autorité palestinienne

Ramallah, samedi 6
Les Palestiniens n'ont plus de Premier ministre: Abou Mazen a démissionné, suite à une mésentente chronique avec Yasser Arafat. En fait, les deux hommes divergeaient sur la façon de « traiter » l'épineuse question du Hamas et, par voie de conséquence, celle de la mise en œuvre de la feuille de route. Abou Mazen aurait eu le tort, aux yeux de nombre de Palestiniens, de faire trop confiance à Ariel Sharon. Or, par une coïncidence fâcheuse, les Israéliens ont tenté aujourd'hui d'assassiner à Gaza le vieux cheikh Ahmed Yassine, le chef spirituel du Hamas. (→ 10)

Le 6, à Twickenham, en match amical, le XV de France révèle des faiblesses criantes dans tous les secteurs du jeu: il est littéralement écrasé par l'Angleterre, 45 à 14 (ici, l'un des deux essais marqués par Ben Cohen).

Plaidoyer télévisé de George W. Bush

Washington, dimanche 7
Pour conjurer les doutes qu'inspire, en Amérique même, l'action militaire en Irak, le président George W. Bush s'est livré ce soir, à 20 h 30 (heure locale), à une offensive politique en règle. Oui, a-t-il dit en substance, la présence des forces américaines est justifiée par la nécessité de lutter contre le terrorisme, tant en Afghanistan qu'en Irak même. Plus, il a déclaré qu'une résolution de l'ONU devrait permettre de renforcer la coalition avec d'autres contingents étrangers. Et il demandera au Congrès une rallonge de 87 milliards de dollars pour poursuivre le combat.

Le 7, finale de l'US Open de New York: l'Américain Andy Roddick bat Juan Carlos Ferrero. La veille, la Belge Justine Hénin avait battu sa compatriote Kim Clijsters.

Septembre

Lu	Ma	Me	Je	Ve	Sa	Di
1	2	3	4	5	6	7
8	9	10	11	12	13	14
15	16	17	18	19	20	21
22	23	24	25	26	27	28
29	30					

Haute-Corse, lundi 8
Les incendies qui ont détruit 10 000 hectares depuis le 29 août sont maîtrisés.

France, lundi 8
Mise en place du Tarif forfaitaire de responsabilité (TFR) : 70 groupes de médicaments ne sont plus remboursés qu'à hauteur du prix de leurs génériques.

Paris, lundi 8
La diffusion par France 2 d'un débat organisé à la Sorbonne avec Luc Ferry, ministre de l'Education nationale, est interrompue par une action conjointe d'intermittents du spectacle et d'enseignants. (→ 18.10)

Boulogne-Billancourt, lundi 8
TF1 prend 34,3 % du capital du quotidien gratuit *Metro*.

Arménie, mardi 9
La peine de mort est abolie.

Indonésie, mercredi 10
L'islamiste Imam Samudra est condamné à mort pour avoir organisé l'attentat commis à Bali en octobre 2002.

Houston, mercredi 10
Ben Glisan, ex-trésorier d'Enron, est condamné à cinq ans de prison pour manipulations comptables.

Etats-Unis, jeudi 11
Bilan des attentats du 11 septembre 2001 : 3 021 morts, dont 2 792 dans le World Trade Center. (→ 29.10)

Paris, vendredi 12
La Hongroise Zsuzsanna Lakya, 19 ans, est élue Miss Europe.

Paris, vendredi 12
Le groupe français d'aluminium et d'emballage Pechiney accepte l'offre publique d'achat présentée par son concurrent canadien Alcan. La Commission européenne doit encore donner son accord.

Genève, vendredi 12
Stéphanie de Monaco épouse civilement un artiste de cirque portugais, Adam Lopez Peres.

New York, vendredi 12
Le Conseil de sécurité de l'ONU lève les sanctions imposées à la Libye après qu'un accord a été trouvé entre la France et la Libye pour l'indemnisation des familles des victimes de l'attentat contre le DC-10 d'UTA en 1989.

DÉCÈS

Nashville, vendredi 12
Johnny Cash, légende de la musique country (*26.2.1932).

3 322,56 — 26,55 $ — € 1,1316 $

Leni Riefenstahl avait séduit Adolf Hitler

Pöcking (Bavière), lundi 8
Cinéaste controversée, Leni (diminutif d'Helene) Riefenstahl est morte à l'âge de 101 ans (*22.8.1902). Après avoir entamé une carrière de danseuse, elle devint actrice de cinéma, puis passa derrière les caméras pour réaliser en 1932 un conte romantique, *la Lumière bleue*. Remarquée par Adolf Hitler, elle fit ensuite œuvre de documentarisme en tournant en 1935 *le Triomphe de la volonté*, reportage apologétique sur le congrès de Nuremberg, puis, en 1936, *les Dieux du stade*, sur les Jeux olympiques de Berlin. Accusée d'avoir mis son talent au service du nazisme, elle se consacrera à la photographie après la guerre, révélant sa passion pour la mer et pour l'Afrique noire.

En Afrique de l'Est, dans les années 1970.

L'agenda de Baudis plaide en sa faveur

Paris, lundi 8
Dominique Baudis n'a pas pu violer Patricia. Selon l'ex-prostituée, l'actuel président du CSA avait abusé d'elle le 20 novembre 1990 au soir, à Toulouse, au domicile de Lakhdar Messaoudène, et cela en présence de Patrice Alègre. Or c'est impossible : le 20 novembre, il était à l'Assemblée nationale jusqu'à environ 19 h 30. Et le 21 aussi, à partir de 9 h 30. La justice est en possession de registres de présence de l'Assemblée, de procès-verbaux de réunions et de cassettes vidéo qui l'attestent. Quant à la soirée, il l'a passée avec sa femme, Ysabel. Il n'avait de toute façon pas le temps de faire l'aller-retour. (→ 20)

Le nucléaire iranien inquiète l'Occident

Vienne, mardi 9
L'uranium hautement enrichi (UHE) découvert en Iran par les inspecteurs de l'Agence internationale de l'énergie atomique (AIEA), cet été, risque-t-il d'être utilisé à des fins militaires ? C'est ce que craignent en tout cas la France, l'Allemagne et la Grande-Bretagne qui, malgré les démentis de Téhéran, ont déposé au Conseil des gouverneurs de l'AIEA un projet de résolution mettant en demeure l'Iran d'ouvrir avant la fin d'octobre tous ses sites nucléaires à ses inspecteurs, et de respecter toutes les clauses du traité de non-prolifération dont il est signataire.

L'Argentine obtient un répit du FMI

Buenos Aires, mercredi 10
Le président argentin, Nestor Kirchner, a remporté une victoire politique, à la veille d'importantes échéances électorales. Alors que le pays est en cessation de paiement, il a réussi à arracher au FMI le report à fin 2006 de sa dette de 21,6 milliards de dollars. Pendant les trois années qui viennent, seuls seront payés les intérêts des emprunts qui ont été contractés auprès des organismes de financement multilatéraux, soit la somme de 2,3 milliards de dollars. En contrepartie, le président s'est engagé à dégager un excédent budgétaire de 3 % du PIB pour 2004.

Détente entre la Serbie et la Croatie

Belgrade, mercredi 10
Un grand pas vers la normalisation des relations entre la Croatie et la Serbie a été franchi, à l'occasion de la visite à Belgrade du président croate, Stipe Mesic. Ce dernier et Svetozar Marovic, le président de Serbie-Monténégro, se sont excusés officiellement pour le mal que leurs deux pays se sont fait lors du démembrement de la Yougoslavie, en 1991-1995. Bien des questions restent toutefois en suspens, et en particulier celle du retour dans la Krajina croate des quelque 200 000 Serbes chassés par l'armée de Zagreb en 1995, au terme d'une brutale offensive.

Ahmed Qoreï accepte d'être le Premier ministre des Palestiniens

Ramallah, mercredi 10
Au lendemain des attentats commis à Tzrifin et à Jérusalem par le Hamas en réplique à la tentative d'assassinat du cheikh Yassine par les Israéliens, et qui ont fait 16 morts, Yasser Arafat a enfin obtenu l'accord d'Ahmed Qoreï pour succéder à Abou Mazen. Président du Parlement palestinien, Ahmed Qoreï, dit Abou Alaa, n'a pas accepté de gaieté de cœur le poste de Premier ministre, où les risques d'échec sont infiniment plus grands que les chances de réussite. Sa tâche sera d'autant plus difficile que, contrairement à Abou Mazen, il ne bénéficie pas, de la part des Etats-Unis, d'un préjugé favorable, et que les Israéliens reparlent aujourd'hui d'une possible expulsion d'Arafat. (→ 15)

Israël a relancé la guerre totale contre le Hamas. Après les attentats de Tzrifin et de Jérusalem, mardi, l'armée détruit l'immeuble où demeurait l'un des kamikazes.

Assassinat d'une ministre suédoise

Stockholm, jeudi 11
Le Premier ministre de Suède, Göran Persson, a appelé ses compatriotes à voter dimanche pour ou contre l'euro. Ce matin, l'annulation du référendum était encore envisagée. Il est vrai que toute la Suède était bouleversée par le drame qui s'est produit hier dans un grand magasin de la capitale, NK, vers 16 heures. Anna Lindh, ministre des Affaires étrangères, y faisait avec une amie ses emplettes lorsqu'un inconnu se précipita sur elle et la poignarda au ventre, au bras et à la poitrine. Malgré une opération d'une dizaine d'heures, la ministre a succombé ce matin à ses blessures. L'assassin, qui a pu s'enfuir sans être inquiété, a abandonné sur les lieux de son crime son arme, sa veste et une casquette. Les enquêteurs n'ont pu encore l'identifier, mais ils croient à un acte isolé, dont l'auteur pourrait être un déséquilibré. Depuis le meurtre resté inexpliqué du Premier ministre Olof Palme, en 1986, la vie politique suédoise ne s'était jamais départie de sa simplicité démocratique traditionnelle, ce qui explique pourquoi Anna Lindh, comme les autres ministres, ne faisait pas l'objet d'une protection très serrée, c'est le moins que l'on puisse dire. Agée de 46 ans (*19.6.1957), elle était l'une des plus brillantes avocates de l'euro dans un pays où les sondages, jusqu'à hier, prévoyaient une majorité de « non » au référendum, avec même une confortable avance. (→ 14)

Anna Lindh était la personnalité montante du Parti social-démocrate (SAP) suédois.

La France limitera son déficit public

Stresa (Italie), vendredi 12
La France s'est retrouvée au banc des accusés à la réunion des ministres des Finances de la zone euro. Les propos tenus mardi par le ministre délégué au Budget, Alain Lambert, selon lesquels la France ne pourra respecter le pacte de stabilité avant 2006, avaient fait une déplorable impression. Au point que la France risquait de devoir payer une amende de 3 milliards d'euros. Cette éventualité semble écartée. Le ministre de l'Economie, Francis Mer, a promis de ramener en 2005 le déficit public à moins de 3 % du PIB et d'adapter le budget de 2004 à cet effet.

Le conférence de l'OMC se solde par un échec

Cancun (Mexique), dimanche 14
Il était 15 heures (heure locale) lorsque le président du sommet ministériel sur la libéralisation du commerce mondial a suspendu ses travaux. Cet échec, qui risque de compromettre sérieusement l'avenir de l'Organisation mondiale du commerce (OMC), est dû à la ténacité et à l'unité du front formé par les pays en développement et les pays les plus pauvres. En substance, ils ont rejeté les règles libre-échangistes que l'Europe et les Etats-Unis veulent leur imposer sans les respecter eux-mêmes.

Dix policiers irakiens sont tués par les GI

Falloudja, samedi 13
« Non à l'Amérique ! » La foule crie sa colère au passage des cercueils des dix policiers irakiens abattus hier par des soldats américains, à Falloudja, alors qu'ils tentaient de prendre en chasse des inconnus armés. Cette bavure est d'autant plus grave que ces policiers avaient été recrutés par les Américains eux-mêmes. Et, comme Falloudja est un fief sunnite choyé, avant la guerre, par Saddam Hussein, la plupart de ses habitants sont convaincus que les GI ont tiré délibérément. Les Américains, de leur côté, évoquent seulement un « regrettable incident ». Mais ce n'est pas le premier. Toujours à Falloudja, un autre policier irakien avait été tué mercredi dans des circonstances tout aussi confuses. Aujourd'hui, les forces de la coalition ont évité de se montrer pour éviter toute provocation.

Aux funérailles, les Bédouins ont sorti leurs AK-47 et même leurs vieux PPSh !

Les Suédois n'ont pas voulu de l'euro

Stockholm, dimanche 14
L'assassinat d'Anna Lindh, militante passionnée de l'entrée de la Suède dans la zone euro, n'a pas infléchi le vote de ses compatriotes, qui ont massivement rejeté la monnaie unique avec 56,1 % de « non ». Les déficits budgétaires de la France et de l'Allemagne ont fourni des arguments aux eurosceptiques, et cela au sein même de la formation du Premier ministre, Göran Persson. En effet, 49 % des sociaux-démocrates ont voté contre l'euro. Malgré cet échec personnel, Göran Persson n'envisage pas de démissionner. Mais son alliance avec les ex-communistes et les Verts, hostiles non seulement à l'euro, mais aussi à l'Union européenne avec qui ils préconisent la rupture, pourrait se révéler difficile à maintenir.

Le 14, Hicham El Guerrouj a été désigné « athlète de l'année » pour la troisième année d'affilée, à Monaco. Le Marocain, quadruple champion du monde du 1 500 m, a fêté ses 29 ans le même jour.

Septembre

Lu	Ma	Me	Je	Ve	Sa	Di
1	2	3	4	5	6	7
8	9	10	11	12	13	14
15	16	17	18	19	20	21
22	23	24	25	26	27	28
29	30					

Paris, lundi 15
Jean-Pierre Raffarin annonce une hausse du prix du gasoil en 2004 de 2,5 centimes par litre dans le cadre d'un plan véhicules propres.

Rabat, lundi 15
Le peine de mort est requise contre l'islamiste français Pierre Robert, alias Lhaj ou Abou Abderrahmane, jugé pour « avoir préparé des actes terroristes ». (→ 18)

Arusha (Tanzanie), lundi 15
Le Gambien Hassan Bubacar Jallow succède à Carla del Ponte comme procureur du Tribunal pénal international pour le Rwanda.

New York, lundi 15
Le tribunal de l'Etat condamne Vivendi Universal à verser à Jean-Marie Messier ses 20,6 millions d'euros d'indemnités. (→ 16)

New York, mardi 16
La SEC (l'équivalent de la COB) demande à la justice de bloquer les indemnités de Messier.

Guinée-Bissau, mercredi 17
Démission du président Kumba Yalla, renversé dimanche par un coup d'Etat militaire.

New York, mercredi 17
Démission du P-dg de la Bourse de New York après la révélation du montant de sa rémunération : 30 millions de dollars par an et un compte retraite de 140 millions.

Saint-Etienne, jeudi 18
Un mandat d'arrêt est lancé contre Alexandre Fur, l'ex-P-dg de pere-noel.fr, pour tromperie et publicité mensongère.

Rabat, jeudi 18
Pierre Robert est condamné à la réclusion à perpétuité.

Mossoul, vendredi 19
Reddition de l'ancien ministre de la Défense irakien, le général Sultan Hachim Ahmed.

Katmandou (Népal), vendredi 19
Le Français Charles Sobhraj dit « le Serpent » est arrêté pour meurtres.

Lettonie, samedi 20
Les Lettons approuvent l'entrée de leur pays dans l'UE (67 %).

DÉCÈS

Toulouse, jeudi 18
Jean Dieuzaide, photographe (*20.6.1921).

Brive, dimanche 21
Amédée Domenech, ancien joueur du XV de France (*3.5.1933).

3 373,64 — 25,32 $ — € 1,1348 $

Les Américains sont hostiles à une expulsion de Yasser Arafat

Israël, lundi 15
Un répit pour Arafat ? Sylvan Shalom, le ministre israélien des Affaires étrangères, a apaisé les esprits en disant que son expulsion « immédiate » n'était pas d'actualité, non sans préciser que, tant qu'il serait au pouvoir, « il n'y aurait aucune chance de paix ». Les propos tenus hier, à Radio Israël, par le vice-Premier ministre israélien avaient été vivement critiqués par la communauté internationale. Ehud Olmert avait en effet déclaré que, outre une expulsion éventuelle, l'élimination physique du président de l'Autorité palestinienne était « sans aucun doute une option ». Le secrétaire d'Etat américain, Colin Powell, avait dû rappeler fermement que son pays n'était favorable « ni à son exil ni à son élimination ». (→ 21.10)

Le président de l'Autorité palestinienne avec son Premier ministre, Ahmed Qoreï.

L'aînée des sœurs Williams assassinée

Compton (Californie), lundi 15
Il est âgé de 24 ans, il s'appelle Aaron Michael Hammer, et il est soupçonné d'avoir assassiné, dimanche peu après minuit, la demi-sœur aînée de Venus et Serena Williams, Yetunde Price. Il a été arrêté aujourd'hui. Le drame s'est produit dans la banlieue sud de Los Angeles, dans une rue tenue par un gang auquel était lié le suspect. Mais que s'est-il passé exactement ? Yetunde Price était accompagnée d'un repris de justice, Rolland Wormley, et des coups de feu auraient été échangés. Pour le moment, on ne sait rien de plus.

Guillaume Depardieu au banc des accusés

Il est aussi mis à l'épreuve pendant dix-huit mois, avec obligation de soins.

Lisieux, mardi 16
Neuf mois de prison avec sursis, plus 5 000 euros d'amende et 3 000 euros de dommages et intérêts : c'est la peine infligée à Guillaume Depardieu par le tribunal correctionnel de Lisieux. Le comédien était accusé d'avoir menacé avec un pistolet à grenaille, le 22 août dernier, à Trouville, un admirateur. Ce dernier, Daniel Bellaïche, souffrirait depuis de crises d'angoisse. L'avocat de Guillaume Depardieu a nié la menace, mais il a reconnu que son client était bien porteur du pistolet. Me Jean-Yves Liénard a aussi insisté sur sa fragilité, consécutive selon lui à l'amputation de sa jambe droite, le 6 juin dernier.

La famille Flactif a bien été assassinée

Annecy, mercredi 17
Xavier Flactif, sa femme et leurs trois enfants ont bien été assassinés. David Hotyat, leur voisin et locataire, arrêté hier sur la base d'une empreinte ADN découverte dans le chalet des disparus, est passé aux aveux. Il a même conduit les gendarmes dans la forêt où il avait brûlé leurs corps. Mis en examen pour assassinats, il a été incarcéré, ainsi que sa compagne, Alexandra, poursuivie pour non-dénonciation de crime, et un couple d'amis, qui auraient eu eux aussi connaissance des faits. L'arme du crime, un revolver 6.35, n'a pas encore été retrouvée. Quant au mobile, il serait d'ordre personnel et financier. (→ 24)

Le 15, Madonna a choisi Paris pour le lancement international de son livre pour enfants, *les Roses anglaises*, publié en trente langues différentes. C'est une histoire qui lui a été inspirée par ses propres enfants, Lourdes et Rocco.

L'Irak n'était pas impliqué dans l'attaque du 11 septembre 2001

Washington, jeudi 18
C'était une question de crédibilité. Le président Bush a sérieusement rectifié les propos tenus dimanche, sur NBC, par son vice-président, Dick Cheney. Ce dernier prétendait en effet que l'Irak avait été la « base géographique » des auteurs de l'attaque du 11 septembre. Déjà, mardi, le secrétaire à la Défense, Donald Rumsfeld, avait dû prendre ses distances. Quant à George W. Bush, il a reconnu n'avoir « aucune preuve que Saddam Hussein était impliqué dans le 11 septembre ». L'une des principales justifications de la guerre contre l'Irak se trouve donc ainsi abandonnée. Ce qui conforte la conviction d'Hans Blix qui, sur une radio anglaise, a affirmé aujourd'hui que la « guerre préventive n'était pas justifiée ».

Lundi dernier, le secrétaire d'Etat, Colin Powell, rencontrait dans le nord de l'Irak des femmes kurdes dont les proches avaient disparu sous le régime de Saddam Hussein.

Temple solaire : la thèse de l'assassinat

Paris, vendredi 19
En décembre 1995, les corps carbonisés de 16 membres de l'ordre du Temple solaire, dont Edith et Patrick Vuarnet, étaient retrouvés dans une clairière de Saint-Pierre-de-Chérennes, dans le Vercors. Alain Vuarnet, fils et frère de ces deux victimes, n'a jamais cru à un suicide collectif et, après avoir obtenu l'exhumation des corps, s'est attaché les services d'un expert. Pour Gilbert Lavoué, le taux de phosphore constaté sur les cadavres ne peut s'expliquer que « par un apport exogène », c'est-à-dire extérieur. Pour Alain Vuarnet, c'est « la preuve irréfutable que les victimes ont été exécutées par un lance-flammes à jet directionnel ».

Adieu aux gueules noires à Merlebach

Freyming-Merlebach, samedi 20
Grande cérémonie pour la fermeture officielle de la mine de Merlebach, en Moselle. Découverte en 1856, c'était l'avant-dernière mine en exploitation. Le puits de La Houve, à Creutzwald, devrait être fermé à son tour en avril 2004. C'est donc le commencement de la fin pour la longue et parfois tragique histoire du charbon français. Au mois de janvier prochain, les Houillères du Bassin de Lorraine fusionneront avec Charbonnages de France, qui devront disparaître en 2007. Les HBL emploient encore quelque 1 500 mineurs.

Affaire Alègre : un témoin se rétracte, un autre est retrouvé mort

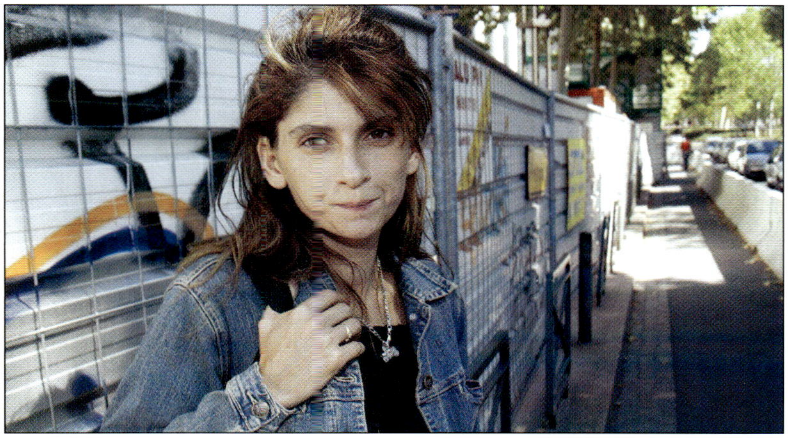

Mercredi, l'ex-prostituée Fanny est apparue pour la première fois à visage découvert.

Saint-Loup-Cammas, samedi 20
Djamel a été retrouvé mort en fin de journée dans la chambre de la clinique Marigny où il avait été transféré hier. L'hypothèse du suicide est privilégiée. De son vrai nom Pierre-Olivier Puis, Djamel, un travesti de 23 ans, avait fait irruption en mai dans l'affaire Alègre, témoin, prétendait-il, de la présence de Dominique Baudis à des soirées sado-masochistes, avant d'être poursuivi et écroué pour dénonciation de crimes imaginaires. Il avait été libéré le 6 août. Mercredi, Fanny, confrontée à Baudis, est revenue sur ses accusations : elle ne l'a jamais rencontré et aurait « subi des pressions » pour le dénoncer. (→ 6.10)

Le 19, l'ouragan Isabel (ici photographié par satellite) déferle sur les Etats-Unis et fait 21 victimes (bilan provisoire) en Virginie, dans le Maryland, en Caroline du Nord, en Pennsylvanie et dans l'Etat de Rhode Island.

Galileo a fini sa longue course sur Jupiter

Espace, dimanche 21
C'est à 20 h 58 (heure française) que la sonde Galileo a été précipitée par la Nasa dans les nuages de Jupiter, où elle s'est désintégrée. Les Américains ne voulaient pas que Galileo, en fin de course, s'abîme sur Europe, l'une des grosses lunes de Jupiter, avec le risque de la contaminer avec des microbes de source terrestre. Parmi les découvertes retentissantes faites par Galileo depuis son lancement en 1989, la plus riche de promesses scientifiques est celle de l'immense océan d'eau liquide qui se trouve à des kilomètres sous la surface glacée d'Europe. Et qui dit eau liquide dit possibilité d'émergence de la vie… La Nasa n'exclut pas la possibilité d'y aller voir un jour de plus près !

Une vue d'artiste de la sonde américaine Galileo tournant autour de Jupiter.

Septembre

Lu	Ma	Me	Je	Ve	Sa	Di
1	2	3	4	5	6	7
8	9	10	11	12	13	14
15	16	17	18	19	20	21
22	23	24	25	26	27	28
29	30					

Rabat, lundi 22
Annonce de la découverte près du village de Tazouda, dans le Haut-Atlas, d'un dinosaure long de 9 m et âgé de 180 millions d'années. Il est baptisé *Tazoudasaurus naïmi.*

Etats-Unis, lundi 22
Le *Geophysical Reviews Letters* révèle que la plaque de Ward Hunt, la plus importante banquise de l'océan glacial Arctique, s'est rompue en deux blocs.

Suisse, mardi 23
Selon une étude de l'université de Berne, l'été n'avait pas été aussi chaud en Europe depuis 1757.

Vienne (Autriche), mercredi 24
L'Irak réintègre l'Opep.

Pas-de-Calais, mercredi 24
Affaire Flactif: l'arme du crime est retrouvée. David Hotyat l'a adressée par la poste à son frère. (→ 10.10)

Bagdad, jeudi 25
Victime samedi d'une tentative d'assassinat, Akila al-Hachimi, membre du gouvernement provisoire, décède de ses blessures.

Rome, jeudi 25
Emmanuel Philibert de Savoie épouse l'actrice Clotilde Courau.

Paris, vendredi 26
Première de la comédie musicale *les Demoiselles de Rochefort*, adaptée du film de Jacques Demy.

Bagdad, samedi 27
Des roquettes atteignent l'hôtel Rachid où réside l'administrateur américain Paul Bremer.

Israël, dimanche 28
L'intifada a fait, en trois ans, 3 497 morts, dont 822 Israéliens et 2 612 Palestiniens.

Paris, lundi 29
Les Etats-Unis reprennent leur siège à l'Unesco. Ils en étaient partis en 1984 pour protester contre sa « mauvaise gestion ».

Paris, lundi 29
Le conseil d'administration d'Air France approuve le projet de fusion avec KLM (néerlandais). (→ 16.10)

Bruxelles, mardi 30
Nizar Trabelsi est condamné à dix ans de prison.

France, mardi 30
Parution du livre *Ma fille, Marie*, de Nadine Trintignant. (→ 7.10)

Paris, mardi 30
Première de la comédie musicale *Autant en emporte le vent*, de Gérard Presgurvic.

3 216,76 — 26,52 $ — € 1,1486 $

Paris et Bruxelles ont trouvé un compromis pour sauver Alstom

Bruxelles, lundi 22
Faute d'un compromis entre la France et Bruxelles avant minuit, c'est la fin d'Alstom qui aurait pu être prononcée par le commissaire européen en charge de la concurrence, Mario Monti. Mais le compromis a été trouvé. Le ministre français de l'Economie, Francis Mer, a renoncé à l'un des volets principaux de son plan de sauvetage, qui consistait à faire de l'Etat un actionnaire à 30 % du groupe, du moins dans l'immédiat. L'Etat émettra 300 millions d'euros de titres qui ne pourront être convertibles en actions sans l'accord de Bruxelles, procédera à une émission obligataire de 200 millions et apportera un prêt à moyen terme de 300 millions, ainsi que 1,2 milliard de crédit.

Manifestation à Belfort où quelque mille emplois doivent être supprimés par Alstom.

Des espions syriens à Guantanamo ?

Washington, mardi 23
C'est seulement aujourd'hui qu'a été révélée, par le Pentagone, une affaire d'espionnage dont la base militaire de Guantanamo, à Cuba, serait le théâtre. En fait, deux hommes de confession musulmane, l'aumônier Youssef Yee et un interprète employé par l'aviation, Ahmed Al-Halabi, auraient recueilli des informations sur la base et sur les islamistes qui y sont enfermés dans des cages, et auraient essayé de les faire parvenir à la Syrie, qui a démenti. Yee a été arrêté le 10 de ce mois, tandis que l'interprète est sous les verrous depuis le 23 juillet. Ils encourent la mort.

Cinq titres inédits de Brel rendus publics

Avec l'année Brel, Bruxelles célèbre le 25e anniversaire de la disparition du chanteur (ici, galerie Saint-Hubert).

Paris, mardi 23
François Rauber et Gérard Jouannest, les deux collaborateurs de Jacques Brel, en conviennent: *Avec élégance, Sans exigences* et *L'amour est mort* n'étaient pas des chansons abouties, raison pour laquelle le chanteur n'avait pas voulu les divulguer, de même que *Mai 40* et *la Cathédrale*. Mais ses volontés n'ont pas été respectées: elles sont incluses dans l'intégrale et la compilation « Brel infiniment » que sort aujourd'hui, en attendant un coffret de trois DVD à la fin du mois, Barclay-Universal. Qui s'en offusquera ? Evidemment pas les inconditionnels de Brel. Et puis, elles ont déjà été entendues, cette année, sur certaines radios belges.

Kodak abandonne la pellicule argentique

Rochester, jeudi 25
C'est une révolution culturelle. Fondée en 1881 par George Eastman, la firme Kodak ne fabriquera plus de pellicule argentique et se convertira totalement à la photographie numérique. Cette décision était la condition *sine qua non* de la survie de la maison de Rochester (Etat de New York). Les deux dernières années avaient vu les ventes de Kodak chuter de 1,8 milliard de dollars, ce qui a poussé son président, Daniel Carp, à changer son fusil d'épaule. Il prévoit 3 milliards d'investissements dans le numérique avec, à l'horizon de 2006, un chiffre d'affaires de 16 milliards et le retour aux bénéfices.

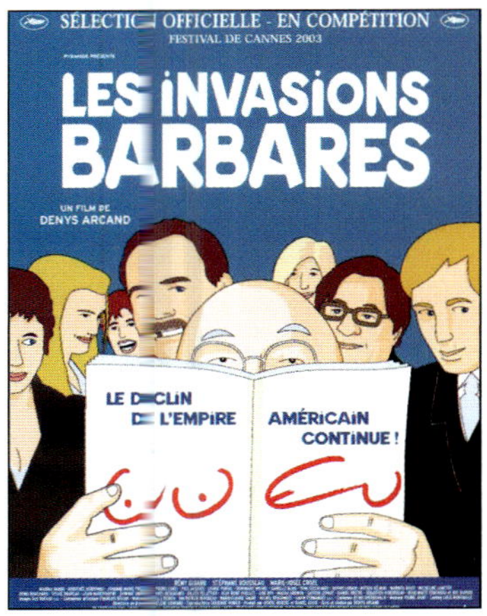

Le 24, sortie à Paris des *Invasions barbares*. Dix-sept ans après *le Déclin de l'empire américain*, le cinéaste québécois Denys Arcand en fait revivre les personnages.

Fin des auditions dans l'affaire Kelly

Londres, jeudi 25
Le juge Brian Hutton ne rendra pas ses conclusions avant novembre ou même décembre. Il faut dire que, au terme des auditions des différentes parties de l'affaire Kelly, toute la lumière n'a pas été vraiment faite. Jeremy Gompertz, l'avocat de la famille du malheureux David Kelly, suicidé le 18 juillet, n'y a pas été par quatre chemins. Il a accusé le gouvernement de Tony Blair de s'être joué de l'ancien inspecteur de l'ONU en Irak et de l'avoir acculé au suicide, tandis que l'avocat de la BBC, Andrew Caldecott, a mis à mal la défense dudit gouvernement sur le dossier « arrangé » de l'armement irakien.

Canicule : 14 802 morts

France, jeudi 25
L'Inserm (Institut national de la santé et de la recherche médicale) a rendu le rapport que Jean-Pierre Raffarin et Jean-François Mattei, le ministre de la Santé, lui avaient demandé le 20 août. La canicule a fait 14 802 morts, dont un tiers en région parisienne. A Paris, la surmortalité dépasse de 127 % celle d'un mois d'août normal. En Seine-et-Marne, elle est de + 171 % ! 42 % des victimes sont décédées à l'hôpital, 35 % à domicile, 19 % dans des maisons de retraite, 3 % dans des cliniques. Causes premières des décès : la déshydratation et l'hyperthermie. La canicule a tué dès le premier jour, le 4 août (500 morts), et jusqu'au 19 août inclus.

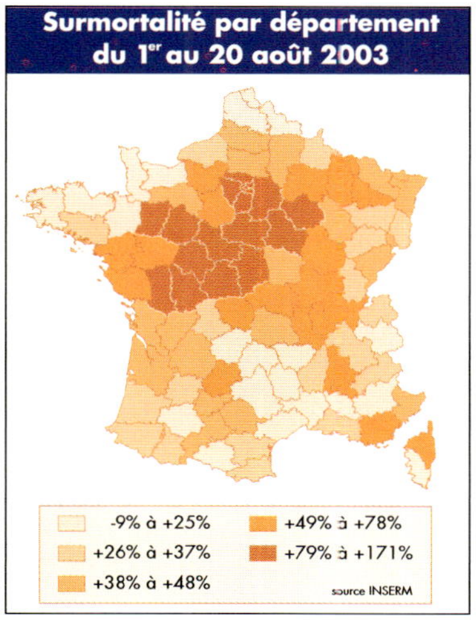

Le principal d'un collège a été poignardé

La Ciotat, vendredi 26
Qui en voulait au principal du collège Virabelle de La Ciotat (Bouches-du-Rhône) ? Hier soir, à 23 h 02, Clément Roussenq reçoit un coup de téléphone l'avertissant de la rupture des amarres de son bateau. Il prend sa voiture, se rend au port, constate que tout est en ordre et revient garer sa voiture dans le parking du collège. Alors sa femme entend des cris et, de sa fenêtre, voit deux ou trois ombres disparaître. Elle se précipite et découvre son mari au volant, gisant dans son sang. Il a été tué d'un coup de poignard au thorax. Pour l'heure, les enquêteurs n'excluent aucune piste. Un ancien employé et un élève exclu ont été mis en garde à vue ce matin, puis relâchés.

Le 27, c'est toujours l'incompréhension.

Les morts du *Joola* ne sont pas oubliés

Dakar et Paris, vendredi 26
France 3 a commémoré la tragédie du *Joola*, survenue il y a très exactement un an au large de la Gambie, dans une édition spéciale de « Thalassa ». Avec, entre autres, le témoignage du Français Patrice Auvray, l'un des 64 rescapés du naufrage. Les chiffres sont désormais établis : 1 863 morts, soit 350 de plus que pour le *Titanic*. L'anniversaire de cette catastrophe, la plus meurtrière de l'histoire maritime, a été célébré au Sénégal dans un climat de morosité, voire de colère : les aides promises aux familles des disparus par Dakar n'ont commencé à être versées qu'hier.

Vincent Humbert ne souffrira plus

Son livre « Je vous demande le droit de mourir » était sorti hier dans les librairies.

Berck-sur-Mer, vendredi 26
Tétraplégique, muet et pratiquement aveugle depuis un accident de la route, Vincent Humbert avait expressément manifesté son désir de mourir. Marie Humbert, sa mère, a voulu accéder à sa prière en versant des barbituriques dans sa poche de perfusion. Vincent était plongé depuis dans le coma et, ce matin, l'équipe de réanimation du centre héliomarin de Berck-sur-Mer (Pas-de-Calais) a décidé de « limiter les thérapeutiques actives ». Vincent est décédé à 10 h 45. Il avait 22 ans. Le ministre de la Santé a déclaré que la médecine devait savoir « jusqu'où ne pas aller trop loin ». (→ 2.10)

Le 24, à Madrid, le sprinter italien Alessandro Petacchi remporte la dernière étape du Tour d'Espagne. Bilan : 15 victoires la même année sur les trois Tours. Record absolu !

L'Eurostar fait gagner 20 minutes à ses clients

Londres, dimanche 28
Avec la mise en service en Angleterre d'un tronçon à grande vitesse long de 75 km entre Folkestone et le nord du Kent, il ne faut plus que 2 h 35 pour faire Paris-Londres en Eurostar, soit un gain de 20 min. Demain, c'est Bruxelles qui sera à 2 h 20 de la capitale britannique. Et en 2007, lorsqu'un dernier tronçon prolongera la nouvelle ligne jusqu'à Londres, ce sera encore 20 min en moins. C'est dire que l'Eurostar est en passe de détrôner définitivement les liaisons aériennes : il détient d'ores et déjà 61 % des parts de marché entre Londres et Paris, et 700 000 nouveaux usagers sont attendus d'ici à un an.

Les films d'Elia Kazan resteront éternels

New York, dimanche 28
Homme de théâtre (il fut le fondateur de l'Actor's Studio, en 1948), écrivain (*Une vie*, son autobiographie, est un chef-d'œuvre), découvreur de Marlon Brando et de James Dean, Elia Kazan est mort à 94 ans (*7.9.1909). De son vrai nom Elia Kazanjoglou et d'origine grecque, il portera dans son œuvre de cinéaste un regard très critique sur la société américaine, avec des films tels que *Sur les quais* (1954), *A l'est d'Eden* (1955), *la Fièvre dans le sang* (1961) ou l'admirable *America, America* (1963). La carrière de ce grand réalisateur de gauche fut toutefois ternie quand, en pleine campagne maccarthyste en 1952, il dénonça huit amis marxistes, dont le célèbre dramaturge Clifford Odets.

Américanisation du droit, légende ou réalité ?

L'anecdote ferait sourire si elle n'était symptomatique. Des présidents de tribunaux ont eu parfois la surprise de s'entendre appeler « votre honneur », et non « monsieur le président », par de jeunes prévenus totalement ignorants des traditions judiciaires françaises, mais imprégnés des traditions anglo-saxonnes par la consommation quasi exclusive de films ou de feuilletons télévisés américains. C'est donc bien à une lente mais, semble-t-il, inévitable « américanisation du droit » à laquelle nous assistons, à savoir une dérive structurelle qui vise, par une sorte d'infiltration permanente, à la mise entre parenthèses, voire à l'abolition de pans entiers de notre système de droit au profit de techniques, de formules et d'usages anglo-saxons. Ce mouvement ne vient du reste pas seulement contrecarrer l'ordre juridique français, mais plus généralement celui que l'on qualifie habituellement de « continental ». Et cela notamment en raison des méthodes d'organisation qu'entraîneraient nécessairement les relations d'affaires et les flux financiers.

Nous savons, par exemple, que les grands cabinets d'avocats d'affaires, que ce soit de Milan, de Paris, de Madrid ou de Berlin, fonctionnent aujourd'hui selon des modèles anglais ou américains ; que cette organisation technique entraîne, par une sorte d'effet induit, des méthodes de pensée, des formules de travail qui soumettent les comportements intellectuels et les modes de réflexion. Dans le système anglo-saxon, rappelons-le, ce sont d'abord le juge et aussi l'avocat qui font jaillir et surgir le droit. C'est parce que, découlant de leur vision pragmatique des choses, leur préoccupation première est d'apporter des solutions pratiques et immédiates qu'ils sont à chaque instant créateurs de droit. Et c'est pourquoi le droit américain, disons le droit anglo-saxon en général, est par essence contentieux et jurisprudentiel, tandis que le droit français, de par son origine, par sa structure et ses modes de pensée, est ordonnateur et normatif.

Il est désormais évident que cette pratique judiciaire spécifique aux pays de droit anglo-saxon, cette pratique créatrice de droit, pénètre les systèmes continentaux. Il s'agit donc d'une indéniable « américanisation » qui est non seulement détectable dans la pratique des affaires financières ou commerciales, mais qui s'étend également à toutes les branches du droit. On peut par exemple, sans grand risque de démenti, constater cette omniprésence des techniques et des formules juridiques américaines dans l'élaboration de la nouvelle politique pénale française, qui est construite, à l'instar des Etats-Unis, sur l'exploitation du sentiment d'insécurité. Les dispositifs en cours de réalisation s'inspirent expressément de la politique américaine mise en place depuis les années 1980. L'introduction, par exemple, de la « tolérance zéro », principe édicté il y a quelques années par le chef de la police municipale de New York, est en passe, désormais, de constituer l'élément central de notre politique et de notre droit pénal.

En vérité, c'est peut-être plus dans l'évolution des mentalités, celles des praticiens comme celles des « utilisateurs du droit » (dans cette perspective, le droit n'est plus qu'une sorte de marché), que peuvent s'observer ce fléchissement et cette dérive.

Il est indéniable que les Etats-Unis sont devenus la référence universelle, non seulement de l'intention, mais également de la pratique judiciaire de ce que l'on peut qualifier de « communauté occidentale ». Il suffit, à cet égard, d'observer en détail les rapports remis par des experts qualifiés (magistrats, avocats, consultants, etc.) pour le constater. Les questions posées, les réponses apportées, les moyens suggérés ne sont souvent que copies et reprises des solutions américaines. Retenons également ce goût, de plus en plus affirmé, par de nombreux jeunes gens et jeunes filles, pour les études juridiques. Un goût qui reflète bien plus les fondements et les structures sociales de la société américaine que ceux, par exemple, de la société française. Nous savons depuis longtemps que les juristes occupent dans cette société américaine une place à part, que ce soit d'ailleurs dans la réalité du fonctionnement social ou dans l'imaginaire collectif. Ils représentent un sommet de la hiérarchie sociale, comparable à celui auquel peuvent accéder les élèves de nos grandes écoles.

De cette prééminence découle, par nécessité logique et fonctionnelle, une forte tendance à la « juridisation » des relations privées et publiques. Une sorte de manie procédurière s'installe dans la pratique sociale. Elle entraîne des procès sans nombre, des dommages et intérêts considérables, et un mécanisme quasi totalitaire organisant le champ d'une responsabilité généralisée. Les dédommagements astronomiques obtenus aux Etats-Unis par décision de justice en faveur de plaignants ayant engagé des actions contre des cigarettiers ont inspiré une affaire récente en France même. La famille de Richard Gourlain, décédé le 7 janvier 1999 des suites d'un triple cancer, avait attaqué la société Altadis (l'ancienne Seita) en responsabilité pour défaut d'information et lui réclamait 457 000 euros. Richard Gourlain fumait plusieurs paquets de Gauloises par jour. Le 8 décembre de la même année, le tribunal de Montargis avait donné en partie raison aux plaignants, déclarant que la Seita était totalement responsable jusqu'à la majorité de Richard Gourlain et à 60 % jusqu'en 1976, année où la dangerosité du tabac est apparue sur les paquets. Cette décision fut annulée par la cour d'appel d'Orléans le 10 septembre 2001, mais les plaignants se sont pourvus devant la Cour de cassa-

tion, qui les a déboutés le 20 novembre 2003. Le cigarettier n'ayant pas été jugé responsable, la famille de Richard Gourlain n'a pas renoncé et a décidé d'attaquer l'Etat devant le tribunal administratif d'Orléans.
C'est incontestablement au travers de cet engouement pour le droit que se révèle peut-être le mieux son «américanisation». Les séries télévisées, les films, les romans, diffusent son omniprésence. Le juge et l'avocat sont en passe de devenir à la fois vecteurs et gardiens de l'ordre social. Le juge en particulier, à l'image du rôle qui est le sien au cœur de la société américaine, devient la figure centrale de cette configuration. Il est le modèle, celui qui, à chaque instant, parce que créateur des régulations sociales, c'est-à-dire du droit, rétablit les équilibres, contrôle les évolutions et impose les contraintes. Cette nouvelle vision des choses entraîne forcément des bouleversements, non seulement dans l'opinion publique, mais également dans les habitudes des professionnels.
Il n'en demeure pas moins qu'appliquer à une société des règles qui lui sont étrangères, sans trop se soucier de leur adaptation et de leur compatibilité, provoque des effets que l'on peut, sans outrance, qualifier de pervers. Un exemple: l'introduction, de moins en moins maîtrisée, dans notre système de droit, du pacte de *quota litis,* pacte qui reste théoriquement toujours interdit dans les relations de l'avocat avec son client. En revanche, les avocats américains, eux, se rémunèrent, d'une part sur des honoraires déduits de leurs prestations et du temps qu'ils ont passé à les fournir, d'autre part du résultat des actions engagées. Ce pacte a toujours été proscrit dans la tradition française, même si des aménagements quelque peu hypocrites sont venus atténuer, en tout cas nuancer, l'interdiction. Mais aujourd'hui, en conséquence de l'infiltration de la pratique judiciaire américaine, on constate que, dans la relation de l'avocat avec son client, s'est progressivement instaurée une logique qui conduit à ajuster la rémunération au résultat obtenu.
L'effet induit d'une telle pratique conduit inéluctablement à l'augmentation du contentieux. «Dans de telles conditions, intenter une action en justice relève de la même démarche que jouer au Loto: l'espoir de gagner le gros lot suffit à motiver les parieurs. Et, si tous les amateurs de hasard choisissaient de tenter leur chance dans les tribunaux plutôt que dans les bureaux de tabac, la justice française ne serait plus en mesure de faire face à la demande.» (Valéry Turcey, *l'Horreur juridique. Vers une société de procès,* Plon, 2002.)
Ainsi s'effondrent progressivement toutes les barrières psychologiques, intellectuelles, philosophiques qui faisaient obstacle à cette pénétration. Peu à peu s'infiltre, dans les mentalités, dans les médias, dans le quotidien, une conception très «américaine» du droit et du judiciaire. Tous les responsables publics ou privés (et qui n'est pas responsable?) sont transformés en cibles potentielles de procès, de contentieux et de médiation judiciaire. Les professionnels (avocats, consultants, notaires, magistrats) y trouvent finalement leur compte. Ce vaste mouvement emporte, soit en les bousculant, soit en les grignotant, nos structures de

Aux Etats-Unis, les affaires commerciales sont, commes les affaires privées, jugées par un jury, ce qui n'est pas le cas en France. Ici, l'ouverture solennelle du tribunal de commerce de Paris.

pensée et sape les institutions qui les expriment. Sous nos yeux, en effet, s'efface peu à peu, au nom d'une ravageuse définition de la liberté, notre système de droit qui octroyait à l'Etat, par le truchement du pouvoir judiciaire, la défense de l'intérêt général, le maintien des équilibres sociaux et le respect des libertés tant privées que publiques. Car, comme le souligne également Valéry Turcey, c'est bien à l'Etat «qu'il revient de concilier le droit pour tout citoyen d'intenter un procès avec celui, non moins important, de ne pas être victime d'un harcèlement judiciaire permanent».
Il précise d'ailleurs que «les grandes déclarations de principe sur le thème de l'accès à la justice ou de la nécessité pour chacun de pouvoir s'adresser à un tribunal sont devenues un lieu commun du langage politiquement correct que nos leaders d'opinion s'efforcent de pratiquer chaque fois que l'occasion

Perruque de rigueur pour les juges britanniques. Ici Alan Moses, qui préside le procès des meurtriers présumés des fillettes Holly et Jessica.

s'en présente. Mais le fond du problème, c'est-à-dire la "guerre du droit" que se livrent les professions juridiques pour la conquête d'un marché rémunérateur, ne fait l'objet d'aucune discussion sérieuse».
Et c'est précisément ici que se situe le vrai débat sur la question de l'américanisation du droit et que s'énoncent ses véritables enjeux. Notre société se trouve désormais confrontée à des schémas de pensée importés sans discernement, schémas qui destructurent et brisent, par simple logique et cohérence internes, les fondements de notre conception traditionnelle du droit et de sa pratique.
Je voudrais ici relever un aspect de cette évolution qui ne me semble pas avoir été parfaitement compris. En réalité, l'infiltration du droit américain se diffuse principalement à travers la mise en place d'un nouvel ordre juridique européen, nourri d'emprunts à la pensée juridique anglo-saxonne. S'il est exact que la frénésie procédurière qui occupe l'espace juridique américain n'a pas encore gravement contaminé le nôtre, il n'en demeure pas moins que l'on peut dès à présent déceler certains symptômes de l'épidémie dans la constitution progressive d'un droit supranational européen. Peu à peu se fait jour un échafaudage de règles, d'usages, qui lentement introduisent des modes de pensée non seulement inspirés de la pratique anglo-saxonne, mais calqués sur cette pratique. On peut considérer en effet que les principes que diffuse l'organisation européenne de justice, la jurisprudence de la Cour européenne des droits de l'homme notamment, édifient un corpus dont les normes sont les reflets immédiats de la philosophie sociale et juridique américaine.

Jean-Charles Personne
Avocat à la Cour

Octobre

Lu	Ma	Me	Je	Ve	Sa	Di
		1	2	3	4	5
6	7	8	9	10	11	12
13	14	15	16	17	18	19
20	21	22	23	24	25	26
27	28	29	30	31		

Belgique, mercredi 1er
Ford annonce la suppression de 3 000 emplois à Genk.

France, mercredi 1er
Selon l'Office national des forêts, 63 000 hectares ont été ravagés cet été par les flammes, le bilan le plus dramatique depuis 30 ans.

Paris, mercredi 1er
Inauguration de L'Amnesia, boîte de nuit de Johnny Hallyday, située au pied de la tour Montparnasse.

Union européenne, mercredi 1er
Les avertissements sanitaires deviennent obligatoires sur les paquets de cigarettes. (→ 20)

Berck-sur-Mer, jeudi 2
Le docteur Frédéric Chaussoy, chef du service de réanimation de l'hôpital héliomarin, est entendu par la police. Il a déclaré avant-hier avoir arrêté le respirateur artificiel qui maintenait en vie Vincent Humbert. (→ 27)

Morden (Angleterre), jeudi 2
Inauguration de la plus grande mosquée d'Europe, qui peut accueillir jusqu'à 10 000 fidèles.

Bali, jeudi 2
Ali Ghufron est le troisième condamné à mort pour l'attentat d'octobre 2002.

Tione (Italie), jeudi 2
Le coureur cycliste Marco Pantani est blanchi de l'accusation de dopage sur le Tour d'Italie 1999.

Stockholm, jeudi 2
Le prix Nobel de littérature est attribué au Sud-Africain John Maxwell Coetzee.

Paris, vendredi 3
Ouverture au Grand Palais de l'exposition « Gauguin-Tahiti ».

Rome, samedi 4
Ouverture des travaux de la Conférence intergouvernementale consacrée à la future Constitution européenne.

Tchétchénie, dimanche 5
Akhmad Kadyrov, candidat de Moscou, est élu à la présidence avec 81,1 % des voix au premier tour d'un scrutin contesté.

DÉCÈS

Paris, vendredi 3
René Thomas, ancien P-dg de la BNP (*13.1.1929).

Boston, vendredi 3
William Steig, dessinateur, père du personnage Shrek (*14.11.1907).

3 296,36 — 28,60 $ — € 1,1622 $

Les armes de destruction massive de l'Irak restent introuvables

Londres, dimanche 5
Pour George W. Bush et Tony Blair, les soucis ont commencé jeudi. En effet, le Groupe d'inspection en Irak (ISG) commandité par Washington a publié ce jour-là un rapport embarrassant : le patron de l'ISG, l'Américain David Kay, a reconnu devant le Congrès que, au stade actuel de son enquête, aucune arme de destruction massive n'avait été retrouvée en Irak. Il a aussi précisé que l'ISG n'avait pu établir la preuve que l'Irak avait cherché à se doter d'un armement nucléaire après 1998. Après ce camouflet infligé au président des Etats-Unis, c'était au Premier ministre britannique d'essuyer un revers pour le moins cuisant. Ce matin, le *Sunday Times* a publié des extraits d'un livre à paraître le 20 octobre prochain, *The Point of Departure,* dont l'auteur n'est autre que Robin Cook, le ministre des Affaires étrangères de Tony Blair qui avait donné sa démission le 17 mars. Selon lui, le Premier ministre n'avait aucune illusion sur l'existence de ces armes de destruction massive. Mais, s'il s'est néanmoins rallié au point de vue américain, c'est parce qu'il avait trop le respect de la puissance pour résister à une requête de Bush…

Achmed Jaburi, vice-gouverneur de la banque centrale irakienne, a présenté hier la nouvelle monnaie irakienne. Elle n'est plus à l'effigie de Saddam Hussein, et sera mise en circulation le 15 octobre.

L'aviation israélienne réplique à un attentat par un raid en Syrie

La bombe du kamikaze palestinien a ravagé le restaurant Maxim, hier à Haïfa.

Syrie, dimanche 5
Le conflit israélo-palestinien a pris une autre dimension avec l'attaque, par des avions israéliens, d'un camp supposé servir à l'entraînement de membres du Djihad islamique et situé à l'ouest de Damas, en Syrie. Cette opération, qui n'aurait fait que quelques blessés, a été lancée en réponse à l'attentat suicide commis hier, à Haïfa, par une militante du Djihad, une avocate stagiaire âgée de 29 ans, Hanadi Tayssir Jeradat, et qui a fait 19 morts, dont des Arabes de nationalité israélienne. Quant au raid de représailles, qualifié de « terroriste » par la Ligue arabe, il a fait l'objet d'une plainte de la Syrie auprès du Conseil de sécurité de l'ONU.

Les femmes des cités veulent leur liberté

Dourdan (Essonne), dimanche 5
Le 8 mars, 30 000 personnes avaient défilé à Paris à l'appel de « Ni putes ni soumises », un mouvement qui œuvre pour les droits des femmes issues de l'immigration. Un succès sur la lancée duquel vient d'avoir lieu la première Université des femmes de quartiers. La présidente de l'association, Fadela Amara, à laquelle Jean-Pierre Raffarin a téléphoné pour lui faire part de son soutien « attentif et admiratif », a lancé un appel au chef de l'Etat, afin que la lutte contre la régression des droits des femmes soit un « chantier prioritaire ».

Le 5, le Mondial du deux-roues s'achève à Paris. 415 168 visiteurs ont pu y découvrir les nouveautés de Peugeot Motocycles : Satelis (photo), modèle GT (grand tourisme), et Ludix, le premier scooter à moins de 1 000 euros.

Octobre

Lu	Ma	Me	Je	Ve	Sa	Di
		1	2	3	4	5
6	7	8	9	10	11	12
13	14	15	16	17	18	19
20	21	22	23	24	25	26
27	28	29	30	31		

Paris, lundi 6
Roselyne Bachelot, ministre de l'Ecologie, lance un plan national d'action contre le bruit.

Toulouse, lundi 6
Patrice Alègre affirme ne connaître ni Fanny ni Patricia. (→ 13)

Londres, lundi 6
Valerie Amos, une femme noire originaire du Guyana, faite en 1997 baronne Amos of Brondesbury, est nommée à la tête de la Chambre des lords.

Stockholm, lundi 6
Le Nobel de médecine est attribué à l'Américain Paul C. Lauterbur et à Sir Peter Mansfield pour leurs travaux sur l'imagerie par résonance magnétique (IRM).

Paris, mardi 7
Les députés votent à l'unanimité la création d'une commission d'enquête sur les conséquences sanitaires et sociales de la canicule.

Paris, mardi 7
La justice ordonne l'insertion d'un encart dans le livre *Ma fille, Marie*, rappelant que Bertrand Cantat est présumé innocent. (→ 27)

Paris, mercredi 8
Fouad Chouki, contrôlé positif à l'EPO après la finale du 1 500 m des championnats du monde, est suspendu pour deux ans par la Fédération française d'athlétisme.

Mossoul, mercredi 8
Le journal kurde *Al-Takhei* assure que les forces américaines ont détruit, à Bagdad, le tombeau de Michel Aflak, Syrien et chrétien, fondateur en 1947 du parti Baas.

Paris, jeudi 9
La chanteuse Lorie inaugure, à 19 ans, sa statue au musée Grévin.

Nice, vendredi 10
Un attentat à l'explosif, attribué au FLNC, est commis contre une caserne de l'armée de l'air.

Annecy, vendredi 10
David Hotyat revient sur ses aveux. Il nie avoir tué la famille Flactif et reconnaît seulement avoir participé à la crémation des corps.

La Haye, vendredi 10
Le prince Johan Friso des Pays-Bas renonce à ses droits à la couronne pour pouvoir épouser sa fiancée, Mabel Wisse Smit.

Carson (Etats-Unis), dimanche 12
L'Allemagne devient championne du monde de football féminin face à la Suède (2-1 après prolongation).

3 606,12 — 30,78 $

€ 1,1809 $

Le jour de gloire de Schwarzenegger

Au Century Plaza Hotel, à Los Angeles, « Schwarzy » savoure et déclare aux électeurs californiens : « Je ne vous trahirai pas. »

Los Angeles, mardi 7
La question posée aux électeurs de la Californie était : « Le gouverneur Gray Davis doit-il être destitué ? » En cas de réponse positive, ces mêmes électeurs étaient alors invités à désigner celui qui devrait le remplacer. Sur les candidats en lice, au nombre de 135, il y en avait de très folkloriques, telle la pulpeuse Mary Carey, star du cinéma X. Mais les « poids lourds » n'étaient que trois, à savoir le démocrate Gray Davis lui-même, accusé d'avoir conduit l'Etat à la ruine mais soutenu par Bill Clinton, son adjoint Cruz Bustamante et, face à lui (car tous les sondages prévoyaient que le match se jouerait entre ces deux candidats), le sémillant et athlétique Arnold Schwarzenegger. Organisé, en vertu d'une loi californienne de 1911, à la suite d'une pétition ayant recueilli 1,6 million de signatures, ce scrutin a mobilisé de gros moyens : pas moins de 13,6 millions de dollars pour le très populaire « Schwarzy ». Donné favori, le comédien a dépassé les prévisions les plus optimistes. Car, après que Gray Davis a été proprement remercié, 48 % des voix se sont portées sur son nom, contre 32,2 % pour Bustamante. Bien que républicain, Schwarzenegger avait un atout démocrate dans son jeu : son épouse Maria Shriver, la nièce de John F. Kennedy. De plus, elle a su gommer la réputation de « machiste » dont était entaché son mari. Reste que le nouvel élu n'a pas précisé, durant tout le long de sa campagne, comment il comptait remettre la Californie à flot.

Des enseignants sont traduits en justice

Bobigny, mercredi 8
En décembre 1996, Sarah, 10 ans, était morte après être tombée par la fenêtre de sa classe, à Epinay-sur-Seine. Pour le procureur, l'enseignant, jugé pour « homicide involontaire par défaut de surveillance », doit être relaxé. Aucune « faute caractérisée », telle que définie par la loi Fauchon du 10 juillet 2000, ne peut lui être reprochée, pas plus que la « violation délibérée d'une obligation de prudence ». A Paris, hier, six mois avec sursis ont en revanche été requis contre une enseignante, jugée pour la mort de Thierry, 10 ans, décédé après une chute dans un escalier. Il n'aurait pas dû s'y trouver seul. (→ 4.11)

Le 6, le Bureau de vérification de la publicité (BVP) demande à Sloggi de retirer ses affiches pour les strings, pourtant très à la mode cette année. Il estime que les poses suggestives portent atteinte à la dignité des femmes.

Octobre 2003

Les journaux auront leurs écrans de pub

Paris, mercredi 8
Pour le moment, la presse, l'édition, le cinéma et la grande distribution n'ont pas le droit de faire de la publicité à la télévision. Le décret du ministre de la Culture, Jean-Jacques Aillagon, paru ce matin au *Journal officiel*, change les règles. A partir du 1er janvier 2004, les journaux y seront autorisés, malgré les protestations du Syndicat professionnel de la presse magazine et d'opinion, qui craint que les éditeurs indépendants, aux moyens financiers limités, soient pénalisés. L'édition et la distribution pourront aussi faire leur promotion, mais seulement sur les chaînes du câble et du satellite. Les chaînes hertziennes ne leur seront ouvertes qu'en 2007.

Maud Fontenoy a réussi à traverser l'Atlantique Nord à la rame

Maud Fontenoy à son arrivée en Galice : jamais elle n'a été tentée d'abandonner.

La Corogne, jeudi 9
« Je vais enfin pouvoir dormir plus de deux heures d'affilée », a avoué Maud Fontenoy à son arrivée à La Corogne, en Espagne. Il était 4 h 15 du matin et la jeune Française, épuisée mais fière, était la première femme à avoir réussi la traversée de l'Atlantique Nord à la rame. Agée de 25 ans, Maud Fontenoy avait quitté Saint-Pierre-et-Miquelon le 13 juin dernier, à bord du *Pilot*, un bateau insubmersible de 7,5 m de long et de 1,6 m de large pour un poids de 350 kg. Bien qu'ayant pris un mois et demi de retard sur ses prévisions, elle n'en a pas moins réalisé un exploit en ramant sur plus de 6 700 km. Pour les quinze derniers kilomètres, le *Pilot* a toutefois été remorqué par un navire affrété par sa famille.

Le héros de l'école laïque réclame des sous

Paris, mercredi 8
C'est l'hebdomadaire *Télérama* qui le révèle dans son édition d'aujourd'hui. L'instituteur Georges Lopez, héros du documentaire *Etre et avoir* de Nicolas Philibert, estime qu'il a été la victime d'une « atteinte au droit à l'image », que le film est une « contrefaçon » de ses cours, et qu'un « salaire » devrait lui être versé. Au total, les sommes qu'il réclame au travers de plusieurs plaintes représentent 299 500 euros. C'est avec quelque retard qu'il s'est aperçu qu'il avait été ainsi « exploité » : le film, où il personnifie le pur désintéressement, est sorti le 28 août 2002.

Les 35 heures font toujours polémique

France, mercredi 8
Depuis qu'Alain Lambert, le ministre du Budget, a estimé jeudi dernier que, sans la charge de 15 milliards d'euros annuels imputables aux 35 heures, le déficit public de la France serait sous la barre des 3 % du PIB, la polémique bat son plein. Pour l'ancien ministre des Affaires sociales, Martine Aubry, interrogée par *le Monde*, le coût réel des 35 heures est inférieur au milliard d'euros. Et la réforme, dont « la gauche peut être fière », a permis de créer en quatre ans au moins 350 000 emplois. Pour elle, ce sont les baisses d'impôts qui renforcent le déficit.

Comme faire respecter l'ordre à l'école ?

Xavier Darcos s'est livré au « Parisien ».

Paris, jeudi 9
Le ministre délégué à l'Enseignement scolaire est confiant : « Nous sommes en train de restaurer l'autorité. » Il y avait urgence : 72 057 incidents graves ont été recensés, pour l'année 2002-2003, dans les établissements scolaires. Xavier Darcos veut réduire ce chiffre de moitié en cinq ans. Interviewé dans *le Parisien*, il s'interroge sur les mesures à adopter. Le port de l'uniforme, qui ferait régresser le racket vestimentaire ? « Le sujet mérite d'être débattu. » Lui-même est plutôt favorable à une tenue uniformisée, comme un t-shirt marqué du sigle de l'école. Il pourrait aussi être utile de rétablir le vouvoiement entre professeurs et élèves.

Le 7, David Bowie entame à Copenhague (Danemark) sa nouvelle tournée mondiale baptisée « Reality Tour ». Elle doit le mener pendant 7 mois dans 17 pays. A 56 ans, l'idole britannique a conservé tout son charisme.

Le 8, veille du 40e anniversaire de la disparition de la chanteuse Edith Piaf, s'ouvre à l'hôtel de ville de Paris l'exposition « Piaf, la môme de Paris », dont la scénographie a été conçue par Hélène Robert et Anne Carles.

Une Iranienne prix Nobel de la paix

Olso, vendredi 10
Chirine Ebadi était à Paris lorsqu'elle a appris, à sa grande surprise, que le jury d'Oslo lui avait décerné le prix Nobel de la paix. Personne n'attendait cette avocate iranienne relativement peu connue mais qui, indifférente à la notoriété médiatique, n'en symbolise pas moins le combat pour les droits de l'homme dans son pays. En butte aux tracasseries et aux persécutions du pouvoir religieux, cette femme âgée de 56 ans s'est principalement consacrée à la défense des droits des femmes et des enfants, convaincue que l'islam et les libertés ne sont pas incompatibles. Pour le leader conservateur Assadollah Badamchian, cette récompense n'est qu'« une infamie » de l'Occident.

Chirine Ebadi a déjoué les pronostics qui donnaient Jean-Paul II ou Vaclav Havel.

Vers l'égalité des sexes au Maroc

Rabat, vendredi 10
Mohammed VI a profité de la présence de Jacques Chirac, qui s'était déclaré confiant dans la « démocratisation » du Maroc, pour annoncer à la télévision une profonde réforme du Code de la famille, qui sera soumise au Parlement avant la fin de l'année. La famille sera placée « sous la responsabilité conjointe des deux époux » et non plus du mari. Le « devoir d'obéissance » de l'épouse va disparaître. Les jeunes filles, comme les garçons, devront avoir 18 ans pour se marier, et n'auront plus besoin que leur père ou leur frère les y autorise. La justice encadrera la répudiation, et la polygamie doit devenir l'exception. Une vraie révolution.

Le pétrole relance l'économie du Tchad

Doba, vendredi 10
Le président Idriss Deby a inauguré en grande pompe l'oléoduc qui relie les champs pétrolifères de Doba, dans le sud du Tchad, au terminal portuaire de Kribi, au Cameroun. Ainsi, l'un des pays les plus pauvres du monde entre dans le club des producteurs de brut. Financée par un consortium international, par la Banque mondiale, ainsi que par les gouvernements tchadien et camerounais, l'exploitation de l'or noir devrait rapporter au pays, sur une durée de 25 ans, 2 milliards de dollars. Un collège de surveillance a été mis en place pour en contrôler la gestion.

Michael Schumacher détrône Fangio

Triomphe total de Ferrari avec son directeur, Jean Todt, Barrichello et « Schumi ».

Suzuka, dimanche 12
C'est un grand jour pour Ferrari. Un de plus. Mais celui-là a quelque chose d'exceptionnel. Car, non seulement la scuderia italienne remporte le Grand Prix du Japon avec Rubens Barrichello, et non seulement elle s'adjuge le titre mondial des constructeurs, mais, bien qu'ayant dû se contenter d'une place de huitième, Michael Schumacher est sacré champion du monde des pilotes, pour la sixième fois après ses titres de 1994, 1995, 2000, 2001 et 2002. Ainsi, l'intraitable « Schumi » a dépassé Juan Manuel Fangio, dont les cinq victoires acquises en 1951, 1954, 1955, 1956 et 1957 étaient jugées indépassables.

Les jeunes filles voilées exclues du lycée

Lila, 18 ans (à gauche), et Alma, 16 ans.

Aubervilliers, vendredi 10
Lila et Alma Lévy ne retourneront pas en classes de terminale et de première au lycée Henri-Wallon d'Aubervilliers. Après six heures de débat, le conseil de discipline a prononcé l'exclusion des sœurs en raison de leur refus d'enlever leur foulard islamique. Le port d'un tel « signe ostentatoire » ne peut être toléré dans l'établissement. Depuis la rentrée, 1 256 jeunes filles se sont présentées au lycée la tête voilée. Selon le ministère de l'Intérieur, elles ont presque toutes accepté de se découvrir. Seules quatre exclusions ont été prononcées. Lila et Alma sont d'ailleurs atypiques : leur père, juif, est communiste et athée, et leur mère, berbère, est catholique.

Le 11, au Stade de France, l'équipe de France de football termine invaincue les éliminatoires de l'Euro 2004, qui débutera le 12 juin 2004 au Portugal, en battant Israël (3-0). Thierry Henry(de face) a ouvert le score.

Octobre

Lu	Ma	Me	Je	Ve	Sa	Di
		1	2	3	4	5
6	7	8	9	10	11	12
13	14	15	16	17	18	19
20	21	22	23	24	25	26
27	28	29	30	31		

Toulouse, lundi 13
Départ à la retraite anticipée de l'adjudant Michel Roussel, chef de la cellule d'enquête en charge de l'affaire Alègre. (→ 16)

Azerbaïdjan, mercredi 15
Ilham Aliev, fils du président sortant Gueïdar Aliev, est élu à la tête de l'Etat avec 79,55 % des voix.

Paris, mercredi 15
Le Grand Prix du Canada de F1 est réintégré dans la saison 2004.

Londres, mercredi 15
Le chômage britannique est à son plus bas niveau depuis 28 ans, à 3,1 % de la population active.

Brunssum, mercredi 15
Lancement de la Force de réaction rapide de l'Otan. Elle doit réunir 20 000 hommes d'ici à 2006.

Toulouse, jeudi 16
Lakhdar Messaoudène, soupçonné de complicité avec Patrice Alègre, est remis en liberté.

France, jeudi 16
La justice découvre que la caméra piégée, dont l'explosion a tué le commandant Massoud en 2001, avait été volée à Grenoble.

Monde, jeudi 16
Selon la FAO, 24 000 personnes meurent de faim chaque jour.

Amsterdam, jeudi 16
Air France et KLM signent l'accord qui prévoit leur fusion.

Dunkerque, samedi 18
Fin du découpage du *Tricolor*.

DÉCÈS

Shawnigan (Canada), mardi 14
Ben Metcalfe, cofondateur de Greenpeace, né E. Bennett Metcalfe (*31.10.1919).

Sauve (Gard), mardi 14
François Béranger, chanteur engagé (*28.8.1937).

Paris, mardi 14
Moktar Ould Daddah, ancien président de la Mauritanie (*25.12.1924).

Jérusalem, mercredi 15
Benny Lévy, philosophe français (*28.8.1945).

Bangkok, vendredi 17
Manuel Vazquez Montalban, écrivain espagnol (*1939).

Sarajevo, dimanche 19
Alija Izetbegovic, père de l'indépendance bosniaque (*8.8.1925).

3 353,72 — 29,10 $ — € 1,1645 $

Un cancer emporte Léon Schwartzenberg

Villejuif, mardi 14
Le professeur Léon Schwartzenberg, le plus célèbre cancérologue de France, a été emporté par la maladie qu'il avait combattue toute sa vie. Il est mort au sein même du service où il avait mené sa carrière à l'hôpital Paul-Brousse de Villejuif, dans le Val-de-Marne. Auteur, en 1977, de *Changer la mort*, il n'avait cessé de revendiquer le droit, pour un médecin, d'« aider à mourir » le patient incurable qui le demandait. Nommé par Michel Rocard ministre délégué à la Santé (1988), cet adepte du « parler vrai » n'était demeuré en fonctions que huit jours, sa volonté de distribuer des produits de substitution aux drogués ayant fait scandale. Il était devenu un porte-parole enflammé des sans-logis et des sans-papiers.

*Il était âgé de 79 ans (*2.12.1923).*

Peine alourdie pour Christine Malèvre

Paris, mercredi 15
Jugeant sa condamnation à dix ans de réclusion injustifiée, Christine Malèvre avait fait appel. Mal lui en a pris. Après sept heures et demie de délibéré, les jurés de la cour d'assises d'appel l'ont condamnée à douze ans, convaincus par le réquisitoire de l'avocat général, François-Louis Coste, qui l'avait décrite comme une « manipulatrice » : « C'est une âme meurtrière ! » avait-il lancé. Sur les sept assassinats pour lesquels elle était rejugée, l'ex-infirmière (elle est interdite d'exercer à vie) n'a endossé la responsabilité que de trois morts : trois malades qu'elle dit avoir « aidés à mourir ». Sauf erreur de procédure, ce verdict est définitif.

Le procès de Pierre Chanal n'aura pas lieu

Reims, mercredi 15
L'ex-adjudant-chef Pierre Chanal s'est donné la mort. Son corps sans vie a été découvert la nuit dernière, peu après minuit, dans la chambre du CHU de Reims où il avait été transféré lundi de l'hôpital de la prison de la Santé. Le prévenu, en grève de la faim depuis juillet, s'est tranché l'artère fémorale gauche avec une lame de rasoir. Son procès en assises pour l'assassinat de trois des huit disparus de Mourmelon entre 1980 et 1987, qui s'était ouvert hier en son absence, n'aura donc pas lieu : son décès entraîne l'extinction de l'action publique.

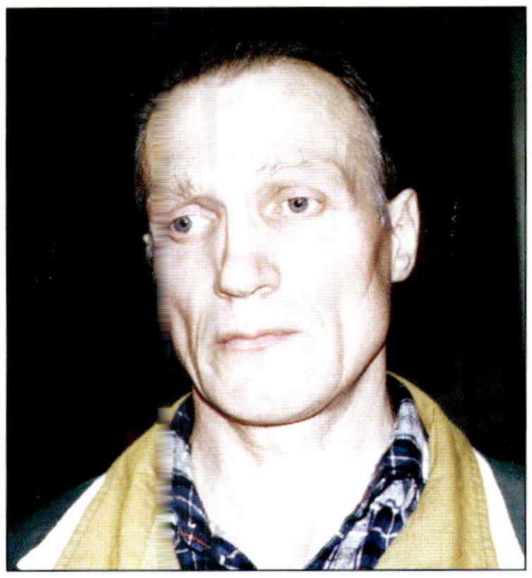

Il estimait son procès « joué d'avance ».

Trois Américains tués dans la bande de Gaza

Beit Hanoun, mercredi 15
Une mine télécommandée a sauté au passage d'un véhicule transportant des agents de sécurité américains au nord de la bande de Gaza : trois d'entre eux ont été tués et un autre blessé. Ces agents privés étaient chargés de protéger les personnels diplomatiques américains. C'est la première fois que des citoyens américains sont pris pour cible dans le cadre de l'Intifada. Yasser Arafat a condamné l'attentat, de même que les groupes armés palestiniens, qui l'ont jugé préjudiciable à leur cause.

Le 15, l'animatrice de *C'est mon choix* (France 3), Evelyne Thomas, est choisie par une association de maires pour incarner Marianne.

Le 17, le dalaï-lama a clôturé au Palais omnisports de Paris-Bercy un cycle d'enseignement commencé le 11. Ses leçons de sagesse ont attiré plusieurs milliers de personnes, bouddhistes ou non. Le 12, à l'hôtel Georges-V, il recevait des représentants de la communauté bouddhiste de France.

La Chine à la conquête de l'espace

Mongolie intérieure, jeudi 16
Il est 6 h 23 (heure locale) lorsque Yang Liwei, 38 ans, se pose à Siziwang à bord du vaisseau spatial Shenzhou 5. Hier, à 9 h, la fusée Shejian était partie de la base de Jiuquan, dans le désert de Gobi. Le *yuhangyuan* (le mot officiel chinois pour cosmonaute) a accompli 14 révolutions autour de la Terre et parcouru 600 000 km. Pour la Chine, ce vol est une grande victoire technologique : lancé en 1992, le Projet 921 visant à réaliser un « système national de vol habité » a été mené à bien. La Chine devient ainsi le troisième pays, après les Etats-Unis et la Russie, à faire voyager un homme autour de la Terre dans un vaisseau spatial. A Pékin, en évoque déjà la perspective d'un vol vers la Lune.

Le départ. Sur la bannière : « Saluez le premier cosmonaute chinois Yang Liwei ».

Le gaz au cœur de la crise bolivienne

La Paz, vendredi 17
Après un mois de manifestations et au moins 80 morts, le président bolivien, Gonzalo Sanchez de Lozada, a remis sa démission. Il est parti pour Miami. Le vice-président, le journaliste Carlos Mesa, lui succède, le temps d'organiser un référendum sur les exportations gazières qui sont à l'origine de la crise. Les Boliviens, dont les deux tiers vivent sous le seuil de pauvreté, sont en effet indignés par un projet de gazoduc qui vise à exporter le gaz du pays vers les Etats-Unis et le Mexique via un port chilien. Le consortium Pacific LNG en tirerait un profit annuel de 1,3 milliard de dollars contre seulement 80 millions pour la Bolivie.

Chirac est accusé d'antisémitisme en Israël

L'antisémitisme du Malaisien Mahathir Mohamad est à l'origine du scandale.

Jérusalem, dimanche 19
A la une, ce matin, du journal israélien de droite *Maariv*, un titre et une photo. Le titre : « Le visage de l'antisémitisme de la France ». La photo : un portrait de Jacques Chirac. Cette attaque sans fondement a pour origine des propos antisémites tenus publiquement jeudi par le Premier ministre de la Malaisie, Mahathir Mohamad, et condamnés le lendemain par le Conseil européen de Bruxelles. Le journal reproche à Chirac d'avoir demandé que cette condamnation soit publiée dans une déclaration séparée, plutôt que d'être incluse dans le communiqué final du Conseil !

Jean-Paul II béatifie à Rome Mère Teresa

Vatican, dimanche 19
Ce matin, sur la place Saint-Pierre, le pape a béatifié Mère Teresa devant les 300 000 fidèles qui s'était massés afin d'assister à la cérémonie. Bernadette Chirac et Jean-Pierre Raffarin étaient venus représenter la France. Ils se sont retrouvés aux côtés de personnalités du monde entier, dont la reine Fabiola de Belgique et Alfred Moisiu, le président albanais. Née Agnès Gonxha Bojaxhiu à Skopje, la célèbre religieuse albanaise était décédée le 5 septembre 1997. Dans le calendrier officiel de l'Eglise, elle sera dorénavant fêtée tous les 5 septembre, « jour de sa naissance au ciel ».

Le 18, des intermittents du spectacle font irruption sur le plateau de *Star Academy*, diffusée en direct sur TF1. Etienne Mougeotte, vice-président de la chaîne, interrompt l'émission et diffuse un épisode de *Julie Lescaut*, le temps d'évacuer le plateau. Trois manifestants sont interpellés. (→ 20)

Un populiste suisse en position de force

Suisse, dimanche 19
Avec 27,7 % des voix, et 55 sièges sur 200 à l'Assemblée fédérale, l'Union démocratique du centre-Schweizerisch Volks Partei (UDC-SVP) est ce soir la première formation politique du pays, avec un gain de plus de 5 points depuis le scrutin de 1999. Le PSS (socialiste) la talonne avec 54 sièges tandis que les deux partis de la droite classique sont en net recul. Qualifié de populiste pour ses prises de position anti-européennes et anti-immigrationnistes, le leader de l'UDC-SVP, Christoph Blocher, exige maintenant de siéger au Conseil fédéral (le gouvernement), faute de quoi il fera appel au peuple par des référendums d'initiative populaire.

Le 19, en remportant le tournoi de Zurich face à Jelena Dokic, Justine Hénin détrône Kim Clijsters de la place de n° 1 mondial. (→ 26)

Octobre

Lu	Ma	Me	Je	Ve	Sa	Di
		1	2	3	4	5
6	7	8	9	10	11	12
13	14	15	16	17	18	19
20	21	22	23	24	25	26
27	28	29	30	31		

Versailles, lundi 20
Le tribunal de grande instance ordonne à Giat Industries de surseoir à l'application de son plan de restructuration.

Paris, lundi 20
Quatre intermittents sont mis en examen pour « entrave à la liberté du travail » après leur intrusion sur le plateau de TF1 samedi soir.

Katmandou, lundi 20
Charles Sobhraj est inculpé pour le meurtre d'un routard en 1975.

Paris, mardi 21
Les députés refusent au fisc l'accès aux fichiers des opérateurs de télévision payante pour identifier les fraudeurs à la redevance.

New York, mardi 21
L'Assemblée générale de l'ONU adopte une résolution exigeant qu'Israël arrête la construction de la « clôture de sécurité » et détruise la partie de l'ouvrage déjà édifiée.

Floride, mardi 21
Le gouverneur de l'Etat, Jeb Bush, ordonne le maintien en vie de Terri Schiavo, une femme dans le coma depuis 13 ans, contre l'avis des juges et de son mari.

Paris, mercredi 22
Christian Noyer est nommé en Conseil des ministres gouverneur de la Banque de France.

Paris, jeudi 23
Exercices Piratox dans le métro : les manœuvres antiterroristes nocturnes avaient pour but de simuler une attaque au gaz sarin.

Bobigny, vendredi 24
Eva Martinet est mise en examen pour avoir étranglé Cady, sa fille de 7 ans, le jeudi 10 dans le parc de La Courneuve.

Lyon, vendredi 24
Un enfant de trois ans décède de la rage, maladie contractée l'été dernier lors d'un voyage au Gabon.

Paris, vendredi 24
Le parquet ouvre une information judiciaire pour « meurtre » dans le cadre de la mort de Jean Hélène.

Brest, dimanche 26
5 500 personnes sont évacuées du centre-ville le temps que deux bombes américaines datant de la Seconde Guerre mondiale (250 et 500 kg) soient désamorcées.

Luxembourg, dimanche 26
Tennis : Kim Clijsters reprend la place de n° 1 mondial aux dépens de Justine Hénin.

3 266,27 — 28,98 $

€ 1,1838 $

L'augmentation du prix du tabac met les buralistes en colère

France, lundi 20
95 % des 34 000 buralistes français sont en grève, la première de leur histoire. Selon eux, l'augmentation du prix des cigarettes (+ 20 % ce lundi) met leur existence en péril et ne diminue pas forcément la tabagie, mais profiterait surtout aux contrebandiers et, dans les régions frontalières, à leurs concurrents européens chez lesquels les cigarettes, moins taxées, sont moins onéreuses. Ils réclament donc au minimum que la prochaine hausse de 20 %, prévue pour janvier, soit annulée, ce à quoi le gouvernement se refuse, faisant, ainsi que le chef de l'Etat l'a réclamé, une priorité de la lutte contre le cancer. Or le tabac serait directement responsable de 66 000 morts par an. (→ 27.11)

Les débitants de tabac (ici à Strasbourg) estiment que leur existence est menacée.

Un journaliste français abattu en Côte d'Ivoire

Abidjan, mardi 21
Le climat antifrançais qui règne depuis des mois dans la capitale ivoirienne a fait une victime : le journaliste de RFI Jean Hélène. Il a été abattu vers 19 h 30 dans sa voiture, à proximité des locaux de la Sûreté nationale, par un policier en uniforme, le sergent Sery Théodore. Jean Hélène attendait la libération de onze opposants pour les interviewer. L'assassin, qui a été arrêté, semble avoir agi de son propre chef, selon les tout premiers témoignages. Spécialiste de l'Afrique noire, Jean Hélène s'appelait en réalité Christian Baldensperger. Il était né le 8 août 1953 à Mulhouse, où il devrait être inhumé. (→ 24)

Centenaire surprise pour le prix Goncourt

Jacques-Pierre Amette « a eu le nez » en quittant le Seuil pour Albin Michel.

Paris, mardi 21
Pour marquer le centième anniversaire de la création du prix Goncourt, le jury présidé par Edmonde Charles-Roux a joué la surprise en avançant de quinze jours l'attribution du prix, « grillant » le grand prix de l'Académie française et, surtout, le prix Femina avec lequel un accord d'alternance avait pourtant été conclu : en 2003, le Femina devait ainsi « passer » avant le Goncourt. Seul ne se plaindra pas de cette manœuvre jugée déloyale Jacques-Pierre Amette, le lauréat, d'autant qu'il ne s'attendait pas à une telle aubaine. Son roman est intitulé *la Maîtresse de Brecht*. C'est une évocation du retour en Allemagne de l'Est du dramaturge marxiste, après la Seconde Guerre mondiale.

La THG empoisonne le sport mondial

Londres, mercredi 22
Dwain Chambers, médaille d'argent du relais 4 x 100 m aux championnats du monde d'athlétisme de Paris, s'est-il dopé ? L'athlète britannique le nie, mais il reconnaît tout de même avoir été, au début du mois d'août, contrôlé positif à la tétrahydrogestrinone. Ce stéroïde anabolisant, plus connu sous l'abréviation de THG, serait en passe de faire des ravages dans le monde du sport, aux dires de David Howman, le directeur de l'AMA (Agence mondiale antidopage). Aux Etats-Unis, la THG aurait déjà été détectée dans les urines de quatre autres athlètes. (→ 7.11)

Le 24, France 2 diffuse pour la dernière fois la mini-série *Un gars, une fille*, programmée depuis le 11 octobre 1999 avant le journal de 20 heures. Plus de 6 millions de téléspectateurs se passionnaient pour les aventures d'Alex (Alexandra Lamy), alias Chouchou, et Jean (Jean Dujardin), alias Loulou.

Jean-Paul II célèbre ses 25 ans de règne

Mgr Philippe Barbarin, archevêque de Lyon, est promu cardinal à 53 ans, cinq ans après être devenu évêque. Mgr Jean-Louis Tauran et Mgr Bernard Panafieu revêtent également la pourpre.

Vatican, mercredi 22
Jean-Paul II a conclu une semaine de cérémonies organisées en l'honneur du 25e anniversaire de son élection par la célébration d'une messe en présence des trente prélats qu'il a élevés hier à la dignité cardinalice lors du neuvième consistoire de son pontificat. L'identité d'un 31e, qu'il a choisi de nommer *in pectore* (« dans son cœur »), demeure secrète. Le Sacré Collège est désormais fort de 194 membres, dont 135, âgés de moins de 80 ans, pourront se réunir en conclave lorsqu'il s'agira d'élire le prochain pape. Malgré les spéculations sur l'état de santé de Jean-Paul II, qui a déjà accompli le quatrième règne le plus long de l'histoire de la Chrétienté, ce moment n'est pas venu. Samedi, le pape a affirmé qu'il entendait remplir « pleinement » sa mission « tant que le Seigneur le voudra ». Et il a demandé aux prélats de prier pour lui.

Plus de 33 milliards de dollars pour l'Irak

Madrid, vendredi 24
Les Américains ne voulaient pas être les seuls à financer la reconstruction de l'Irak, ravagé par deux guerres et un embargo encore plus destructeur. Le secrétaire d'Etat Colin Powell l'a bien fait comprendre aux quelque 70 pays présents à la conférence qui s'est tenue hier et aujourd'hui à Madrid, sous les auspices de l'ONU. Les besoins étaient estimés à 56 milliards de dollars, d'ici à 2007. Mais ils n'ont pas été couverts : un peu plus de 33 milliards seulement ont été promis, sous forme de dons ou de prêts. Les Etats-Unis restent les plus gros contributeurs avec 20 milliards. Ils sont suivis d'assez loin par le FMI, la Banque mondiale et le Japon. Paris et Berlin attendent, de leur côté, que l'Etat irakien soit restauré.

Le 24, les trois derniers Concorde britanniques se retrouvent pour aller se poser à Heathrow. C'est la fin de leur carrière commerciale.

Les Italiens inquiets pour leurs retraites

Italie, vendredi 24
A 57 ans, un Italien peut aujourd'hui prendre sa retraite dès lors qu'il a cotisé durant 35 ans. Ce système, qui est l'un des plus avantageux d'Europe, est aussi l'un des plus coûteux. Selon le texte actuellement en débat à l'Assemblée nationale après avoir été adopté par le Conseil des ministres le 3 octobre, à partir de 2008, le nombre d'années de cotisations exigé sera porté à quarante. Faute de quoi les Italiens devront avoir atteint 65 ans pour partir (60 ans pour les femmes). Cette réforme, qualifiée de « nécessaire, juste et sage » par Silvio Berlusconi, a suscité l'opposition des principaux syndicats. A leur appel, dix millions de salariés ont cessé le travail aujourd'hui durant quatre heures. Les manifestations ont réuni dans tout le pays 1,5 million de personnes.

Khodorkovski en prison

Agé de 40 ans, il avait ruiné les petits épargnants de sa banque Menatep en 1998.

Moscou, samedi 25
L'homme le plus riche de toute la Russie dormira ce soir en prison, à Moscou. Ce matin, Mikhaïl Khodorkovski a été arrêté *manu militari* par des hommes des services secrets dans l'enceinte de l'aéroport de Novossibirsk, en Sibérie. Il est tombé officiellement sous le coup de plusieurs inculpations : évasion de capitaux, fraude fiscale et assassinat. Cette arrestation est un tournant dans la guerre lancée par Vladimir Poutine contre les oligarques, guerre qui avait déjà fait chuter deux des plus puissants d'entre eux, Vladimir Goussinski et Boris Berezovski. La question reste de savoir quel danger représentait, pour le président russe, Khodorkovski. Il faut d'abord savoir que l'oligarque, patron du géant pétrolier russe Ioukos, était en train de négocier sa fusion avec le numéro 5 du secteur, Sibneft, et que, dans cette opération, une importante partie de Ioukos devait être cédée au pétrolier américain ExxonMobil. Ce qui était inacceptable pour le Kremlin. En effet, non seulement tout un pan de la richesse nationale risquait d'être mis entre les mains de l'étranger, mais, de plus, Khodorkovski devait retirer la somme de 25 milliards de dollars de la transaction. Ce qui lui aurait donné les moyens de financer largement les partis politiques opposés à Poutine et de se préparer à briguer purement et simplement sa succession. (→ 31)

Le 26, une partie des quais du Louvre et des Tuileries, à Paris, est rebaptisée quai François-Mitterrand par Bertrand Delanoë, en présence de sa veuve, Danièle, de ses fils Gilbert et Jean-Christophe, et de sa fille, Mazarine Pingeot.

Octobre

Lu	Ma	Me	Je	Ve	Sa	Di
		1	2	3	4	5
6	7	8	9	10	11	12
13	14	15	16	17	18	19
20	21	22	23	24	25	26
27	28	29	30	31		

Paris, lundi 27
Le prix Femina est décerné à Dai Sijie pour *le Complexe de Di* (Gallimard) et le prix Médicis est attribué à Hubert Mingarelli pour *Quatre Soldats* (Le Seuil).

Boulogne-sur-Mer, lundi 27
Ouverture de deux informations judiciaires : l'une contre la mère de Vincent Humbert (« administration de substances toxiques avec préméditation sur personne vulnérable »), l'autre contre le docteur Frédéric Chaussoy, pour empoisonnement.

Paris, mardi 28
Le Parlement allège la « double peine » qui frappait les étrangers ayant commis des délits en France.

Mulhouse, mardi 28
Ouverture d'une information judiciaire contre X pour homicide volontaire après la découverte, mardi dernier, des restes de quatre nouveau-nés empaquetés dans des sacs poubelles dans la forêt de Galfingue, dans le Haut-Rhin.

Tokyo, mardi 28
Sony annonce la suppression de 20 000 emplois dans le monde dans les trois ans.

Irak, mercredi 29
116 militaires américains ont été tués depuis le 1er mai, soit plus que durant la guerre (114).

Irak, mercredi 29
Le nombre de victimes irakiennes durant les combats d'avril-mai serait de 10 000 à 15 000 morts.

Afghanistan, mercredi 29
Selon l'Office contre la drogue de l'ONU, la surface consacrée à la culture du pavot atteint 80 000 ha.

New York, mercredi 29
Le bilan des attaques contre le WTC le 11 septembre 2001 est revu à la baisse : 2 752 morts.

Ajaccio, jeudi 30
Nicolas Sarkozy se dit décidé à s'en prendre au « système mafieux ».

Etats-Unis, jeudi 30
La croissance au 3e trimestre a été de 7,2 %, la plus forte hausse depuis 19 ans.

France, vendredi 31
Plus de deux millions de Français bénéficient désormais d'un accès à l'Internet haut débit.

DÉCÈS

Milan, mercredi 29
Franco Corelli, ténor (*8.4.1921).

3 373,20 — 27,35 $ — € 1,1594 $

La Croix-Rouge est prise pour cible par les kamikazes irakiens

Bagdad, lundi 27
La résistance irakienne a frappé fort pour marquer le début du ramadan. Hier, c'est l'un des bâtiments les plus protégés de Bagdad, l'hôtel Rachid, qui a reçu 29 roquettes : elles ont manqué de très peu la chambre où était logé le secrétaire adjoint à la Défense, Paul Wolfowitz. Aujourd'hui, cinq attaques ont secoué la capitale. La plus terrible, perpétrée avec une ambulance piégée, a touché le siège de la Croix-Rouge et aurait fait une douzaine de victimes. Une autre, qui visait un commissariat de police, a tué trois Irakiens. Le bilan total s'élève ce soir à quarante-deux morts. Colin Powell a reconnu, sur la chaîne NBC, qu'il ne s'attendait pas à une résistance « aussi intense ».

Le véhicule piégé a pulvérisé le système de protection du bâtiment de la Croix-Rouge.

Surpopulation dans les prisons françaises

Paris, lundi 27
Il y a, dans les prisons françaises, plus de 62 000 détenus pour 48 000 places. Le taux d'occupation moyen est donc de 125,4 % constate, dans son rapport alarmiste, l'Observatoire international des prisons (OIP), qui note que ce taux est de plus de 150 % dans 53 maisons d'arrêt et dépasse même 200 % dans 25 autres. Quant au taux de suicide des prisonniers, il atteint 2,24 pour 1 000 contre 1 pour 1 000 en 1980. Et 55 % des nouveaux entrants seraient atteints de troubles psychiques graves. Selon le président de l'association, Me Thierry Lévy, ces chiffres « suscitent le dégoût et inspirent la révolte ».

Le président récusé aux assises de Liège

Liège, mercredi 29
En lançant avant-hier à un avocat : « Si vous êtes venu pour faire le singe, vous pouvez sortir ! », le président de la cour d'assises de Liège, Henry-Paul Godin, a dépassé les limites du tolérable. Déjà contesté pour des propos antérieurs et son comportement tant à l'égard des accusés que de la partie civile, il vient d'être récusé sur décision de la Cour de cassation. Luc Lambrecht, qui lui succède, va devoir rendre aux débats leur sérénité afin de savoir si les cinq accusés sont bien les commanditaires de l'assassinat, le 18 juillet 1991, du ministre socialiste André Cools.

Les gifles mortelles de Bertrand Cantat

Paris, lundi 27
Le rapport d'expertise complémentaire sur la mort de Marie Trintignant, remis au juge Nathalie Turquey, affirme que l'actrice a succombé après avoir reçu des gifles d'une violence telle qu'elles ont causé « un ébranlement cérébral » à l'origine du décès. Bertrand Cantat ne l'aurait donc pas frappée à coups de poings mais du plat de la main, ainsi qu'il l'a déjà avoué. Me Olivier Metzner, son avocat, y voit la preuve qu'il « n'a pas voulu donner la mort », tandis que Me Georges Kiejman, qui défend les parents de Marie, ne voit pas où serait la différence : « C'est la confirmation qu'il a été extrêmement violent. »

Une loi plus stricte pour les étrangers

Paris, mardi 28
Le projet de loi relatif à la maîtrise de l'immigration et au séjour des étrangers en France, présenté par le ministre de l'Intérieur, Nicolas Sarkozy, est adopté. Un fichier des empreintes digitales des étrangers extra-communautaires sera créé. Il permettra d'identifier ceux qui, ayant obtenu un visa de tourisme, sont restés illégalement. L'organisation de « mariages blancs » devient passible de cinq ans de prison. La paternité d'un enfant français ne donnera droit à une carte de résident qu'après deux années d'exercice de l'autorité parentale. Le même délai est exigé des conjoints de Français pour devenir résidents.

Le 29, 11 mineurs bloqués depuis le 23 dans un puits inondé de la mine de charbon de Novochakhtynsk (sud de la Russie) sont remontés à la surface. 33 autres avaient été sauvés samedi (photo). Il y a un mort et un disparu.

Albert II célèbre la vieille alliance entre la Belgique et la France

Lille, mercredi 29

Après dix ans de règne, Albert II, roi des Belges, a effectué sa première visite officielle en France, durant laquelle il s'est félicité, devant Jacques Chirac, de l'amitié franco-belge « faite de respect mutuel et de proximité », relevant que les défis qui se posent aux deux pays sont semblables. Au Centre Wallonie-Bruxelles, hier, à Paris, il a rencontré des compatriotes célèbres en France, tels Philippe Geluck ou Annie Cordy, réunis autour d'un débat : « Comment peut-on être belge en France ? » A Lille, aujourd'hui, il a pu étudier avec Pierre Mauroy, président de la communauté urbaine, la mise en place d'un district européen qui pourrait préfigurer une « agglomération franco-belge ».

La généralisation de patrouilles mixtes franco-belges sur la frontière est envisagée.

Pékin joue Galileo contre le GPS

Pékin, jeudi 30

La Chine et l'Union européenne ont conclu un accord sur la participation de Pékin au système de navigation par satellite européen Galileo, concurrent direct du GPS américain. Cet accord, qui concrétise un protocole signé le 18 septembre dernier, donne à Galileo la faculté d'échapper définitivement à l'isolement où les Etats-Unis cherchent à le confiner, et à la Chine d'affirmer sa liberté de choix technologique vis-à-vis de Washington. La contribution financière des Chinois se répartira de la façon suivante : 60 millions d'euros pour le développement et 140 pour le déploiement des satellites.

Le Kremlin secoué par l'affaire Ioukos

Moscou, vendredi 31

L'arrestation de Mikhaïl Khodorkovski entraîne un séisme politique au sein même du gouvernement russe. Alors que, hier, le chef de l'administration présidentielle, Alexandre Volochine, avait donné sa démission, c'est au tour du Premier ministre de marquer une certaine distance vis-à-vis de Vladimir Poutine : Mikhaïl Kassianov s'est dit « profondément préoccupé » par le gel, par le parquet général de Moscou, de près de 50 % des actions de Ioukos. Comme Volochine, c'est un proche de l'oligarchie, sensible aux inquiétudes manifestées ces jours-ci par les milieux financiers internationaux. (→ 4.11)

Un millier de radars automatiques vont être installés en France

Les radars pratiquent la tolérance zéro : les plus petits dépassements sont sanctionnés.

France, vendredi 31

A la veille du week-end de la Toussaint, traditionnellement le plus meurtrier de l'année sur les routes, dix premiers radars automatisés viennent d'être mis en service. A terme, un millier de ces vilaines boîtes grises seront installées sur tout le territoire, dont une centaine d'ici à la fin de l'année. Les photos des véhicules flashés, numérisées, arrivent au Centre national des infractions, basé près de Lille, où, après un croisement informatique avec le fichier national des immatriculations (qui peut traiter 350 000 requêtes par jour), les amendes et les significations de retraits de points sont postées aux automobilistes trop pressés. L'objectif : diminuer d'un tiers la mortalité routière. (→ 9.12)

Le sud de la Californie est ravagé par de gigantesques incendies

Californie, vendredi 31

Les pompiers californiens reprennent espoir. La baisse des températures, la chute du vent, l'arrivée de la pluie et les premières neiges sont venues à leur secours pour combattre les incendies qui, depuis plus d'une semaine, ont ravagé le sud de l'Etat. Il était temps. A ce jour, le sinistre a causé la mort de 20 personnes, détruit 300 000 hectares de forêts et de zones résidentielles, et réduit en cendres 2 800 habitations et bâtiments divers. Les dégâts ont d'ores et déjà été estimés à environ 2 milliards de dollars. Arnold Schwarzenegger n'a pas attendu de prendre ses fonctions de gouverneur pour solliciter une aide financière de Washington.

Entre San Diego et Los Angeles, plus de 80 000 maisons sont toujours menacées.

Le tueur en série avoue 48 meurtres

Seattle, vendredi 31

Gary Ridgway ne sait plus combien de femmes il a étranglées, des prostituées pour la plupart. Peintre en carrosserie âgé de 54 ans, il a reconnu 48 meurtres devant le tribunal de Seattle. Organisé et méthodique, ce psychopathe froid a « opéré » principalement entre 1982 et 1984, avant de récidiver une dizaine d'années plus tard. Il ne dédaignait pas de « consommer » ses victimes après les avoir tuées et avant de les faire disparaître dans la Green River, au sud de Seattle. Arrêté en 2001, il ne risque pas la mort, ayant passé un « accord » de coopération avec la justice.

Vladimir Poutine contre les oligarques

Pour Vladimir Poutine, Mikhaïl Khodorkovski est allé trop loin.

Après l'effondrement du système communiste et le lancement des privatisations, quelques hommes, jadis installés dans le système soviétique et les réseaux du KGB, parviennent à racheter, pour une bouchée de pain, les principaux fleurons de l'économie russe. Sous l'ère Eltsine, les uns après les autres, les anciens monopoles sont partagés entre ceux que l'on appellera bientôt les « nouveaux Russes » mais qui, en réalité, ne sont que de jeunes « anciens Soviétiques ». Car tous ont occupé des postes clés dans l'administration économique et politique de l'URSS. Tous sont brillants et opportunistes et n'ont qu'entre 30 et 40 ans en 1990. Leurs amis, moins doués pour les affaires, restent aux commandes de l'Etat, mais comprennent cependant l'intérêt qu'ils ont à associer leur carrière bureaucratique et politique à l'avenir de l'oligarchie que constituent ces jeunes loups immensément riches.

Dans la dernière décennie du XXe siècle, l'Etat russe aura donc livré à une quinzaine d'hommes seulement l'essentiel d'une économie nationale principalement fondée sur l'exploitation des ressources naturelles de l'espace territorial. La puissance de ces oligarques est telle aujourd'hui que la presse russe les compare régulièrement aux « boyards » qui entouraient autrefois les tsars russes.

Mikhaïl Khodorkovski, Roman Abramovitch, Mikhaïl Fridman, Vaguit Alekperov, Platon Lebedev disposeront de la position et de l'argent pour se partager, au moment des privatisations, le monopole sur le pétrole. Vladimir Potanine et Oleg Derispaska feront, quant à eux, leur fortune sur le monopole de l'aluminium et du nickel. Vaguit Alekperov est ministre de l'Energie au moment de la dislocation de l'URSS : il rachète le géant pétrolier Lukoïl. Vladimir Potanine est délégué au Commerce extérieur : il bénéficie de la privatisation du secteur bancaire dès 1990, puis de celle du nickel en 1995, et, aujourd'hui, il est actionnaire majoritaire de Norislk Nickel.

Contrairement à ce qui est parfois affirmé, la libéralisation n'a pas engendré la criminalisation de l'économie russe. Elle n'a fait que consacrer un long processus déjà entamé sous le communisme (comme le retentissant « scandale du coton », qui impliquait le gendre de Leonid Brejnev, l'a révélé en 1987) et qui aura abouti à la constitution de fortunes privées aussi colossales qu'illégales, en même temps qu'à l'appauvrissement de la Russie. Deuxième exportateur de pétrole au monde, la Russie reste en effet un Etat pauvre. Le budget fédéral central est d'environ 80 milliards de dollars, soit moins de deux fois le budget de la seule ville de New York. En dépit d'un taux de croissance élevé, le PIB russe stagne depuis dix ans et reste proche de celui des Pays-Bas. Depuis les privatisations, d'énormes flux financiers, notamment tirés du pétrole, sont détournés vers des comptes off shore. La fuite des capitaux, sur la décennie 1990, est évaluée à 250 milliards de dollars, soit plus de la moitié du PIB russe. En contrôlant directement plus de 40 000 sociétés russes et plus de 550 banques dont les dix plus importantes, soit l'essentiel de l'économie de la Russie, le système oligarchique prive les Russes de véritables perspectives de redressement.

Mais si l'Etat russe est pauvre en argent, il est riche de son savoir… Sa force réside dans ce qu'il sait sur ceux qui se sont enrichis. Toutes les fortunes oligarchiques ont été amassées illégalement ou quasi illégalement. Le Kremlin dispose donc de dossiers qu'il peut utiliser à tout instant et qui sont autant de bombes à retardement. Et, à la différence du clan Eltsine, le clan Poutine est plus patriote qu'affairiste : ses ambitions premières sont la restauration de la puissance russe. L'objectif du président russe est de freiner les ambitions sans limites d'oligarques souvent oublieux des intérêts premiers de la Russie et, s'il le faut, d'en briser certains au profit d'autres jugés moins dangereux pour le pays.

Depuis son accession au pouvoir, Vladimir Poutine a fait chuter deux puissants oligarques : Boris Berezovski, l'homme qui avait « fait » le président Boris Eltsine et qui vit désormais à Londres où il a obtenu en septembre dernier le statut de réfugié politique ; et Vladimir Goussinski, titulaire de la double nationalité israélienne et russe, ce qui lui a permis de trouver un temps refuge en Israël avant de s'installer en Espagne, entré en opposition au président Poutine en 1999. Au cours de l'année 2003, plusieurs autres, tout aussi puissants, ont encore été

En mai 2003, Vladimir Poutine et Mikhaïl Khodorkovski se rencontrent. Les relations sont encore bonnes.

arrêtés et mis en prison. Parmi eux, le n° 2 du groupe pétrolier Ioukos, Platon Lebedev, puis son n° 1, Mikhaïl Khodorkovski.
Ces affaires ne sont pas de simples affaires judiciaires. Si tel était le cas, alors l'ensemble des oligarques pourrait se retrouver sous les verrous. Le choix des victimes répond en fait à deux préoccupations. Premièrement, empêcher que les oligarques opposés au clan Poutine ne dirigent les dividendes tirés de leurs opérations de cessions ou de fusions vers des adversaires politiques. Deuxièmement, empêcher que la Russie ne perde le contrôle global de sa politique pétrolière.
En novembre 2003, le ministre russe de la Défense, Sergueï Ivanov, s'est prononcé pour un contrôle accru des ressources pétrolières. Il a accusé les sociétés pétrolières privées de ne pas investir suffisamment dans l'exploration et donc de mettre en péril l'avenir de la Russie. Entre 1987 et 1999, période qui correspond au partage du monopole pétrolier étatique, la production pétrolière russe a en effet chuté de plus de la moitié de son volume. Depuis 2000, le Kremlin se bat pour forcer les oligarques du pétrole à augmenter les investissements de leurs compagnies. Cette volonté étatique a permis de redresser la production, qui, depuis 2001, est en hausse annuelle de l'ordre de 10 %.
Le combat du Kremlin porte aussi sur le choix des voies d'évacuation. Moscou a combattu les oligarques qui, pour des raisons d'économie, voulaient diriger les voies d'évacuation du pétrole russe vers l'Ouest, ce qui impliquait alors de concentrer l'essentiel des exportations vers les seuls Etats-Unis d'Amérique. Or l'intérêt de la Russie n'est pas de mettre son avenir entre les mains d'un seul client, qui plus est des Etats-Unis, mais au contraire d'assurer un équilibre de la fourniture en hydrocarbures entre l'Occident, le Japon et la Chine. Or rien n'est moins évident, du fait du poids d'un capitalisme international qui absorbe de plus en plus les structures du capitalisme russe.
Enfin, la privatisation du secteur pétrolier est aussi une faiblesse pour la Russie dans son bras de fer avec l'Opep sur la définition des quotas de production et donc du prix du baril de brut. La montée en puissance de la Russie, qui pompe 8,6 millions de barils jour (mb/j), soit davantage que l'Arabie Saoudite (7,96 mb/j), est en train de modifier les rapports de force dans l'industrie pétrolière. L'Opep voudrait que tous les pays producteurs, membres ou non du cartel, réduisent ensemble leur production pour intégrer l'offre irakienne, soit 3,5 millions de mb/j d'ici à cinq ans. La Russie souhaite au contraire que seule l'Opep baisse ses quotas de production pour soutenir les cours. Dans cette opposition stratégique pour l'avenir de la Russie, Vladimir Poutine est affaibli par les divergences qui existent entre pétroliers privés russes : il lui est donc difficile d'opposer une seule voix russe à la voix de l'Opep.

La région de Neflaiourgansk est le fief de la société pétrolière russe Ioukos.

Pour toutes ces raisons, le Kremlin doit surveiller étroitement les logiques de cession et de fusion des sociétés pétrolières russes. Le projet de fusion de Sibneft (5e groupe pétrolier russe), compagnie dirigée par Roman Abramovitch, et de Ioukos (premier pétrolier russe), dirigée, jusqu'à son arrestation le 25 octobre 2003, par Mikhaïl Khodorkovski, lequel était en passe de provoquer la cession d'une partie de Ioukos à l'américain ExxonMobil, est à l'origine de l'arrestation de l'homme le plus riche de Russie.
L'arrestation de Khodorkovski aura eu pour effet de suspendre la fusion de Ioukos et de Sibneft. L'oligarque Roman Abramovitch sort quant à lui renforcé de l'affaire. Ce milliardaire, qui, en 2001, avait racheté à Boris Berezovski les actions que celui-ci détenait dans la télévision ORT pour les rendre à l'Etat a eu la finesse de comprendre qu'en Russie, l'intérêt national a encore le dernier mot ; il a consolidé sa logique privée, non en menaçant l'Etat, mais au contraire en se montrant régulièrement le garant de l'intérêt russe.
L'homme qui avait fait fortune dans le pétrole en rencontrant Boris Berezovski, avec lequel il acheta Sibneft au moment des privatisations de 1995, est désormais l'homme le plus riche en liberté en Russie : sa fortune est évaluée à 5,7 milliards de dollars. Sa puissance ne se limite pas au pétrole. Elle s'étend à l'aluminium (plus du quart du n° 2 mondial de l'aluminium, Roussal). Et, surtout, cet oligarque est assis sur une masse colossale d'argent liquide (cessions en 2003 de parts de la compagnie Aeroflot, de l'aluminium et de Sibneft), laquelle lui donne une marge de manœuvre considérable pour agir sur la donne politique russe.
L'Etat russe de Vladimir Poutine parle de la nécessité d'éliminer à terme « la classe des oligarques ». Mais le discours officiel ne doit pas gommer la réalité. Poutine ne s'attaque pas à l'oligarchie, et d'ailleurs il ne pourrait pas le faire ; il vise seulement ceux dont les logiques privées s'écartent trop de l'intérêt national et de son propre intérêt électoral. Les forces capitalistiques, concentrées entre les mains de quelques hommes, sont en effet capables, en contrôlant la société de l'information, de se bâtir des destins politiques aux allures démocratiques. C'était le cas de Khodorkovski.

Ce 3 décembre, un restaurant de Moscou expose les têtes de Boris Berezovski, Mikhaïl Khodorkovski et Mikhaïl Fridman, qui seront mises en vente aux enchères avant la fin de l'année. Elles sont en… chocolat.

Aymeric Chauprade
professeur de science politique à l'université de Neuchâtel (Suisse), rédacteur en chef de la *Revue française de géopolitique*. A publié récemment *Géopolitique, constantes et changements dans l'histoire* (Editions Ellipses, 2003).

Novembre

Lu	Ma	Me	Je	Ve	Sa	Di
					1	2
3	4	5	6	7	8	9
10	11	12	13	14	15	16
17	18	19	20	21	22	23
24	25	26	27	28	29	30

Tel-Aviv, samedi 1er
100 000 Israéliens pacifistes se rassemblent pour le 8e anniversaire de l'assassinat d'Yitzhak Rabin.

Durham (Etats-Unis), dimanche 2
Le prêtre homosexuel épiscopalien Gene Robinson est sacré évêque.

Cangzhou (Chine), lundi 3
Yang Zhiya, soupçonné d'avoir tué au moins 65 personnes, est arrêté.

Paris, lundi 3
Le prix Renaudot est attribué à Philippe Claudel pour *les Ames grises* (Stock).

Washington, lundi 3
Le Congrès vote 87,5 milliards de dollars pour l'occupation et la reconstruction de l'Irak.

Moscou, mardi 4
Simon Kukes, un Russe ayant la citoyenneté américaine, succède à Mikhaïl Khodorkovski à la tête du groupe pétrolier Ioukos.

Paris, mardi 4
L'institutrice poursuivie pour la mort d'un écolier dans l'escalier est relaxée.

Montpellier, mercredi 5
Le tribunal de commerce choisit le fonds d'investissement italien Seven Group comme repreneur de la compagnie aérienne Air Littoral.

Londres, jeudi 6
Michael Howard prend la tête du Parti conservateur.

Villeneuve-lès-Maguelonne, ven. 7
Après 40 jours en cellule et 99 en placement extérieur, José Bové a fini de purger sa peine.

Meurthe-et-Moselle, vendredi 7
Le clocher de la basilique de Sion est détruit par un incendie.

Londres, vendredi 7
Le sprinter Dwain Chambers est suspendu après avoir été contrôlé positif à la THG.

Washington, vendredi 7
Le *National Journal* titre, à propos de l'Irak: « The French were right! » (« Les Français avaient raison ! »).

Mauritanie, vendredi 7
Maaouiya Ould Taya est réélu à la présidence avec 66,7 % des voix.

Cardiff, dimanche 9
Le Norvégien Petter Solberg, sur Subaru, et l'écurie Citroën sont champions du monde de rallye.

Vatican, dimanche 9
Jean-Paul II béatifie sœur Rosalie Rendu (1786-1856), l'« ange des pauvres » du quartier Mouffetard.

3 453,13 — 28,85 $
€ 1,1508 $

Le Pacifique Sud en planche à voile pour Raphaëla Le Gouvello

Papeete, dimanche 2
Accueil triomphal, dans les meilleures traditions tahitiennes, pour Raphaëla Le Gouvello. Partie de Lima, au Pérou, il y a 89 jours, cette petite Bretonne de 43 ans a franchi la passe de Papeete à 15 h 15 (heure locale), au terme d'un périple de 4 445 milles nautiques sur sa planche à voile. Raphaëla est ainsi devenue la première véliplanchiste à avoir réussi la traversée du Pacifique Sud en solitaire. Passionnée d'écologie et adepte du développement durable, elle a été étonnée par le peu d'activité régnant dans l'océan. Elle a tout juste pu observer deux barracudas, quelques dauphins et des daurades coryphènes: « Un grand désert », a-t-elle avoué. Son embarcation, conçue par l'architecte naval Guy Saillard, fait 7,80 m de long pour un poids d'environ 550 kg.

La guérilla irakienne abat un hélicoptère de transport américain

L'appareil a été abattu dans le « triangle sunnite », ancien fief de Saddam Hussein.

Falloudja, dimanche 2
Il était environ 9 h, ce matin, lorsque deux hélicoptères de transport lourds CH-47 Chinook furent attaqués près de Falloudja, à l'ouest de Bagdad, par le tir de deux missiles. Le premier rata sa cible, mais le second toucha de plein fouet le second Chinook, qui s'écrasa au sol. Les deux appareils, appartenant à la 12e Aviation Brigade, emmenaient des permissionnaires à l'aéroport de la capitale. C'est le revers le plus sanglant essuyé par les Américains depuis la chute de Saddam Hussein: on compte 16 morts et 21 blessés. (→ 12)

La LCR abandonne la dictature du prolétariat

Saint-Denis, dimanche 2
A l'élection présidentielle de 2002, les candidats trotskistes, qui étaient trois, avaient totalisé 10,44 % des suffrages, soit près de 3 millions de voix. Un score historique qu'Arlette Laguiller (5,72 %) et Olivier Besancenot (4,25 %) veulent rééditer lors des scrutins régionaux et européens de 2004. A 69 %, les délégués réunis pour le 15e congrès de la Ligue communiste révolutionnaire ont donc décidé de faire listes communes avec Lutte ouvrière. Ils ont aussi adopté de nouveaux statuts: la LCR a toujours pour objectif la « révolution socialiste » mais elle abandonne, 27 ans après le Parti communiste français, la référence à la « dictature du prolétariat ».

Le 1er, à Bruxelles, Adamo célèbre ses 60 ans, ses 40 ans de carrière et la sortie d'un nouvel album, *Zanzibar*, par un concert de plus de trois heures à l'Ancienne Belgique, la salle où il s'était produit le jour de ses 20 ans.

Vraie révolution marketing pour *Matrix 3*

France, mercredi 5
Pour la première fois dans l'histoire du cinéma, un film sort le même jour, au même instant, dans plus de 50 pays, ce qui place la première séance, en heures locales, à 15 h à Paris, à 6 h (du matin) à Los Angeles ou à 23 h à Tokyo. Cette opération n'a qu'un but: éviter que *The Matrix Revolutions*, dernier volet de la trilogie des frères Wachowski, ne soit piraté. Il faut dire que le producteur, Joel Silver, dit avoir investi 70 millions de dollars pour la seule séquence de l'affrontement final. Les deux premiers opus avaient respectivement rapporté 456 et 760 millions de dollars. *Matrix 3* fera-t-il mieux? Plus spectaculaire, il est en revanche plus pauvre, voire naïf, sur le plan philosophique.

Keanu Reeves incarne à nouveau Neo.

Jean-Claude Trichet en gardien de l'euro

Francfort, jeudi 6
Nommé le 1er novembre président de la Banque centrale européenne à la place du Néerlandais Wim Duisenberg, Jean-Claude Trichet, qui s'est exprimé en anglais, s'est montré optimiste. « La reprise de l'économie mondiale, a-t-il estimé, fait clairement des progrès. » Puis il s'est posé en garant du pacte de stabilité européen, lequel « a de solides justifications économiques », n'hésitant pas à tancer les Etats qui, tels la France et l'Allemagne, n'en respectent pas les critères de convergence, notamment en matière de déficits. La Commission européenne, ajoute-t-il, a poussé « à ses limites l'interprétation des règles et des procédures ». La BCE ne saurait plus tolérer de nouveaux écarts.

Sa priorité est la défense d'un euro fort.

Le lundi de Pentecôte ne serait plus un jour férié

Paris, jeudi 6
Neuf milliards d'euros sur quatre ans : tel est le coût du plan de solidarité pour les personnes âgées et handicapées que vient de présenter Jean-Pierre Raffarin, et qui a pour objet d'éviter que ne se reproduisent les funestes conséquences de la canicule estivale. Pour financer le recrutement de personnels soignants ou la modernisation des maisons de retraite, les salariés travailleront un jour de plus. Dans le secteur public, ce sera le lundi de Pentecôte. Dans le privé, le choix du jour sera libre. Ce projet sera soumis aux députés en 2004.

La capitale saoudienne est à nouveau frappée par le terrorisme

Six villas ont été ravagées par l'explosion, survenue à 1 kilomètre du palais royal.

Riyad, samedi 8
Les Américains n'ont pas été surpris. Vendredi, ils avaient annoncé que leur ambassade à Riyad serait fermée pour au moins 24 heures, et cela en raison de possibles attaques terroristes. Leurs renseignements étaient, hélas ! exacts. Ce soir, vers minuit, des kamikazes circulant à bord d'une voiture piégée ont pénétré dans le complexe résidentiel d'Al-Mouhaya, à Riyad, couverts par des complices embusqués sur des hauteurs. Puis ils se sont fait exploser, tuant au moins 17 personnes et faisant plus de 120 blessés, des ressortissants étrangers pour la plupart. Cet attentat serait l'œuvre de la Qaida.

Le 2, le Kenyan Martin Lel (n° 8) remporte le Marathon de New York devant ses compatriotes Rodgers Rop (n° 1) et Christopher Cheboiboch. Doublé kenyan aussi chez les femmes avec Margaret Okayo et Catherine Ndereba.

Le 6, au palais de la Zarzuela, près de Madrid, Felipe de Bourbon, prince héritier de la couronne d'Espagne, 35 ans, se fiance avec Letizia Ortiz, 31 ans, divorcée et présentatrice du journal de la chaîne publique RTVE.

Novembre

Lu	Ma	Me	Je	Ve	Sa	Di
					1	2
3	4	5	6	7	8	9
10	11	12	13	14	15	16
17	18	19	20	21	22	23
24	25	26	27	28	29	30

Vienne (Autriche), lundi 10
L'Agence internationale de l'énergie atomique estime qu'il n'y a aucune preuve que l'Iran ait cherché à fabriquer la bombe atomique.

France, lundi 10
Des intermittents du spectacle font irruption sur le plateau du journal de 20 heures de France 2.

Los Angeles, lundi 10
Kim Clijsters remporte le Masters féminin face à Amélie Mauresmo.

Washington, mardi 11
Le milliardaire George Soros indique qu'il se fixe désormais pour objectif principal de faire battre George W. Bush en 2004 et met 15,5 millions de dollars à la disposition de ses adversaires démocrates.

Dunkerque, mercredi 12
Arrêt du renflouage du *Tricolor*. Quatre des neuf tronçons du navire restent immergés ainsi que 2 532 véhicules et 50 000 litres de fuel.

Paris, jeudi 13
Les organisations patronales signent avec la CFDT, la CFTC et la CGE-CGC la réforme du statut des intermittents du spectacle. La CGT et FO dénoncent cet accord.

Paris, jeudi 13
Le tribunal de commerce prononce le redressement de Metaleurop SA.

Ajaccio, vendredi 14
Le FLNC-Union des combattants suspend ses « actions militaires ».

Allemagne, vendredi 14
La centrale de Stade est la 1re des 19 centrales nucléaires allemandes à être arrêtée en vertu de la loi sur l'abandon du nucléaire civil.

Paris, samedi 15
50 000 altermondialistes défilent en clôture du Forum social européen.

Gagny (Seine-St-Denis), sam. 15
L'école juive Merkhaz Hatorah est détruite par un incendie criminel.

Ghazni (Afghanistan), dim. 16
La Française Bettina Goislard, employée par le Haut-Commissariat aux réfugiés des Nations unies, est assassinée.

Houston, dimanche 16
Le Suisse Roger Federer remporte le Masters de tennis face à Andre Agassi (6-3, 6-0, 6-4).

DÉCÈS

Harare, lundi 10
Canaan Sodinbo Banana, premier président du Zimbabwe (* 1936).

3 448,60 — 29,63 $ — € 1,1746 $

Jessica Lynch n'est plus une légende

Etats-Unis, mardi 11
Le Pentagone en avait fait l'héroïne de la guerre d'Irak. Blessée et capturée le 23 mars, délivrée le 1er avril, elle s'était battue jusqu'à la dernière limite de ses forces. Selon la version officielle. Or le soldat Jessica Lynch a sérieusement écorné sa propre légende sur la chaîne ABC. Certes elle a été blessée, et même assez grièvement, mais par le choc de son véhicule contre un camion lors de l'embuscade. Non, a-t-elle ajouté, elle n'a pas tiré un seul coup de fusil : elle s'est contentée de prier le Seigneur et, de toute façon, son arme était enrayée. Enfin, elle ne se souvient pas avoir été maltraitée, et surtout pas sodomisée, comme on l'a prétendu.

De lourdes peines dans l'affaire ELF

Paris, mercredi 12
Les peines prononcées dans l'affaire Elf sont à la hauteur des malversations qui ont été commises. Sur les 37 accusés, 30 sont condamnés et 13 écopent de peines de prison ferme. Pour Loïk Le Floch-Prigent, son ancien P-dg : 5 ans. Pour Alfred Sirven : 5 ans. Pour André Tarallo, qui dirigeait le secteur Afrique : 4 ans. L'intermédiaire André Guelfi, alias « Dédé la sardine », s'en sort avec 3 ans avec sursis. Au total, les prévenus devront aussi acquitter 180 millions d'euros de dommages et intérêts. Plus 18,6 millions d'euros d'amendes.

Attaque contre le contingent italien en Irak

L'explosion a creusé un cratère de 3 m de diamètre.

Nassiriya, mercredi 12
Après la perte de deux hélicoptères (le Chinook abattu dimanche 2, puis un UH-60 Black Hawk détruit vendredi dernier), la coalition a été l'objet d'une attaque particulièrement meurtrière, dans une ville chiite jusqu'à présent relativement calme. Un camion piégé a forcé l'accès protégé d'un immeuble où logeaient des Italiens et a explosé. Ce soir, le bilan s'élève à 19 Italiens (12 carabiniers, 5 soldats et 2 civils) et 9 Irakiens tués, et à des dizaines de blessés, irakiens et italiens. Fort de quelque 3 000 personnes, le contingent italien avait été jusqu'à présent épargné par la résistance, et il cohabitait assez bien avec les habitants de Nassiriya. Ce qui fait dire à certains que les kamikazes n'étaient pas « du pays ». En Italie, Silvio Berlusconi s'est refusé à envisager un retrait d'Irak, comme l'exigent les Verts et l'extrême gauche : « Aucune intimidation ne changera notre volonté d'aider ce pays à se relever », a déclaré le chef du gouvernement. Les Italiens sont exclusivement affectés, en Irak, à des tâches de reconstruction. Ils sont notamment chargés de la formation de la nouvelle police irakienne.

Le P-dg d'Aeris emprunte la voie des airs

Blagnac, mercredi 12
L'affaire est rocambolesque. Ce matin, les salariés d'Aeris découvrent que leur ancien P-dg, Charles-Henri Rossignol, est présent dans les locaux de la société alors que la compagnie aérienne a été mise en liquidation judiciaire vendredi. Pour eux, il n'a « plus rien à faire ici ». Ils lui demandent de sortir. Il refuse et décide de se cloîtrer dans son bureau, au 1er étage, devant lequel des salariés facétieux font glisser deux armoires. A 15 heures, ils libèrent la porte… qu'il n'emprunte pas, ne voulant affronter ni la presse ni le personnel qui l'accuse d'avoir coulé la boîte. Ce soir, Charles-Henri Rossignol est pourtant dehors. Il s'est enfui par la fenêtre, accroché aux câbles du téléphone ! Depuis lors, il reste introuvable...

Le 12, le *Caloosahatchee* arrive dans le port anglais d'Hartlepool. Douze autres bâtiments de l'US Navy doivent le rejoindre pour être désossés, sous réserve que la justice britannique, qui a été saisie, donne son autorisation.

Le 14, à Taïpeh, capitale de Taïwan, inauguration du gratte-ciel le plus élevé du monde : 508 m. Baptisé Taïpeh 101, il compte 101 étages.

Le *Clemenceau* est de retour en France

Hyères, samedi 15
Il était près de 8 h lorsque la coque du *Clemenceau* est arrivée sur zone, en rade d'Hyères. Ainsi se sont achevées les incroyables tribulations du porte-avions, vendu pour être désamianté et ferraillé à Gijon, en Espagne. Mais, peu après avoir quitté Toulon, le 13 octobre dernier, le bâtiment avait bifurqué en direction de la Turquie : la société qui l'avait acquis, la Gijonesa de Desquaces, y avait trouvé des conditions beaucoup moins onéreuses… et regardantes en matière de désamiantage. Aussi, après avoir dénoncé le contrat, l'Etat avait décidé de ramener la coque à Hyères. Le ministère des Finances négocie un contrat avec un nouvel acquéreur.

15 morts au pied du *Queen Mary 2*

Le plan rouge a été déclenché et un poste médical avancé installé dans la cale sèche.

Saint-Nazaire, samedi 15
La passerelle, installée hier pour relier le quai au *Queen Mary 2,* n'a pas résisté au poids de la quarantaine de visiteurs, parents ou amis des salariés qui, selon une tradition ancienne, avaient convié leurs proches à venir voir l'avancement des travaux du plus grand paquebot du monde. La chute, de plus de vingt mètres, a été fatale à 15 d'entre eux, et 32 autres sont hospitalisés dont 6 dans un état grave. Certains ont été écrasés par un échafaudage qui s'est effondré dans la cale sèche. Le procureur de la République a ouvert une enquête pour homicides et blessures involontaires afin de savoir pourquoi cette passerelle de 10 mètres de long sur 1,5 mètre de large a cédé.

Sanglants attentats antisémites à Istanbul

Istanbul, dimanche 16
La Qaida a revendiqué aujourd'hui le double attentat à la voiture piégée qui, hier matin, a visé les synagogues Neve Shalom et Beth Israël, en plein cœur de la métropole turque. Ce soir, le bilan s'élève à 23 morts, dont six membres de la communauté juive, et à plus de 300 blessés. Recep Tayyip Erdogan, le Premier ministre, a estimé que cet acte terroriste était dirigé contre « la paix et la stabilité » de son pays. C'est aussi l'opinion des agents israéliens venus prêter main-forte aux policiers turcs. Le Mossad avait d'ailleurs prévenu que des attaques suicides risquaient d'être lancées contre la Turquie. (→ 20)

La rue Büyük Hendek a été dévastée.

Le XV de France est battu en demi-finale

Sydney, dimanche 16
Venu disputer la Coupe du monde de rugby avec de grandes ambitions, le XV de France n'ira pas en finale. Après les matches de poule, tous gagnés avec le point du bonus, et après la victoire contre l'Irlande en quart de finale, la France faisait figure d'outsider. Sous une pluie battante, elle n'a fait illusion qu'une demi-heure face à l'Angleterre, ne parvenant pas à déployer son jeu tandis que Frédéric Michalak, jusque-là meilleur buteur de la compétition, ratait quatre pénalités. Or la différence s'est faite au pied : avec trois drops et cinq pénalités, Jonny Wilkinson signe tous les points de son équipe (24-7).

Fabien Galthié, le capitaine français, met un terme à sa carrière après cet échec.

Le 15, à Paris, 218 pièces du Concorde ont été vendues aux enchères chez Christie's. Les prix ont pulvérisé toutes les prévisions. Le radôme du nez était ainsi estimé entre 20 000 et 60 000 euros. Il a été adjugé 130 000 euros !

Le 16, à Salvador de Bahia (Brésil), les Français Franck Cammas et Franck Proffit sur *Groupama*, photographiés ici le mercredi 5 à leur départ du Havre, remportent la Transat Jacques-Vabre dans la catégorie multicoques.

Novembre

Lu	Ma	Me	Je	Ve	Sa	Di
					1	2
3	4	5	6	7	8	9
10	11	12	13	14	15	16
17	18	19	20	21	22	23
24	25	26	27	28	29	30

Paris, lundi 17
Jean-Pierre Raffarin lance l'Agence nationale pour la rénovation urbaine (Anru).

Les Sables-d'Olonnes, lundi 17
Le conseil général de Vendée crée la SEM Vendée chargée de reprendre le Vendée Globe après la liquidation de Sail Com, la société organisatrice de la course.

Los Angeles, lundi 17
La chanteuse Britney Spears inaugure son étoile sur le « Walk on Fame » d'Hollywood.

Sacramento (Californie), lundi 17
Arnold Schwarzenegger prête serment de gouverneur de l'Etat.

Paris, mardi 18
Le Figaro démissionne du Syndicat national de la presse parisienne.

Boston, mardi 18
La cour suprême du Massachusetts autorise les mariages homosexuels.

Madrid, mardi 18
Letizia Ortiz et la RTVE mettent fin d'un commun accord au contrat qui les liait.

Sydney, jeudi 20
La Nouvelle-Zélande prend la 3e place de la Coupe du monde de rugby en battant la France (40-13).

Paris, vendredi 21
Le professeur Willy Rozenbaum est nommé président du Conseil national du sida.

Nairobi, samedi 22
Le Fonds monétaire international accorde un prêt de 252,8 millions de dollars au Kenya.

Hong Kong, dimanche 23
Victoire des démocrates aux élections locales au détriment des candidats soutenus par Pékin.

Istanbul, dimanche 23
Le Premier ministre turc, Recep Tayyip Erdogan, estime que la responsabilité de la Qaida dans les récents attentats n'est pas établie.

DÉCÈS

Paris, lundi 17
Claude Nicot, comédien (*12.2.1925).

Paris, mercredi 20
Loris Azzaro, styliste, fondateur de la maison de haute couture qui porte son nom (*9.2.1933).

Yaoundé (Cameroun), jeudi 20
David Dacko, président de la République centrafricaine (1960-1965, 1979-1981) (*24.3.1930).

3 366,12 — 29,55 $ — € 1,1913 $

Istanbul encore la cible de la Qaida

Istanbul, jeudi 20
C'est une opération de déstabilisation de la Turquie qui semble bien avoir été engagée par la Qaida. L'organisation a en effet revendiqué les deux nouveaux attentats à la voiture piégée qui, cette fois, ont frappé quasi simultanément, ce matin, le consulat britannique et le siège de la banque anglaise HSBC. Le bilan est encore très lourd : 27 morts, dont le consul général Roger Short, et plus de 450 blessés. L'explosif utilisé était le même que lors des attentats de samedi. Mais d'autres similitudes ne laissent pas d'être inquiétantes. Dans les deux cas, ce sont des communautés non musulmanes ou des symboles de l'Occident qui étaient visés. Et c'est sur la rive européenne du Bosphore que les terroristes ont frappé. (→ 23)

Les terroristes appartiendraient au groupe islamiste turc Ibda-C, lié à la Qaida.

Michael Jackson soupçonné de pédophilie

Santa Barbara, jeudi 20
Après la perquisition effectuée mardi, durant 14 heures, dans sa propriété de Neverland, et le mandat d'arrêt lancé hier à son encontre, Michael Jackson a quitté Las Vegas, où il était en train d'enregistrer un clip, pour gagner Santa Barbara à bord de son jet privé. Arrivé menotté au poste de police, il en est ressorti libre quarante minutes plus tard, après avoir dû remettre son passeport et s'acquitter d'une caution de trois millions de dollars. A 45 ans, la star planétaire, dont la fortune est estimée à 350 millions de dollars, est accusée d'abus sexuels sur mineur de moins de 14 ans. Selon Mark Geragos, son avocat, Michael Jackson considère « qu'il s'agit d'un énorme mensonge » et n'a qu'une hâte : être confronté à ses accusateurs pour les confondre.

Un espoir pour le million de RMistes ?

Paris, mercredi 19
Le projet de loi de François Fillon, qui vient en discussion à l'Assemblée, a un but : faire passer les allocataires du RMI « d'un revenu d'assistance à un revenu du travail ». Le RMA, revenu minimum d'activité, permettrait à un employeur d'embaucher un RMiste en ne prenant à sa charge que la différence de salaire entre le RMI et le Smic. Il serait aussi exonéré de toute cotisation sociale. Un moyen de créer 100 000 emplois en un an, dit le ministre des Affaires sociales, qui voudrait confier la charge du RMI et du RMA aux départements.

Le président des Etats-Unis n'était pas le bienvenu à Londres

Londres, jeudi 20
Les pacifistes britanniques ont célébré à leur manière le troisième et dernier jour de la visite d'Etat du président des Etats-Unis à Londres. Une marche de 300 000 personnes (du moins selon les organisateurs) s'est achevée à Trafalgar Square, où a été abattue une statue en papier de George W. Bush. Ce dernier, protocole oblige, était logé au palais de Buckingham, où les Américains ont un peu choqué par leurs exigences. Ils voulaient en effet blinder les fenêtres de la royale demeure et contraindre la reine à porter un badge à son nom sur son tailleur, pour être identifiée. Ils ont finalement été poliment éconduits par le secrétariat de Sa Majesté.

Après la statue de Saddam Hussein abattue à Bagdad, celle de Bush à Londres…

La Coupe du monde de rugby aux Anglais

Le charisme du capitaine anglais, Martin Johnson, a assuré la cohésion de l'équipe.

Sydney, samedi 22
L'Australie, tenante du titre, n'aura pas réussi à conserver le trophée, qui, pour la première fois depuis la création de la Coupe du monde de rugby, revient à une nation de l'hémisphère Nord. Et, encore une fois, c'est au buteur Jonny Wilkinson que l'Angleterre doit d'avoir gagné. La finale fut indécise jusqu'à la fin. A égalité (14-14) à l'issue du temps réglementaire, l'Australie étant revenue au score en passant une pénalité dans les arrêts de jeu, le XV de la Rose n'a pu faire la différence qu'à la dernière minute de la prolongation, grâce à un drop de Wilkinson (20-17). Celui-ci a inscrit, durant toute la compétition, un total de 112 points, devant le Français Frédéric Michalak (103) et l'Australien Elton Flatley (100).

Luc Ferry doit reculer devant les étudiants

France, samedi 22
Hier encore, Luc Ferry, le ministre de l'Education nationale, avait assuré qu'il maintenait sa réforme des universités, malgré le mouvement de protestation croissant dans les facultés, dont 17 sont en grève. Le texte, désormais, n'est plus à l'ordre du jour. La contestation, qui avait démarré le 5 novembre, portait principalement sur la mise en œuvre du LMD (licence-master-doctorat), un nouveau cursus qui vise à harmoniser les diplômes européens autour de trois niveaux : bac + 3, bac + 5 et bac + 8, et ôte donc toute valeur à l'actuel Deug (bac + 2) et à la maîtrise (bac + 4). Les étudiants, mobilisés par l'Unef (Union nationale des étudiants de France), y voyaient aussi une menace sur le caractère national des diplômes, le projet accordant aux facultés une liberté dans la conception des diplômes dont elles ne disposaient pas jusqu'alors. La complexité de la réforme ayant contrecarré toute tentative de mener un débat sur le fond, Luc Ferry entend maintenant donner la priorité à la concertation. Il bénéficie du soutien d'une large part des organisations d'enseignants et de parents d'élèves, qui estiment que le LMD est « une chance pour l'enseignement supérieur et pour les étudiants ».

Le mouvement est parti de l'université de Rennes.

La Géorgie fait sa révolution sans douleur

Après trois semaines de manifestations, la population de Tbilissi exprime sa joie.

Tbilissi, dimanche 23
Tout s'est précipité en moins de deux jours. Les opposants au très contesté président de la Géorgie, Edouard Chevardnadze (en médaillon), ont fini par avoir gain de cause : il a annoncé ce soir qu'il démissionnait afin de se consacrer à la rédaction de ses Mémoires. En fait, le pouvoir lui avait été retiré *de facto* dès hier. Les forces de l'ordre ne s'étaient pas opposées à la foule qui avait investi le Parlement, l'ancienne présidente dudit Parlement, Nino Bourdjanadze, s'étant immédiatement autoproclamée « présidente par intérim » de la Géorgie. La fronde qui a chassé l'ancien ministre des Affaires étrangères de Mikhaïl Gorbatchev a plusieurs causes. La plus profonde tient à l'état de pauvreté extrême dans lequel Chevardnadze a plongé son pays, qui est au bord de la cessation de paiement. Mais il lui est également reproché d'avoir laissé sa famille et ses proches s'enrichir de manière scandaleuse. Enfin, et c'est ce qui fut le détonateur de la révolte, les résultats des élections législatives du dimanche 2 novembre dernier auraient été plus que largement truqués.

Le 23, à Moscou, Mary Pierce, Amélie Mauresmo, Emilie Loit et Stéphanie Cohen-Aloro remportent la Fed Cup, la « Coupe Davis des filles », face aux Etats-Unis (4-1), à la grande joie de leur capitaine, Guy Forget.

Novembre

Lu	Ma	Me	Je	Ve	Sa	Di
					1	2
3	4	5	6	7	8	9
10	11	12	13	14	15	16
17	18	19	20	21	22	23
24	25	26	27	28	29	30

Barcelone, lundi 24
Le seul gorille albinos au monde, baptisé Flocon de neige, décède d'un cancer. Il avait 40 ans.

Paris, lundi 24
20 000 buralistes défilent contre la hausse du prix du tabac. (→ 27)

New York, lundi 24
Edgar Bronfman Jr. acquiert Warner Music pour 2,6 milliards de dollars.

Géorgie, mardi 25
Le gouvernement par intérim invalide les élections législatives du 2 novembre et fixe un scrutin présidentiel au 4 janvier 2004.

Cachemire, mardi 25
Entrée en vigueur d'un cessez-le-feu le long de la frontière indo-pakistanaise.

Paris, mercredi 26
Les députés ratifient, avec 507 voix pour, 1 contre et 19 abstentions, le traité d'élargissement de l'Union européenne à 25 membres.

Luxembourg, mercredi 26
La Commission européenne porte plainte contre la France pour non-remboursement d'un prêt de 450 millions d'euros accordé à la société Bull.

France, jeudi 27
Paris Match publie une photo de Jacques Chirac, datant du 2 juin, établissant qu'il portait alors une prothèse auditive à l'oreille droite.

Paris, vendredi 28
Le ministre des Transports, Gilles de Robien, annonce l'abandon du projet de 3e aéroport parisien.

France, vendredi 28
La SNCF célèbre son milliardième voyageur à bord d'un TGV.

Moscou, vendredi 28
La compagnie pétrolière Sibneft suspend sa fusion avec Ioukos.

Londres, samedi 29
La justice britannique accorde l'asile politique à Akhmed Zakaïev, ancien vice-Premier ministre tchétchène, malgré les protestations de Moscou.

Washington, dimanche 30
Roy Disney, vice-président du groupe portant son nom, remet sa démission pour protester contre la gestion du P-dg, Michael Eisner.

DÉCÈS

Paris, mardi 25
Jacques François, comédien (*16.5.1920).

3 424,79 — 28,70 $ — € 1,1992 $

La mort pour un des tueurs de Washington

Virginia Beach, lundi 24
John Ashcroft, le ministre américain de la Justice, avait voulu que le procès de John Allen Muhammad se tienne en Virginie, car l'Etat est l'un de ceux qui infligent le plus aisément la peine de mort. Il ne s'est pas trompé. Celui qui, en compagnie d'un complice, Lee Malvo, avait semé la terreur en octobre 2002 en tuant, au hasard, dix habitants de la région de Washington, a écopé de la peine capitale. Le jury populaire l'a reconnu coupable d'au moins deux meurtres. Lee Malvo, actuellement jugé à Chesapeake, a pourtant avoué avoir « tiré à chaque fois ». Le président du tribunal, le juge LeRoy Millette, dira le 4 février s'il ramène sa peine à une condamnation à perpétuité.

John Muhammad est resté impassible.

Réforme du système de santé américain

Washington, mardi 25
Les sénateurs américains ont adopté par 54 voix contre 44 la modernisation du système d'assurance santé créé en 1965, le Medicare. Ce vote a toutefois créé une fracture au sein même de la classe politique, certains démocrates ayant voté pour cette réforme voulue par Bush, et des républicains contre. Elle devrait permettre à 40 millions de retraités et de handicapés de bénéficier d'un remboursement partiel de leurs médicaments. Mais elle satisfait aussi aux vœux de l'industrie pharmaceutique en empêchant toute baisse de ces médicaments. Coût : 400 milliards de dollars sur une période de dix ans.

Débat autour du statut de l'enfant à naître

Paris, jeudi 27
Les députés débattaient d'un projet de loi « visant à adapter la justice à la criminalité ». Jean-Paul Garraud en a profité pour déposer, et faire adopter, un amendement qui crée un nouveau délit : l'interruption involontaire de grossesse. La polémique est vive. Pour le député UMP de Gironde, il s'agissait surtout de pouvoir punir l'interruption de grossesse causée par un accident de voiture, à la suite d'un manquement grave à une obligation de sécurité. Mais l'opposition, et une grande partie de la majorité, voient, dans l'attribution d'une qualité juridique au fœtus, une menace sur le droit à avorter.

La hausse du tabac sera moins rapide que prévu

Paris, jeudi 27
A la demande du gouvernement, les sénateurs ont modifié dans la nuit le projet de budget 2004. L'amendement adopté in extremis limite la hausse du prix du tabac en janvier. Elle sera de 8 à 10 % au lieu des 20 % prévus. Le solde de la majoration sera effectif en juillet. Cette mesure, qui fait suite à la promesse gouvernementale de ne plus accroître la fiscalité sur le tabac durant quatre ans et à un plan d'aide en leur faveur de 150 millions d'euros, n'a pas suffi à apaiser la colère des débitants. Leur syndicat annonce « des actions plus dures et plus subtiles »...

George W. Bush découpe la dinde en Irak

Pour la circonstance, le président avait revêtu un blouson de la 1re division blindée.

Bagdad, jeudi 27
En fin d'après-midi, des militaires de la 1re division blindée (les fameux « Old Ironsides »), ainsi que de la 82e division aéroportée, étaient rassemblés dans un hangar de l'aéroport de Bagdad pour fêter Thanksgiving quand, à la surprise générale, apparut le président George W. Bush en personne. Dans le secret le plus absolu, il venait d'atterrir dans la capitale de l'Irak à bord de son avion *Air Force One*, au moment où chacun le croyait en famille dans son ranch de Crawford, au Texas. L'opération, certes, ne manquait pas de panache, alors que le ciel irakien est loin d'être totalement sécurisé. Le président n'a pas manqué d'être ovationné, d'autant plus qu'il s'est mêlé fort démocratiquement à la troupe, faisant même la queue avec les GI à la cafétéria pour participer à leurs agapes et découper la dinde farcie, le plat traditionnel de cette fête qui, aux Etats-Unis, commémore l'accueil fait aux premiers colons par les Indiens. Après avoir rencontré quatre membres du Conseil de gouvernement irakien, il a redécollé à 20 heures.

Succès triomphal des extrémistes protestants en Irlande du Nord

Le pasteur Ian Paisley (au centre) et son fils Ian Jr. (à gauche) exultent à Belfast.

Belfast, vendredi 28
Le résultat des élections législatives qui se sont déroulées en Irlande du Nord, mercredi dernier, n'a été rendu public qu'aujourd'hui. Il consacre la poussée spectaculaire du DUP, la formation des extrémistes protestants dirigée par Ian Paisley. Le DUP arrive en effet en tête avec 30 élus, ce qui a amené Paisley à déclarer que les accords de paix d'avril 1998, dits du « vendredi saint », étaient caducs. Et la situation devient d'autant plus préoccupante que l'UUP, le parti des protestants modérés conduits par David Trimble (27 élus), est talonné par le Sinn Fein (24 élus), qui a nettement progressé dans l'électorat catholique aux dépens du SDPL, sans doute jugé trop conciliant (18 élus).

La vie privée de Dodi et de Diana était publique

Paris, vendredi 28
Dans la tragique nuit du 30 au 31 août 1997, trois photographes avaient pris des clichés de Lady Diana et de Dodi Al-Fayed à la sortie du Ritz puis, après l'accident du tunnel de l'Alma, dans la Mercedes. Selon la 17e chambre du tribunal correctionnel, saisie par le père de Dodi, ces photographies ne portent pas atteinte à la vie privée. Le véhicule ne peut être considéré comme un lieu privé dès lors qu'il était « accidenté sur la voie publique » et que « la portière était grande ouverte ». Il n'y a pas eu non plus de révélation d'une « relation secrète » : celle-ci était connue de tous. Mohammed Al-Fayed va faire appel.

L'asphyxie guette les urgences hospitalières

Ile-de-France, samedi 29
Depuis hier, le plan blanc est déclenché dans les Hauts-de-Seine et le Val-de-Marne. Jean-François Mattei, ministre de la Santé, a autorisé tous les hôpitaux d'Ile-de-France à faire de même en cas de besoin. Les urgences et les services pédiatriques ont en effet du mal à faire face aux trois épidémies de grippe, de bronchiolite et de gastro-entérite qui se sont déclarées simultanément. « Le système explose », s'inquiète le médecin urgentiste Patrick Pelloux. Ce sont plus de 2 000 enfants qui se sont présentés, en deux jours, aux urgences de Paris. L'attente peut atteindre sept heures…

La résistance irakienne multiplie ses attaques contre la coalition

Bagdad, dimanche 30
La pression exercée sur la coalition par la résistance irakienne a monté d'un cran ce week-end. Samedi, au sud de Bagdad, un convoi transportant huit membres des services secrets espagnols (le Centro nacional de inteligencia, ou CNI) a été attaqué au lance-roquettes et au fusil d'assaut. Bilan : sept tués et un blessé. Le même jour, à Tikrit, deux diplomates japonais étaient assassinés. Mais l'opération la plus ambitieuse a eu lieu aujourd'hui à Samarra, au nord de Bagdad. Deux détachements de GI sont tombés dans des embuscades, en pleine ville. Les Américains ont riposté à l'arme lourde : 54 de leurs assaillants et 8 civils auraient été abattus.

L'image qui a choqué l'Espagne : de jeunes Irakiens foulant les cadavres des siens.

Le 26, *le Monde de Nemo*, réalisé par les studios Pixar (*Monstres et Cie*) et distribué par Disney, sort en France. Les tribulations du poisson-clown ont déjà rapporté 340 millions de dollars aux Etats-Unis, plus que *le Roi Lion* !

Le 30, à Melbourne, l'Australie remporte sa 28e Coupe Davis face à l'Espagne. Mark Philippoussis (2e à gauche) a apporté le point décisif en battant Juan Carlos Ferrero à l'issue d'un match éprouvant (7-5, 6-3, 1-6, 2-6, 6-0).

Les mutations de l'Afrique noire

Dans les années 1960, la majorité des Etats d'Afrique noire accèdent à l'indépendance dans les limites territoriales tracées, artificiellement et arbitrairement, par les colonisateurs. Les nouveaux Etats africains, très majoritairement – mais en avaient-ils le choix? – acceptent le principe selon lequel leurs frontières ne seront pas remises en cause. Les composantes ethniques et politiques, fragilement unies et fraternisées dans les luttes pour l'indépendance, imaginent alors qu'une garantie de stabilité découle de ce compromis et envisagent, solidairement, le développement et le progrès que cette stabilité leur laisse espérer.

Cette sagesse et cette aspiration au développement sont néanmoins bousculées par le contexte globalisant de la guerre froide auquel l'Afrique ne parvient à échapper.

Chaque Etat nouvellement indépendant est en effet immédiatement l'objet de convoitise de la part des deux blocs idéologiques antagonistes de l'époque (communiste et capitaliste). A travers les influences économiques et politiques des anciennes puissances coloniales, ou, en réaction, à travers les interventions souterraines des Etats-Unis, de l'Union soviétique et de leurs satellites, les jeunes Etats africains font peu à peu allégeance à l'un ou à l'autre des blocs. C'est ainsi que la confrontation Est-Ouest se transplante en Afrique et engendre des guerres civiles (au Congo Kinshasa, au Nigeria, en Angola, etc.), des guerres interétatiques et de nombreux coups d'Etat militaires.

C'est ainsi que l'on assiste, dans la plupart des nouveaux Etats, à l'instauration des partis uniques et à une confiscation du pouvoir par ces derniers.

La chute du mur de Berlin (en 1989) et la dislocation de l'URSS (en 1991) sonnent le glas de l'idéologie communiste. La bipolarité Est-Ouest fait alors place à un monde unipolaire, dominé par la superpuissance américaine, même si certains pays comme la France et la Chine contestent cette suprématie, et même si l'UE s'érige timidement en concurrente. De façon générale, le triomphe de la démocratie libérale en Europe de l'Est fait souffler un vent de liberté et de démocratie sur le reste du monde. Un ordre international fondé sur les principes démocratiques et les droits de l'homme s'esquisse alors, et l'ONU apparaît même comme une garante de la nouvelle ère, plus juste, plus équitable. L'Afrique n'échappe pas à ce vent de liberté et de démocratie.

Le continent est ainsi parcouru par des revendications démocratiques (fin des partis uniques et des états d'exception, mise en place des régimes constitutionnels et instauration de la démocratie multipartite), souvent exacerbées par le marasme économique, les fractures sociales et les crises identitaires mises à profit par les deux blocs du temps de la guerre froide.

La quête démocratique des années 90

Le contexte politique international au début des années 90 est marqué par le triomphe de la démocratie libérale d'inspiration occidentale. La démocratie est désormais une conditionnalité de la coopération et de l'aide au développement entre les bailleurs de fonds (les pays riches et les institutions internationales telles que le FMI et la Banque mondiale) et les pays en développement, notamment les Etats africains. Cette conditionnalité est notamment réaffirmée par le président François Mitterrand, lors du sommet France-Afrique de La Baule, à l'intention des pays du « pré carré » français. La démocratie, ou du moins la démocratisation, devient un impératif pour les Etats africains,

francophones et autres. Ainsi, durant cette même période, la république d'Afrique du Sud, qui avait nargué le monde entier de 1913 à 199_ par sa politique de ségrégation raciale (l'apartheid), se voit contrainte à abolir les dernières lois ségrégationnistes et à libérer le plus célèbre prisonnier politique du monde, Nelson Mandela. Elle amorcera alors un processus démocratique égalitaire qui sera couronné par l'adoption d'une nouvelle Constitution en 1993 et par l'élection de Mandela à la magistrature suprême en 1994.

Malgré le contexte politique international qui l'impose, tous les dirigeants africains n'adoptent pas systématiquement les principes démocratiques, ou les aménagent d'une façon telle qu'ils en perdent leur substance.

Face à ces relativement nombreuses exceptions, une floraison de partis politiques, d'organisations syndicales et d'associations de défense et de promotion des droits humains voient le jour ou se renforcent dans les différents Etats. Ces organisations politiques et de la société civile, par des manifestations diverses (meetings, marches, grèves, désobéissance civile...), revendiquent de plus en plus fort l'instauration immédiate de la démocratie multipartite. Le relais des médias développe aussi celui des consciences, et les institutions elles-mêmes se responsabilisent.

Au Mali, l'armée fait ainsi siennes les revendications de la société civile et des partis politiques et organise, en 1991, un coup d'Etat qui met fin au régime dictatorial du président Moussa Traore.

Chacun à son rythme, les Etats africains s'engagent dans des processus démocratiques. Ces processus s'articulent pour la plupart selon le même schéma, avec des étapes progressives qui se suivent plus ou moins rapidement et effectivement. Tout commence souvent par la tenue d'une conférence nationale, qui constitue un grand moment d'introspection communautaire où sont déballés, exposés et débattus, les grands problèmes politiques, les tares et les insuffisances des anciens régimes dirigeants, pour aboutir à une réconciliation et à un semblant d'unité nationale. Puis vient ensuite la mise en place d'une Assemblée constituante, ou d'une Commission constitutionnelle, dont la finalité est la rédaction d'une nouvelle Constitution et d'un nouveau code électoral; la mise en place d'une Commission électorale nationale ouverte aux principales sensibilités politiques et à la société civile, et, enfin, la tenue de consultations électorales multipartites.

Malgré toutes ces avancées en matière de démocratie, le continent demeure secoué par des troubles (que d'aucuns ont qualifié de soubresauts de la démocratie en Afrique) souvent sous-tendus par des difficultés économiques résultant elles-mêmes d'un manque d'investissements et, cause plus profonde, d'un manque de conscience nationale lié aux découpages territoriaux arbitraires effectués par les anciens colonisateurs.

Les incertitudes de la démocratie

A quelques exceptions près, les résultats des scrutins électoraux sont systématiquement contestés dans la plupart des Etats. Ces contestations se fondent sur différents constats: un manque de transparence dans l'établissement des listes électorales; l'absence d'indépendance des structures chargées de l'organisation des élections; la partialité de l'administration; des intimidations, menaces et achats de conscience; des fraudes multiples et multiformes. Si, dans la plupart de ces motifs de contestation, ce sont les partis au pouvoir qui sont mis en cause, pour les deux derniers les oppositions sont aussi indexées. Par ailleurs, la contestation des résultats des scrutins électoraux apparaît, parfois opportunément, comme l'arme ultime des opposants pour discréditer les scrutins qu'ils

Le nombre de partis explose. La démocratie se développe mais la tradition demeure. Ici, le chef zoulou du parti pour la liberté Inkatha en 1995.

savent perdus d'avance ; c'est alors que les appels au boycott se multiplient.

Du fait de la lenteur des processus démocratiques, du manque d'expérience et de maturité politiques des populations, autant que des acteurs politiques, et d'un accès aux richesses nationales qui demeure inégal, certains discours identitaires, ethnocentristes et régionalistes resurgissent. Certains d'entre eux incorporent également des différenciations religieuses en les accentuant comme ce fut en particulier le cas au Soudan ou au Nigeria. Ces discours engendrent des pratiques d'exclusion, de scission et de répression, qui atteignent le paroxysme de l'horreur au Rwanda, en 1994, avec le génocide de près d'un million de Tutsis et de Hutus modérés. Ce retour identitaire se manifeste également dans certains pays réputés stables à l'égard des populations immigrées voisines qui y ont été attirées, ou de leurs descendants, comme en Côte d'Ivoire. De même, à l'intérieur des frontières nationales, certaines régions riches en ressources naturelles cherchent à se désolidariser, sous une bannière ethnique ou territoriale, d'autres plus démunies.

La fin des conflits résultant de la guerre froide

La dislocation de l'URSS, et du bloc communiste en Europe et en Asie centrale, a eu comme conséquence, en Afrique, la fin des conflits résultant de l'opposition Est-Ouest. Ainsi l'Angola, meurtrie par tant d'années de guerre civile depuis son indépendance en 1975, guerre nourrie d'une part par l'Afrique du Sud et l'ex-Zaïre comme têtes de pont de l'Ouest soutenant l'Unita de Jonas Savimbi et, d'autre part, par Cuba comme tête de pont de l'Est soutenant le MPLA d'Agostino Neto et d'Eduardo Dos Santos, prend fin en 2001 avec l'assassinat de Jonas Savimbi. Depuis son retrait du gouvernement d'union nationale, il avait été mis en quarantaine par beaucoup de ses principaux soutiens.

Il en fut de même au Mozambique où les deux leaders en conflit finiront par signer un accord de paix en 1992.

Aux guerres de l'ancienne ère géopolitique succèdent des conflits d'un genre nouveau en Afrique. Quelques situations nationales témoignent de la nouvelle donne, comme au Congo ou en Côte d'Ivoire (voir page 14).

La place de l'Afrique dans l'ordre mondial

La situation économique, politique et sociale des Etats africains demeure, dans l'ensemble, peu brillante, même si l'on observe ça et là des disparités. Le continent représente un peu plus de 13 % de la population mondiale mais ne réalise que 3 % du commerce mondial. L'essentiel des investissements attirés en Afrique – moins de 2 % des investissements directs étrangers – vient surtout répondre aux énormes richesses naturelles qu'abritent les sous-sols de ces pays. Avec la crise politique qui secoue le Moyen-Orient, les richesse pétrolières, notamment du golfe de Guinée ou de l'Angola, sont actuellement particulièrement convoitées, et de nouveaux enjeux régionaux et mondiaux s'y tissent. Le regain d'intérêt américain pour l'Afrique est à cet égard particulièrement notable. Le golfe de Guinée fournit à l'heure actuelle environ 15 % du pétrole consommé par les Etats-Unis, et ces derniers n'envisagent pas d'en rester là puisque dans 10 ans 25 % de leur consommation pétrolière sera d'origine africaine. Les guerres d'influence entre les candidats à ces mannes ont déjà commencé. Il convient de rester attentif aux répercussions qu'elles auront tant sur le plan démocratique que social.

A côté de ces investissements ponctuels et sectoriellement très localisés, l'Afrique du Sud est sans conteste le pays qui mise de façon la plus engagée sur l'ensemble du continent. Après la conquête de nombreux marchés en Afrique australe et en Afrique de l'Est, l'Afrique du Sud en effet regarde ceux de l'Afrique de l'Ouest avec un intérêt discret mais non dissimulé. Les secteurs bancaires, de la téléphonie mobile, des travaux publics, de la grande distribution, de l'énergie ou encore de la restauration et de l'hôtellerie sont ainsi les cibles des groupes sud-africains.

Sur le plan diplomatique, les pays africains ne sont encore que trop sporadiquement sollicités. Il en est ainsi, par exemple, lors des négociations à l'Organisation mondiale du commerce sur les discussions mettant en cause l'aspect culturel de secteurs économiques, ou encore à l'occasion du vote au Conseil de sécurité sur la résolution autorisant le recours à la force contre l'Irak pour l'Angola, le Cameroun et la Guinée, alors membres non permanents. Sur ce plan, l'Afrique se construit pas à pas et réaménage ses ambitions. Le 9 septembre 1999, les chefs d'Etat et de gouvernement de l'Organisation de l'unité africaine ont ainsi adopté la déclaration de Syrte qui profile la création de l'Unité africaine. Cette dernière est devenue une réalité et a succédé à son aînée après les sommets de Lomé en 2000, de Lusaka en 2001 et de Durban en 2002. Il faut relever que la nouvelle organisation continentale réorganise et dynamise le processus d'intégration à la fois sur les plans économique, politique et social.

Enfin il faut retenir que la démocratie est appliquée, certes à des degrés divers, dans la majorité des Etats, mais qu'elle évoluera en se renforçant et en s'approfondissant. Des avancées notables sont constatées concernant le retour à la paix dans de nombreux pays qui vivaient une situation conflictuelle (Sierra Leone, Angola, Congo) et de nombreux conflits sont en voie de résolution (Burundi, Soudan, Côte d'Ivoire, Ouganda, Liberia). La création de l'Union africaine ainsi que la mise en place de plusieurs mécanismes d'observation, de prévention et de gestion des conflits présagent d'un retour à la stabilité et à la paix partout sur le continent. S'il fallait des raisons d'espérer pour l'Afrique, le parcours atypique du pauvre Burkina Faso, voisin de la riche Côte d'Ivoire, les résumerait toutes à lui seul. Considéré comme le « meilleur élève » des institutions internationales, le Burkina Faso, même si tout n'y a pas toujours été parfait, demeure l'exemple même de la bonne gouvernance économique et démocratique depuis 1991, après avoir mis fin à une succession de « révolutions crypto-marxistes ». Paradoxe heureux, il est aujourd'hui le premier pays du Sud (producteur en 2003 à lui seul de 65 % du maïs des pays membres du CILSS...) en négociation avec le PAM (Programme d'alimentation mondiale) pour fournir un important quota de céréales aux Etats « riches » en crise alimentaire...

Belle leçon pour les afro-pessimistes et preuve indiscutable que démocratie et développement sont indissociables !

Jean R. Guion
de l'Académie des sciences d'outre-mer,
président de l'Alliance francophone.

En 1993, Mandela et De Klerk remportaient le Nobel de la paix pour leur lutte contre l'apartheid et la mise en place des institutions démocratiques.

Décembre

Lu	Ma	Me	Je	Ve	Sa	Di
1	2	3	4	5	6	7
8	9	10	11	12	13	14
15	16	17	18	19	20	21
22	23	24	25	26	27	28
29	30	31				

Monde, lundi 1er
Une grève affecte l'ensemble des personnels du ministère des Affaires étrangères à Paris et dans le monde. Ils protestent contre les restrictions budgétaires.

Paris, lundi 1er
Le ministère de la Santé annonce l'octroi d'une prime exceptionnelle de 90 à 130 euros au bénéfice du personnel hospitalier ayant travaillé lors de la canicule estivale.

France, lundi 1er
Parution du livre de Paul Burrell, ancien majordome de Lady Diana : *Confidences royales* (Michel Lafon).

France, mardi 2
Le groupe canadien Alcan prend le contrôle presque total (92,2 % des parts) de Pechiney.

Vilnius, mardi 2
Le parquet lituanien annonce son intention de juger Bertrand Cantat pour « homicide volontaire ».

France, mercredi 3
Parution d'*Harry Potter et l'ordre du Phénix* (Gallimard).

Rennes, jeudi 4
Les étudiants suspendent la grève.

Mont-de-Marsan, jeudi 4
Arrestation d'Ibon Fernandez Iradi, chef présumé de l'ETA-militaire.

Lyon, jeudi 4
Interpol lance un avis de recherche international à l'égard de l'ancien président libérien, Charles Taylor.

Paris, vendredi 5
Dominique Perben, ministre de la Justice, annonce l'abandon de l'amendement sur l'interruption involontaire de grossesse.

Rome, samedi 6
1,5 million de personnes défilent contre la réforme des retraites.

France, dimanche 7
Le Téléthon recueille 95,1 millions d'euros de promesses de dons.

DÉCÈS

Bucarest (Roumanie), mercredi 3
David Hemmings, acteur britannique (*18.11.1941).

Munich, samedi 6
Hans Hotter, baryton-basse (*19.1.1909).

Woodstock (Angleterre), samedi 6
Paul-Louis Halley, homme d'affaires français, fondateur du groupe de grande distribution Promodès et premier actionnaire de Carrefour (*11.9.1934).

3 457,14 — 28,94 $

€ 1,2153 $

Espoir de paix pour la Terre sainte

Yossi Beilin (à g.) et Yasser Abed Rabbo ont mis leurs dirigeants au pied du mur.

Genève, lundi 1er
L'acteur américain Richard Dreyfuss a présidé avec l'enthousiasme qu'on lui connaît au lancement officiel du Pacte de Genève, au terme de trois années de négociations entre des Israéliens et des Palestiniens « de bonne volonté ». Cette initiative de paix, portée de bout en bout par l'universitaire helvétique Alexis Keller, se voulait indépendante de toute autorité politique, et son but était de rendre la parole à des opinions publiques lassées des accords jamais respectés. Alexis Keller était parvenu à rapprocher les deux futurs artisans du Pacte : l'Israélien Yossi Beilin et le Palestinien Yasser Abed Rabbo. C'est le 12 octobre dernier, seulement, que les deux parties se sont entendues sur un plan de paix. Celui-ci consiste en une reconnaissance mutuelle d'Israël et d'un Etat palestinien, avec chacun un secteur de Jérusalem pour capitale, en un transfert en terre israélienne des colonies juives établies en Palestine, et en la promesse d'un accord mutuel sur la question des réfugiés, dont le droit au retour n'est pas mentionné. Yasser Arafat a approuvé du bout des lèvres, Ariel Sharon a condamné.

Laurent Gbagbo souffle le chaud et le froid

Yamassoukro, jeudi 4
Pour la première fois, Laurent Gbagbo, le président de la Côte d'Ivoire, s'est formellement déclaré favorable à une « application intégrale des accords de Marcoussis ». Cette avancée a eu lieu au soir d'une journée de négociations, tenues dans la capitale politique du pays, entre le gouvernement ivoirien, les rebelles et les forces de maintien de la paix (française et ouest-africaine), négociations visant à déterminer un calendrier pour le désarmement et la réconciliation nationale. Cependant, les encourageantes paroles de Laurent Gbagbo contrastent avec l'attitude de ses partisans qui, à Abidjan, avaient fait lundi et mardi derniers le siège de la base du 33e bataillon d'infanterie de marine. Les « marsouins » avaient dû lancer des grenades lacrymogènes et assourdissantes pour se dégager.

Le « père vengeur » condamné à 11 ans

Draguignan, vendredi 5
Le 15 février 2002, lorsque Virginie, sa fille de 13 ans, est venue lui dire qu'elle venait d'être violée, Thierry Ferrer a vu rouge. Il a pris son fusil, a trouvé Icham Ziadi dans un bar de La Seyne-sur-Mer et l'a tué à bout portant. Un an et demi plus tard, le procès de Thierry Ferrer n'a pas permis de savoir si le Tunisien avait abusé de Virginie. Le procureur avait requis 15 ans de réclusion contre le « père vengeur ». Les jurés de la cour d'assises du Var infligent 11 ans à celui qui est pour son avocat, Me Guidicelli, « un type bien qui a fait du mal ».

Le Parlement russe tout acquis à Poutine

Moscou, dimanche 7
Les résultats provisoires des législatives russes ne laissent aucun doute : c'est une victoire écrasante pour Vladimir Poutine. La moitié des 450 sièges de la Douma était à pourvoir au scrutin proportionnel : le parti du président, Russie unie, obtient 36,8 % des voix, les partis libéraux disparaissent, et les communistes régressent à 12,7 % ; de plus, Poutine pourra compter sur les soutiens des nationalistes du LDRP (11,8 % des voix) et des patriotes de Rodina (9 %). Les résultats du vote au scrutin uninominal pour l'autre moitié de la Douma devraient très largement confirmer cette tendance.

Le 1er, à Wellington, capitale de la Nouvelle-Zélande, première mondiale du *Retour du roi*, 3e volet du *Seigneur des anneaux* (ici, Elijah Wood dans le rôle de Frodo).

Statu quo dans les Antilles françaises

Antilles, dimanche 7
Les Guadeloupéens et les Martiniquais étaient appelés à se prononcer, par voie de référendum, sur la modification du statut de leurs îles. Ils ont dit non. A 72,98 % pour les premiers et à 50,48 % pour les seconds. Contre la majorité de leurs élus, ils ont refusé que les deux conseils généraux et régionaux soient remplacés par une collectivité unique. Brigitte Girardin, ministre de l'Outre-Mer, n'avait pas donné de consigne de vote. Le président de l'UDF, François Bayrou, qui avait fait campagne pour le « non », s'est réjoui que les Antillais aient défié la « très puissante coalition de tous les pouvoirs en place ».

Un déluge s'est abattu sur le sud-est de la France

France, dimanche 7
Et maintenant la Loire… Le fleuve, qui a largement dépassé sa cote d'alerte, a atteint son niveau de 1983, de triste mémoire. A Nevers, il n'y a plus d'eau potable. A Gien, la ville est inondée et tout le centre est privé d'électricité. La question qui se pose désormais est de savoir si Orléans va être épargnée. Mais c'est dans le sud-est de la France que la situation est la plus dramatique. Les intempéries, d'une intensité rare, qui ont débuté dans la nuit de dimanche à lundi derniers, ont d'abord noyé des quartiers entiers de Marseille sous plus d'un mètre d'eau. Puis le phénomène cévenol s'est enclenché. Venant buter sur le massif montagneux, des masses d'air chaud, en provenance de la mer Méditerranée, se sont transformées en orages. La déclivité des pentes a fait le reste. Mercredi matin, Météo France avait classé, ce qui est exceptionnel, le département de l'Hérault en alerte de niveau 4 : alerte rouge ! En effet, c'est un véritable déluge qui s'est abattu sur Montpellier. Puis le Gard a été touché, et particulièrement Arles, où plus de 6 000 personnes ont dû être évacuées depuis jeudi. Malgré la mise en service d'une cinquantaine de pompes à haut débit, et l'arrivée de 540 techniciens allemands, italiens et belges, on estime à une semaine le temps nécessaire pour retirer les 16 millions de m³ d'eau qui ont envahi les quartiers nord. La crue du Rhône a également touché Nîmes, où 130 000 foyers ont été privés d'eau potable durant deux jours, la station de pompage de Combs étant noyée. Le président de la République, qui s'était rendu dès mercredi au Centre interrégional de coordination des opérations de sécurité civile de Valabres, près de Marseille, a demandé au gouvernement de débloquer des aides d'urgence. Mais le bilan est lourd. Il est de sept victimes : deux hommes ont péri noyés à Marseille ; un autre a été victime d'un malaise à Bellegarde (Gard) ; un automobiliste est mort emporté par une rivière en crue en Ardèche ; une femme a succombé de la même manière dans la Loire ; et un octogénaire s'est noyé à Orange, dans le Vaucluse. La dernière victime est une nonagénaire qui a été retrouvée morte, vendredi, dans son appartement arlésien. Les élevages de taureaux n'ont pas été épargnés. Celui de Simon Casas, Occitania, est dévasté. Mardi et mercredi, quatre réacteurs des centrales nucléaires du Tricastin et de Cruas-Meysse ont dû être arrêtés.

Les 193 détenus de la prison d'Arles ont été évacués.

A Avignon, le 3, le Rhône a dépassé son niveau centennal, atteignant 7,56 mètres.

Le 6, à Sanya, dans l'île chinoise de Hainan, l'Irlandaise Rosanna Davison, 19 ans, fille du chanteur pop Chris de Burgh, est élue Miss Monde, devant la Canadienne Nazanin Afshin-Jarn (à droite) et la Chinoise Guan Qi.

Le 6, dans les rues de Lille, lancement de « Lille 2004, capitale européenne de la culture ». 500 000 visiteurs et 1 035 musiciens et choristes dirigés par Jean-Claude Casadesus pour jouer l'*Hymne au chemin de fer* de Berlioz.

Décembre

Lu	Ma	Me	Je	Ve	Sa	Di
1	2	3	4	5	6	7
8	9	10	11	12	13	14
15	16	17	18	19	20	21
22	23	24	25	26	27	28
29	30	31				

Afghanistan, lundi 8
Début de l'opération Avalanche : quatre bataillons américains sont engagés, dans l'est et dans le sud du pays, dans la traque des talibans et des membres de la Qaida.

Londres, lundi 8
La justice refuse le démantèlement des navires poubelles américains dans les ports britanniques.

Pyongyang, mardi 9
La Corée du Nord propose aux Etats-Unis de geler son programme nucléaire à condition d'être rayée de la liste des pays soutenant le terrorisme. George W. Bush refuse.

Paris, mardi 9
Le tribunal de commerce accorde six mois à Tati pour faire la preuve de sa viabilité.

Moscou, mardi 9
Un attentat suicide fait 6 morts à proximité de la Douma.

Bobigny, mercredi 10
L'instituteur jugé pour la mort de Sarah, tombée par la fenêtre de la classe, est condamné à cinq mois de prison avec sursis et 120 000 euros de dommages et intérêts.

Créteil, mercredi 10
Le tribunal de commerce refuse d'étendre la liquidation judiciaire d'Air Lib à la holding Holco.

Téhéran, mercredi 10
L'Iran autorise l'inspection de ses sites nucléaires.

Canada, vendredi 12
Paul Martin succède à Jean Chrétien comme Premier ministre.

Washington, vendredi 12
George W. Bush signe une loi instituant des sanctions politiques et économiques contre la Syrie, accusée de soutenir le terrorisme.

Bastia, dimanche 14
Arrestation de Charles Piéri. (→ 19)

Genève, dimanche 14
Christoph Blocher devient ministre de la Justice et de la Police.

DÉCÈS

Lyon, jeudi 11
Ahmadou Kourouma, écrivain ivoirien de langue française (*24.11.1927).

Cleveland (Etats-Unis), vendr. 12
Heydar Aliev, ancien président de l'Azerbaïdjan (*10.5.1923).

Paris, dimanche 14
Christian Bernadac, journaliste (*1.8.1937).

3 470,60 — 29,83 $ — € 1,23 $

Les radars réduisent le nombre de morts

France, mardi 9
En novembre, le nombre de morts sur les routes françaises a chuté de 25,9 % : 148 vies ont été sauvées. Un effet, selon le ministre des Transports, de la mise en place des radars automatiques. Les 25 premiers appareils ont déjà flashé 84 559 contrevenants. Avec quelques ratés. Un tracteur a été surpris à plus de… 120 km/h ! Un couple de Bretons a reçu une amende pour un excès de vitesse commis dans l'Essonne où ils ne sont jamais allés. Gilles de Robien le promet : un centre d'appel va être créé pour faciliter les contestations. Et les délais de paiement seront allongés : « Les flashés auront quinze jours pour payer et non plus sept. »

Paul Wolfowitz publie sa liste noire

Washington, mardi 9
Les entreprises françaises, allemandes, russes, canadiennes et chinoises seront exclues des appels d'offre lancés par Washington pour la reconstruction de l'Irak. Cette mesure, annoncée par le Pentagone, concerne plus globalement tous les pays ayant refusé de s'associer à la coalition. Le Pentagone se réfère à une circulaire, en date de vendredi dernier, de Paul Wolfowitz, le secrétaire adjoint à la Défense. Motif : protéger ainsi « les intérêts sécuritaires essentiels des Etats-Unis ». Les exclus pourront toutefois être sous-traitants.

La Suisse met fin à la « formule magique »

Genève, mercredi 10
La « formule magique » a vécu. Depuis 1959, cette expression désignait la très consensuelle répartition de six des sept sièges du gouvernement helvétique (le Conseil fédéral) entre les socialistes, les démocrates-chrétiens et les radicaux (droite), le dernier revenant, de façon symbolique, à un populiste de l'Union démocratique du centre. La victoire de l'UDC aux élections législatives change la donne. Christoph Blocher, le leader de l'UDC, fait son entrée au Conseil, au détriment d'une socialiste, et devrait occuper le ministère de la Justice et de la Police. Avec un objectif : diminuer le nombre

Accord franco-américain sur Executive Life

François Pinault a finalement transigé.

Paris, jeudi 11
Francis Mer, le ministre de l'Economie, est soulagé : un accord a été trouvé sur le dossier Executive Life avec la justice américaine, du nom d'une compagnie d'assurances rachetée illégalement en 1991 par le Crédit lyonnais et revendue ensuite à l'homme d'affaires François Pinault. Un procès au pénal devrait être évité. Mais à quel prix : la France devra acquitter une amende de 475 millions de dollars et verser une caution fixée à 375 millions. François Pinault, dont l'intransigeance avait fait craindre un échec des négociations, a finalement accepté de se délester de 185 millions de dollars. Et pour le Lyonnais, racheté depuis par le Crédit agricole, l'amende est de 100 millions. Pour infraction à la réglementation bancaire. (→ 15)

Comment défendre la laïcité républicaine

Bernard Stasi présidait la commission.

Paris, jeudi 11
Après cinq mois de travaux, marqués par l'audition de 140 personnalités, les sages de la Commission de réflexion sur l'application du principe de laïcité dans la République ont remis ce matin un rapport de 68 pages au président de la République. Ils proposent que le port de signes religieux « ostensibles » à l'école soit interdit par une loi, ce qui proscrirait le voile islamique, la kippa, mais aussi les « grandes croix ». Deux nouvelles fêtes légales pourraient être créées pour Yom Kippour et l'Aïd-el-Kébir. Ils suggèrent également que le concordat, en vigueur en Alsace et en Moselle, soit étendu à l'islam. (→ 17)

Le 9, le prix Louis-Delluc est remis conjointement à Noémie Lvovsky, (*les Sentiments*) et à Lucas Belvaux (*un Couple, Cavale, Après la vie*).

VGE portera l'épée et l'habit vert

Paris, jeudi 11
Il est 15 h 55, quai de Conti, quand le directeur de cabinet d'Hélène Carrère d'Encausse, le secrétaire perpétuel de l'Académie française, annonce que le successeur de Léopold Sédar Senghor sera Valéry Giscard d'Estaing. L'ancien président de la République a été élu par 19 voix sur 34 votants. La violente campagne menée par Maurice Druon contre la candidature de VGE n'aura donc pas abouti. Huit irréductibles ont mis une croix sur leur bulletin, quatre autres ont rendu bulletin blanc. Deux voix se sont portées sur l'écrivain belge Michel Tack et une sur le romancier « underground » Robert Pioche.

L'Union européenne dans une impasse

Bruxelles, samedi 13
C'était, pour l'Union européenne, le sommet de tous les dangers. Et, de fait, il s'est achevé à l'heure du déjeuner sur un constat d'échec : Silvio Berlusconi, le Premier ministre italien, a annoncé alors à ses homologues qu'il n'y avait « pas d'accord sur la Constitution ». Ce sommet, qui rassemblait les chefs d'Etat et de gouvernement de l'Union élargie à 25, visait effectivement, dans le cadre du projet de Constitution de Valéry Giscard d'Estaing, à remplacer la procédure de vote au Conseil des ministres, telle qu'elle fut établie en 2000 par le traité de Nice : elle avait pour particularité de donner à l'Espagne et à la Pologne un « poids » égal à l'Allemagne et à la France. Et l'idée était donc d'instituer un vote à la double majorité (Etat + population), jugé plus équitable. Or la présidence italienne n'a pas réussi à faire reculer les Espagnols et les Polonais, cramponnés à un traité de Nice évidemment avantageux pour eux. Face à une telle impasse, Jacques Chirac a envisagé de créer, au sein de l'UE, un groupe d'Etats « pionniers » autour de Paris et de Berlin. Pour aller de l'avant et donner l'exemple.

Le Premier ministre de la Pologne, Lezlek Miller : intraitable !

Saddam Hussein est fait prisonnier

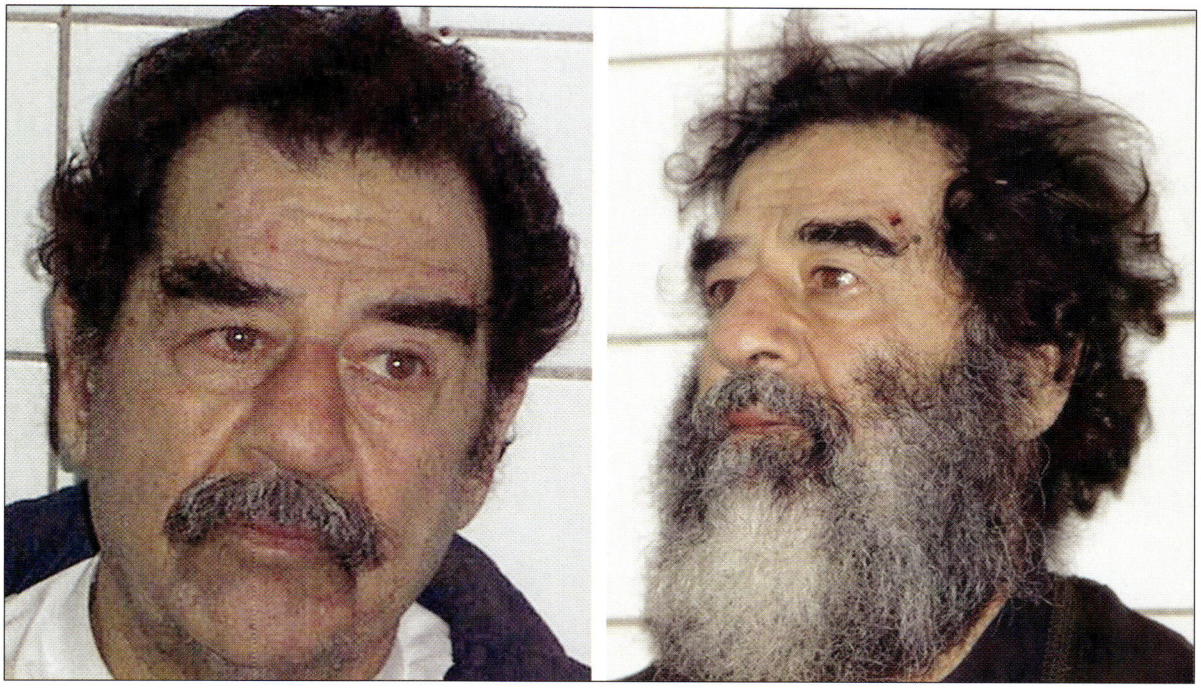

Bagdad, dimanche 14
« Nous l'avons eu ! » Paul Bremer a eu ces simples mots pour annoncer à la presse, à 15 h 15, la capture de Saddam Hussein. Il s'agissait d'ailleurs moins d'une annonce que d'une confirmation : depuis ce matin, le bruit courait à Bagdad que l'ancien président était tombé entre les mains de ses ennemis. L'administrateur américain en Irak et le général Raymond Odierno devaient ensuite préciser les circonstances de cette arrestation, qui met un terme à huit mois de traque incessante. Tout s'est passé très vite, hier. A la suite d'un renseignement qui aurait été fourni par un proche de Saddam Hussein, le général Odierno a monté l'opération « Aube rouge » : en fin d'après-midi, quelque 600 soldats de la 4e division d'infanterie et des combattants kurdes investissaient le village d'Al-Daour, à 15 km de Tikrit. A 20 h 26, dans la cour d'une masure, ils découvraient un trou très sommairement camouflé, et ils en faisaient sortir un Saddam Hussein en pitoyable état, hébété, le cheveu hirsute et barbu. Le raïs n'a pas résisté. Il s'est présenté, puis s'est laissé examiner par un médecin militaire chargé de vérifier son ADN, sous l'objectif d'une caméra vidéo : ces images impressionnantes, présentées par Paul Bremer, ont déjà fait le tour du monde. Après avoir été rasé, Saddam Hussein a été transféré par hélicoptère à l'aéroport de Bagdad, où il a été mis au secret dans la soirée. Lors d'un premier interrogatoire, il a nié l'existence d'armes de destruction massive et accusé les Etats-Unis de les avoir « inventées pour avoir une raison de nous faire la guerre ». (→ 21)

Le 13, à Deauville, une hôtesse de l'air de 22 ans, l'Alsacienne Laëtitia Bleger, est élue Miss France 2004.

Les Chypriotes turcs feront Europe à part

Nicosie, dimanche 14
Les Chypriotes turcs qui espéraient bien rejoindre leurs compatriotes grecs du Sud, le 1er mai 2004, pour entrer dans l'Union européenne, sont désespérés. Les élections législatives organisées en RTCN (République turque de Chypre du Nord, non reconnue à l'ONU) ont mis à égalité (25 sièges et 25 sièges) les partis gouvernementaux hostiles à la réunification et l'opposition qui lui est favorable. Le blocage est donc entier. Les Chypriotes turcs auront cependant la possibilité de voter en juin 2004 aux européennes en demandant une carte d'identité aux autorités du Sud, seules internationalement reconnues.

Le 14, à Zagreb (Croatie), l'équipe de France féminine de handball devient championne du monde en battant la Hongrie (32-29) après prolongation. A 7 min de la fin du temps réglementaire, la France était menée de 7 buts !

Décembre

Lu	Ma	Me	Je	Ve	Sa	Di
1	2	3	4	5	6	7
8	9	10	11	12	13	14
15	16	17	18	19	20	21
22	23	24	25	26	27	28
29	30	31				

Paris, lundi 15
Le ministère de l'Economie annonce la signature de l'accord définitif sur Executive Life avec le parquet de Californie. L'ancien président du Crédit lyonnais, Jean Peyrelevade, en est exclu.

Bâle, lundi 15
Zinedine Zidane est sacré pour la troisième fois meilleur joueur de football de l'année par la Fifa.

Chicago, mardi 16
Le conseil d'administration de Boeing lance la commercialisation du long-courrier 7E7 Dreamliner. Il sera mis en service en 2008.

Bogota (Colombie), mardi 16
Un haut dirigeant des Farc, Wilmer Antonio Marin, est arrêté. Il serait le responsable de l'attentat commis le 7 février contre le club El Nogal.

Brest, mardi 18
Le commandant du cargo bulgare *Dobrudja* est condamné à 200 000 euros d'amende pour un dégazage sauvage, le 30 juillet dernier, au large de l'île d'Oléron.

Pakistan, mardi 16
Deux journalistes de *l'Express*, Jean-Paul Guilloteau et Marc Epstein, sont arrêtés pour s'être rendus à Quetta sans autorisation.

Londres, mercredi 17
Ian Huntley est condamné à la prison à vie pour les meurtres, en août 2002, de Holly et Jessica.

Allemagne, jeudi 18
Egon Krenz, dernier chef d'Etat de l'ex-RDA, est remis en liberté.

Londres, jeudi 18
La justice britannique annonce l'ouverture d'une enquête sur la mort de Lady Diana.

Seattle, jeudi 18
Gary Ridgway est condamné à 48 peines de réclusion à vie.

Santa Maria, jeudi 18
Michael Jackson est inculpé d'agression sexuelle sur mineur de moins de 14 ans.

Bagdad, vendredi 19
Paul Bremer, administrateur civil de l'Irak, révèle avoir échappé à un attentat le 6 décembre.

Tripoli, vendredi 19
La Libye déclare abandonner ses programmes d'armes de destruction massive.

Alpes, samedi 20
Mise en service entre La Plagne et Arc-Peisey-Vallandry du plus grand téléphérique du monde.

3 502,04 — 30,40 $ — € 1,2386 $

Jacques Chirac est convaincu de la nécessité d'une loi sur la laïcité

Paris, mercredi 17
Une loi sur la laïcité est « évidemment » nécessaire. Ainsi en a décidé Jacques Chirac, qui, dans un discours solennel, s'est prononcé pour l'interdiction des signes religieux « ostensibles » dans les écoles, et cela dès la rentrée prochaine. Le texte, dont la rédaction est confiée au ministre de l'Education, Luc Ferry, doit être adopté début 2004. Le chef de l'Etat souhaite également que soit créé un Code de la laïcité. Il sera remis à tous les fonctionnaires, tandis qu'un Observatoire de la laïcité, rattaché au Premier ministre, verra le jour. Il n'a pas retenu en revanche l'idée de la commission Stasi de rendre fériées les fêtes de l'Aïd el-Kebir et de Kippour.

Pour le président de la République, la laïcité est « un pilier » de la République.

L'*omerta* est brisée dans l'île de Beauté

Paris, samedi 20
L'enquête du juge Philippe Courroye sur les méthodes du leader nationaliste Charles Pieri, mis en examen mercredi et écroué, avance à grands pas. Selon *le Monde* de ce soir, il dispose, depuis mardi, d'un témoignage accablant. La secrétaire de Corse gardiennage service, société de Pieri, a parlé. Elle a détaillé les détournements de fonds auxquels elle dit avoir assisté et qui auraient pu servir à financer les indépendantistes. Un responsable du Club Méditerranée a lui aussi reconnu que le club avait été soumis à l'impôt révolutionnaire.

Elodie avait tort de douter de son talent

Elodie succède à Jenifer et à Nolwenn.

Paris, samedi 20
Depuis le début de la troisième saison de « Star Academy », diffusée sur TF1, la blonde Elodie n'avait jamais cessé de douter d'elle-même. Au point d'irriter ses camarades de promotion. Le public l'a définitivement rassurée. 51,1 % des téléspectateurs l'ont préférée à Michal, le tendre Polonais. Elodie Frégé, née à Cosne-sur-Loire et âgée de 21 ans, a reçu son trophée des mains d'Elton John. Elle gagne un million d'euros et le droit d'enregistrer un album sous le label Universal. Son registre ? « Plutôt des chansons tristes », avoue-t-elle, du style de *l'Aigle noir*, avec lequel elle a, ce soir, ému les téléspectateurs.

Le 19, à Paris, Göksin Sipahioglu quitte la présidence de l'agence de photojournalisme Sipa Press, qu'il a fondée en 1973 et qu'il a vendue, en 2001, à Sud Communication.

Le 21, la ligne A du tramway de la Communauté urbaine de Bordeaux, qui s'intègre parfaitement dans le paysage urbain grâce à son alimentation par le sol, est inaugurée en présence de Jacques Chirac et du maire de Bordeaux, Alain Juppé. En 2007, le réseau doit comprendre 4 lignes sur 45 km.

Décembre

Lu	Ma	Me	Je	Ve	Sa	Di
1	2	3	4	5	6	7
8	9	10	11	12	13	14
15	16	17	18	19	20	21
22	23	24	25	26	27	28
29	30	31				

Paris, lundi 22
Le milieu de terrain tchèque Pavel Nedved (Juventus) est sacré Ballon d'or 2003 par *France Football.*

Paris, lundi 22
Marc Simeoni est remis en liberté.

Californie, lundi 22
Un séisme de magnitude 6,5 fait deux morts dans le sud de l'Etat.

Cheasepeake (Virginie), mardi 23
Lee Boyd Malvo, l'un des deux snipers de Washington, est condamné à la prison à vie.

Chongqing (Chine), mardi 23
Une explosion sur un gisement de gaz fait au moins 233 morts.

Conakry (Guinée), mercredi 24
Le général Lansan Conté est réélu président avec 95,63 % des voix.

Cotonou (Bénin), jeudi 25
Un Boeing 727 à destination de Beyrouth s'écrase au décollage. Bilan : 113 morts, dont 90 Libanais.

Montpellier, jeudi 25
Le tribunal de commerce annule le plan de cession d'Air Littoral à Seven Group.

Rawalpindi (Pakistan), jeudi 25
Le président Pervez Musharraf est la cible d'un 2e attentat en 11 jours.

Istanbul, vendredi 26
Le réseau islamiste responsable des quatre attentats de novembre est démantelé (35 inculpés).

Bologne, samedi 27
Romano Prodi, président de la Commission européenne, est le destinataire d'une lettre piégée.

Guatemala, dimanche 28
Le candidat conservateur Oscar Berger est élu président.

Amsterdam et Francfort, lundi 29
Le siège d'Europol et le président de la Banque centrale européenne, Jean-Claude Trichet, sont les destinataires de colis piégés.

Xichang, mardi 30
Lancement conjoint par la Chine et l'Agence spatiale européenne du satellite Probe n° 1.

Bam (Iran), mardi 30
Les recherches pour retrouver des survivants sont interrompues.

DÉCÈS

Paris, samedi 27
André Gruss, aïeul de la dynastie du cirque Gruss (* 1919).

Londres, samedi 27
Sir Alan Bates, acteur (* 17.2.1934).

3 510,30 — 28,83 $ — € 1,2458 $

Le *Queen Mary II* quitte définitivement le port de Saint-Nazaire

Saint-Nazaire, lundi 22
Le drame du 15 novembre dernier était dans tous les esprits lorsque, devant des dizaines de milliers de spectateurs, le *Queen Mary 2* a quitté l'estuaire de la Loire pour entamer sa carrière sous les couleurs de la Cunard Line et battant pavillon britannique. Le départ du plus grand paquebot du monde, long de 345 m, n'en a pas moins été salué avec éclat par la foule, une manière de célébrer l'excellence de la construction navale française. Il aura en effet fallu moins de deux ans aux Chantiers de l'Atlantique pour construire ce navire capable de transporter 2 620 passagers dans 1 310 cabines. Le *QM2* doit être baptisé le 8 janvier 2004 par la reine d'Angleterre, Elizabeth II.

La Patrouille de France signe son adieu au paquebot, qui rejoindra Southampton.

Pas d'indemnités à Jean-Marie Messier

New York, mardi 23
Le feuilleton des indemnités de départ de Jean-Marie Messier de la présidence de Vivendi est clos. Selon un accord conclu avec la SEC, le gendarme de la Bourse new-yorkaise, les 20,6 millions de dollars auxquels il prétendait ne lui seront pas versés. En contrepartie, la procédure civile engagée à son égard pour fraude comptable est arrêtée. Il devra néanmoins régler une amende d'un million de dollars. Celle infligée à Vivendi est de 50 millions, pour avoir publié des communiqués « trompeurs » et s'être livré, entre 2000 et 2002, à des « ajustements comptables » que la SEC qualifie d'« inappropriés ».

Une première vache folle aux Etats-Unis

Washington, vendredi 26
George W. Bush « continue de manger du bœuf ». Cette précision, livrée par le porte-parole de la Maison-Blanche, a pour but de rassurer les Américains et les marchés financiers après que la secrétaire d'Etat à l'Agriculture, Ann Veneman, a révélé mardi la découverte d'un premier cas d'encéphalopathie spongiforme bovine dans un élevage de Mabton, dans l'Etat de Washington. Une trentaine de pays ont déjà décrété un embargo sur les produits bovins en provenance des Etats-Unis, mettant en péril un secteur d'activité dont le poids est estimé à 180 milliards de dollars, dont 3,4 milliards à l'exportation.

Paris-Los Angeles : la liaison est rétablie

Roissy, vendredi 26
Avec deux heures et demie de retard, le vol AF068 à destination de Los Angeles a décollé à 16 h 15. Le premier après l'annulation, mercredi midi, de toutes les liaisons aériennes entre Paris et la grande ville californienne. La décision en avait été prise par le gouvernement à la demande des Etats-Unis qui, sur la foi de certains indices, redoutaient une attaque terroriste du type de celle du 11 septembre 2001. La police aux frontières (PAF), la DST et la brigade criminelle n'ayant rien découvert qui puisse corroborer ces inquiétudes, la mesure d'interdiction a donc été levée. Mais sous haute surveillance.

L'Europe place Mars Express en orbite autour de la Planète rouge

Espace, jeudi 25
Il était 4 h 45, ce matin, quand la sonde européenne Mars Express a lancé son premier message : au soulagement de l'Agence spatiale européenne, la sonde tournait correctement autour de Mars, après un voyage de près de sept mois. Après avoir rejoint son orbite polaire définitive, en janvier prochain, l'engin devrait recueillir des informations sur la présence, ou non, d'eau liquide sur la Planète rouge. La seule ombre à ce tableau est le silence persistant du petit atterrisseur Beagle-2, largué il y a six jours par Mars Express et qui devait se poser ce matin, à 3 h 54, dans la plaine d'Isidis Planitia. L'espoir d'un contact reste assez mince.

La sonde Mars Express (vue d'artiste) a été construite par le groupe EADS Astrium.

Une ville rayée de la carte dans le sud-est de l'Iran

La forteresse d'Arg-e-Bam avant le séisme : « le Désert des Tartares » y a été tourné.

Ce qui reste aujourd'hui de la ville de Bam, épicentre du tremblement de terre.

Bam, vendredi 26-mardi 30
La télévision iranienne a annoncé que 28 000 corps avaient déjà été inhumés dans des fosses communes. Le bilan du terrible séisme qui a ravagé à 90 % la ville de Bam, dans le sud-est de l'Iran, est malheureusement loin d'être définitif. On parle effectivement, ce mardi soir, de 25 000 morts pour la ville elle-même et au moins de 10 000 pour les zones rurales environnantes. Le chiffre des 37 000 morts du tremblement de terre du 21 juin 1990, dans le nord-ouest du pays, pourrait être dépassé. Le séisme, d'une magnitude de 6,3 sur l'échelle de Richter, a eu lieu vendredi à 5 h 28 (heure locale). Suivi de plusieurs répliques, il a détruit comme un château de cartes les fragiles maisons en pisé, en argile ou en terre séchée des quelque 200 000 habitants de Bam et de ses environs, qui, outre leurs morts, déplorent également environ 50 000 blessés. Dès vendredi, le gouvernement iranien et le Croissant-Rouge avaient lancé les secours à partir de la grande ville voisine de Kerman, où les blessés les plus graves ont été transportés, la piste de l'aéroport de Bam ayant été épargnée. Conscient de l'ampleur du désastre, Téhéran a fait aussitôt appel à la solidarité internationale et, dès le samedi, des équipes de secouristes en provenance d'Europe arrivaient pour se joindre à leurs homologues iraniens. Le régime des mollahs a même fait une entorse à sa doctrine diplomatique en acceptant l'aide des Etats-Unis, et, pour la première fois depuis la révolution islamique, un avion de l'US Air Force s'est posé dimanche à Kerman, avec des caisses de médicaments. Mais il n'a pas évité une fausse note en refusant toute aide israélienne… Ce soir, il ne reste guère d'espoir de retrouver des survivants sous les décombres. Mais la tâche des sauveteurs reste immense : soigner les blessés, abriter les sinistrés, les nourrir et empêcher une éventuelle épidémie de typhus. Mais la tragédie humanitaire se double d'une catastrophe culturelle : la superbe forteresse en pisé d'Arg-e-Bam, qui dominait la ville depuis deux millénaires, est elle aussi tombée en poussière.

Pour limiter les risques d'épidémie, des fosses communes sont creusées en hâte.

Les forces coalisées harcelées en Irak

Bagdad, samedi 27
La capture de Saddam Hussein n'a pas démobilisé la résistance irakienne, qui a multiplié, depuis ces trois derniers jours, les attaques contre les militaires américains : 8 GI ont été tués (4 jeudi, 4 vendredi), portant à 209 le nombre des soldats américains morts depuis la fin « officielle » des combats. De plus, la résistance n'a pas hésité à opérer en plein centre de Bagdad, en tirant jeudi des roquettes sur l'hôtel Sheraton et l'ambassade d'Iran, tandis qu'une base de l'US Army était attaquée la veille au mortier, à l'aéroport de Kirkourk. Et, aujourd'hui, 5 Bulgares et 2 Thaïlandais de la coalition, et 12 Irakiens, ont été tués dans la ville chiite de Kerbala par quatre voitures piégées.

Le 27, TF1 diffuse pour la dernière fois l'émission « 30 Millions d'amis », créée le 6 janvier 1976 par le journaliste Jean-Pierre Hutin (ici en 1988 avec Mabrouk) et produite depuis 1996 par sa veuve, Reha. Celle-ci dit se sentir « tel un animal abandonné ». La part d'audience n'était plus que de 24,4 %.

L'affaire Parmalat secoue la péninsule

Milan, samedi 27
Calisto Tanzi, 65 ans, dort en prison. Le fondateur et ex-P-dg de Parmalat, le n° 1 italien de l'agro-alimentaire qui emploie 36 000 salariés dans le monde, a été arrêté ce matin dans le centre de Milan. Il est soupçonné d'avoir falsifié les comptes de la société, qui affiche un passif de 7 milliards d'euros, afin de détourner, à son profit personnel, un minimum de 800 millions d'euros sur les quinze dernières années ! Mardi, le gouvernement de Silvio Berlusconi a adopté en urgence un décret-loi en vertu duquel Parmalat a pu être placé aujourd'hui en redressement judiciaire. Sa gestion est assurée conjointement par un « commissaire extraordinaire » et par le ministre de l'Industrie.

Gendarmes en armes à bord des avions

Washington, lundi 29
Tom Ridge, le secrétaire américain à la Sécurité intérieure, a annoncé que certains vols à destination des Etats-Unis jugés « à risque » devraient être désormais pourvus de policiers armés. Les compagnies qui refuseraient de se plier à cette obligation pourraient être interdites de survol du territoire américain. Cette mesure de sécurité ne fait en réalité que systématiser une série d'accords passés entre Washington et d'autres capitales, Paris notamment. Depuis le 23 décembre, en effet, des gendarmes du GIGN en civil et armés sont embarqués à bord d'appareils en partance pour les Etats-Unis. Ils sont en équipes de deux à six.

Actuellement jugé à La Haye, Milosevic est élu député en Serbie!

Les nostalgiques de Milosevic ont obtenu 7,6 % des voix et remporté 22 sièges.

Belgrade, lundi 29
L'Union européenne craignait le pire, et c'est le pire qui est arrivé à ses yeux : aux élections législatives qui ont eu lieu hier en Serbie, les partis favorables à l'ouverture vers l'Europe ont subi une lourde défaite. Ce sont effectivement les ultranationalistes du Parti radical de Serbie (SRS) qui l'emportent, avec 27,3 % des voix (81 sièges), devant le Parti démocratique de Serbie (DSS) de Vojislav Kostunica (17,8 % des voix et 53 sièges). Les électeurs serbes ont, de plus, infligé une gifle symbolique à la communauté internationale en élisant Vojislav Seselj (SRS), en attente de son procès au TPIY (Tribunal pénal pour l'ex-Yougoslavie), et surtout Slobodan Milosevic lui-même, tête de liste du Parti socialiste de Serbie (SPS).

La hausse de l'euro devient inquiétante

Francfort, lundi 29
Jusqu'où l'euro grimpera-t-il ? Il vient de franchir un nouveau palier, passant au-dessus de 1,25 dollar pour un euro. Si la Banque centrale européenne n'a délivré aucun commentaire, l'un de ses membres estime de façon anonyme, dans les colonnes du *Financial Times*, que cette hausse « introduit un élément d'incertitude dans les prévisions économiques ». La prévision de croissance de 1,6 % dans la zone euro pour 2004 pourrait être revue à la baisse. A moins que l'UE et les Etats-Unis s'entendent pour soutenir le billet vert.

L'assassin d'Audrey confondu par l'ADN

La Rochelle, lundi 29
Arrêté samedi au domicile de sa mère, à Gonesse dans le Val-d'Oise, Frédéric Ramette a avoué hier avoir violé puis étranglé, le 6 août dernier dans l'île de Ré, une adolescente de 16 ans, Audrey Texier. Employé pour la saison comme serveur dans une pizzeria de l'île, le jeune homme de 22 ans avait déjà été entendu deux fois. La comparaison de son empreinte génétique avec celles prélevées sur la victime a permis, selon le procureur, de « porter l'estocade ». Pour le père d'Audrey, il mérite « une vraie peine de perpétuité ».

L'épidémie de SRAS n'est pas éradiquée

Canton, mardi 30
L'épidémie de SRAS, responsable cette année de 774 morts, dont 349 en Chine continentale et 299 à Hong Kong, n'est pas éradiquée. Selon un porte-parole du Centre de contrôle des maladies de la province de Guangdong, d'où était justement partie la maladie, l'homme hospitalisé depuis le 20 décembre à Canton est bien infecté par le SRAS. Aucune des dizaines de personnes avec lesquelles M. Luo, producteur pour la télévision, a été en contact n'est pour l'heure souffrante. Quatre experts de l'OMS sont en route pour Canton.

Déjà six décès dus à la légionellose

Arras, mardi 30
Cyrille Schott, préfet du Pas-de-Calais, est inquiet face à une situation « grave, exceptionnelle ». Depuis le 28 novembre, la légionellose a tué à six reprises dans le département. La dernière victime est un homme de 92 ans, mort hier. Vingt personnes sont toujours hospitalisées sur les cinquante infectées. Il apparaît que l'usine pétrochimique Noroxo de Harnes, dont la tour aéroréfrigérante a été remise en service le 23 après avoir été nettoyée, ne serait pas la seule source de contamination. Vendredi, la veuve d'une victime a porté plainte contre X.

Le 28, une baleine de 20 mètres de long, pesant 30 tonnes, vient mourir sur la plage de La Torche à Plomeur (Finistère). Elle a été poussée vers la côte par la tempête qui a fait un mort dans la nuit aux Sables-d'Olonnes.

Les appareils numériques sont à la mode

France, mercredi 31
Appareils photo numériques, lecteurs DVD, téléviseurs à écrans plasma ou LCD, baladeurs MP3 : Noël a été, cette année, à la pointe de la technologie. Mais le produit le plus en vogue est le « photophone », néologisme définissant le téléphone mobile doté d'un appareil photo numérique. Il permet à la fois de prendre des photographies et de les envoyer à un ami, moyennant, bien sûr, une légère surtaxe de l'appel… Il s'en est vendu dans l'année deux millions d'unités. Le chiffre d'affaires mondial de l'industrie du téléphone portable en 2003 va atteindre 550 milliards de dollars. 80 milliards pour les fabricants d'appareils, et 470 milliards pour les grands bénéficiaires : les opérateurs.

Harry Potter, un phénomène mondial

Joanne K. Rowling, un parcours hors du commun.

En 1997 paraissait en Grande-Bretagne le premier volume des aventures d'un jeune sorcier orphelin, Harry Potter, pensionnaire d'une école un peu particulière où l'on enseigne les sortilèges et les potions magiques, signé Joanne K. Rowling.

Harry Potter à l'école des sorciers fut suivi de quatre volumes: *Harry Potter et la chambre des secrets*, *Harry Potter et le prisonnier d'Azkaban*, *Harry Potter et la coupe de feu* et *Harry Potter et l'ordre du phénix* (sorti le 3 décembre 2003 en France chez son éditeur Gallimard Jeunesse). Ils totalisent début décembre 250 millions de ventes dans le monde. Un raz de marée planétaire. Les jeunes de tous les pays vivent à l'heure Potter, s'entraînent à faire voler des objets, se déguisent en sorcier, arborent un tatouage en forme d'éclair sur le front comme la cicatrice d'Harry. Car ses aventures ont été traduites dans 200 pays et en 60 langues, y compris le latin et le grec ancien. Les droits du personnage ont été acquis par la Warner, qui a adapté au cinéma *Harry Potter à l'école des sorciers* (2001) et *Harry Potter et la chambre des secrets* (2002), et a vendu une centaine de licences pour des jouets, des figurines, des cédéroms et autres jeux électroniques.

Si la Bible, le petit livre rouge de Mao, les œuvres d'Agatha Christie ou de Georges Simenon figurent au palmarès des livres les plus vendus au monde, jamais un livre – pour enfants de surcroît – n'avait atteint ces scores en si peu de temps! A cela s'ajoute une notoriété sans précédent: 70 % des petits Français de 11 à 15 ans – la cible première d'Harry Potter – en ont lu au moins un volume. Ce qui a attiré les convoitises, éditions pirates (en Inde, en Chine), plagiats et parodies (Tania Grotter et sa contrebasse magique, en Russie).

Ce succès n'a pas été immédiat. Le bouche à oreille a fonctionné petit à petit pour les deux premiers volumes, mais la saga a véritablement explosé avec le troisième. Son éditeur anglais, Bloomsbury, au marketing habile, a eu l'idée de le mettre en vente le 8 juillet, date des vacances scolaires d'été britanniques, à 15h45, heure de la sortie des classes. Les ventes furent excellentes pendant l'été au point d'attirer l'attention d'un éditeur américain, Scholastic, qui en a acheté les droits pour 105 000 dollars, et de l'hebdomadaire *Time* qui en fit sa couverture. Constatant parallèlement que les adultes se cachaient derrière le très sérieux *Financial Times* pour le lire, Bloomsbury a eu l'idée d'en proposer une version adulte. Résultat: les trois volumes atteignaient deux millions de ventes, dont 450 000 en six semaines pour le troisième en Grande-Bretagne; et sept millions aux Etats-Unis, où le premier restait 40 semaines sur la liste des best-sellers du *New York Times* qui, pour l'occasion, a créé une liste de meilleures ventes jeunesse. La sortie du quatrième fut digne d'une superproduction hollywoodienne, tandis que celle du cinquième a relevé du secret d'Etat. Pendant ce temps, les ventes flambaient dans le monde: de 66 millions de volumes vendus en 2000, elles atteignaient 100 millions en 2001, 175 millions en septembre 2002, 200 millions en juin 2003 et 250 millions en octobre 2003 (dont 13 millions pour la France).

Les ingrédients du succès

Joanne K. Rowling a su mêler avec maestria le quotidien des jeunes Anglais, la vie au collège et la mythologie anglo-saxonne, avec son cortège d'animaux fantastiques et de phénomènes surnaturels. Mais Harry Potter est aussi un roman d'apprentissage, dont le héros grandit à chaque volume – un par année de collège – et affronte différentes épreuves qui le rendent plus mûr. Comme dans bon nombre de livres pour enfants, Harry est orphelin, vit chez un oncle et une tante (et leur horrible fils) qui le martyrisent et... découvre qu'il n'est pas comme les autres, qu'il est un sorcier au milieu des « Moldus », les gens normaux. L'univers imaginé par Joanne K. Rowling est extrêmement cohérent, ainsi que le langage afférent. Avec ses amis Ron et Hermione, Harry se rend à Poudlard, l'école des sorciers, où les élèves suivent des cours de potions magiques, d'envoûtements, de divinations, mangent des Chocogrenouilles, reçoivent des messages apportés par des chouettes, chevauchent des animaux fantastiques comme les hippogriffes. Ils pratiquent le quidditch, un jeu où, juchés sur des balais magiques, ils tentent de saisir une balle ultra rapide munie d'ailes, le vif d'or. *Le Seigneur des anneaux*, de J. R. R. Tolkien, *Peter Pan*, de J. M. Barrie, *les Chroniques de Narnia*, de C. S. Lewis, *le Magicien d'Oz*, de L. Frank Baum, et *Alice au pays des merveilles*, de Lewis Carroll, sont parmi les références le plus souvent citées à propos de son œuvre. « Joanne K. Rowling s'adresse à l'enfant sans jamais être condescendante », souligne son éditrice française Christine Baker, directrice éditoriale de Gallimard Jeunesse. Un ton qui a aussi su séduire nombre de lecteurs adultes.

Le marketing autour de cette série a été spécialement étudié pour séduire les jeunes lecteurs.

Barry White
4 juillet, page 68

André Claveau

Brassac (Tarn), 4 juillet
Révélé à la fin des années 1930 grâce à sa voix veloutée et son sens du swing, André Claveau (*17.12.1911) fut sans conteste l'un des chanteurs de charme les plus adulés du public féminin, avec de grands succès tels que *Cerisiers roses et pommiers blancs* (1950). Il fut choisi par Chaplin pour la version française de la chanson de *Limelight* (1952).

Isabelle d'Orléans
5 juillet, page 68

Compay Segundo
13 juillet, page 71

John Schlesinger

Palm Springs (Floride), 25 juillet
Ancien réalisateur de télévision, John Schlesinger (*16.2.1926) s'est imposé comme l'une des personnalités les plus fortes du cinéma britannique avant de tourner ses films les plus marquants aux Etats-Unis, tels *Macadam Cow-Boy* (1969) ou *Marathon Man* (1976). Il a su aborder avec franchise et délicatesse des thèmes aussi sensibles que celui de l'homosexualité, en particulier dans *Un dimanche comme les autres* (1971).

Marie Trintignant
1er août, page 80

Jacques Deray
10 août, page 81

Idi Amin Dada
16 août, page 83

Guido Crepax
Milan, 30 juillet
Maître de la bande dessinée érotique, l'Italien Guido Crepax (*15.7.1933) a forgé son style dans la revue *Linus*, où il créa le personnage de Valentina dès 1965. Dessinateur précis et nerveux, il excella dans l'art de la suggestion et utilisa le noir et le blanc avec une rare vigueur expressionniste. Son sens de la mise en page lui a permis d'illustrer avec bonheur des classiques du roman érotique *(Justine, Histoire d'O)*

Piéral

Paris, 22 août
Le nain le plus célèbre du cinéma avait pour vrai nom Pierre Aleyrangues. Né le 22 novembre 1923, il avait débuté en 1942 dans *les Visiteurs du soir,* de Marcel Carné, avant de trouver un rôle à la mesure de son talent dès l'année suivante dans *l'Eternel Retour,* de Jean Delannoy. Luis Buñuel le dirigera dans *Cet obscur objet du désir* (1977).

Pierre Poujade
27 août, page 85

Michel Constantin
29 août, page 85

Charles Bronson
30 août, page 86

Leni Riefenstahl
8 septembre, page 90

Edward Teller
Stanford, 9 septembre
Décédé en Californie à l'âge de 95 ans (*15.1.1908), ce physicien américain d'origine hongroise avait travaillé en Allemagne avec Werner Heisenberg et avait fui le nazisme en 1934. Naturalisé américain en 1941, il fut l'un des principaux collaborateurs d'Oppenheimer pour la mise au point de la première bombe atomique, puis le « père » de la bombe H (1952). Il était resté jusqu'à sa disparition favorable à une politique de dissuasion nucléaire « dure ».

Johnny Cash

Nashville, 12 septembre
L'« homme en noir », ainsi qu'il avait été surnommé, restera à jamais comme l'une des figures les plus importantes de la musique country (*26.2.1932). Issu d'un milieu familial très pauvre, il fut le chantre inspiré des laissés-pour-compte de la société américaine. Tour à tour poétique et ironique, il a eu son plus grand succès en 1968 avec l'album « Johnny Cash at Folsom Prison ».

Jean Dieuzaide
Toulouse, 18 septembre
Resté fidèle au film argentique noir et blanc, Jean Dieuzaide (*20.6.1921) a fait une riche carrière de photographe sous le pseudonyme de Yan avant de travailler sous son vrai nom à partir de 1971 et de se consacrer à la nature morte. Lauréat des prix Niepce (1955) et Nadar (1961), il a fait de Toulouse un foyer de la photographie en créant la Galerie du Château d'Eau, en 1974.

Robert Palmer
Paris, 26 septembre
Une crise cardiaque, survenue dans un grand hôtel parisien, a emporté Robert Palmer (*19.1.1949). De son vrai nom Alan Palmer, ce chanteur britannique avait abordé tous les styles, du rock au jazz fusion en passant par le blues et le reggae. Parmi ses plus grands succès, on retiendra *Addicted to Love* (1985), qui fit un « malheur » aux Etats-Unis.

Elia Kazan
28 septembre, page 95

François Béranger
Sauve (Gard), 14 octobre
C'était peut-être le dernier des purs de la chanson française. Fils d'ouvrier et lui-même ancien ouvrier (*28.8.1937), François Béranger s'en prenait avec une véhémence teintée de mélancolie à la société capitaliste *(Combien ça coûte)* ou au racisme *(Mamadou m'a dit)*, tout en cultivant la nostalgie de ses origines *(Pour ma grand-mère)*. Il avait repris aussi des chansons de Félix Leclerc.

Léon Schwartzenberg
14 octobre, page 102

M. Vásquez Montalbán
Bangkok, 17 octobre
Créateur du détective Pepe Carvalho, le romancier espagnol Manuel Vásquez Montalbán (*27.7.1939) s'est institué en chroniqueur d'une Espagne post-franquiste hantée par les fantômes de son passé *(Meurtre au comité central,* 1981). Il a livré dans ses « polars » de fascinantes descriptions de Barcelone.

Alija Izetbegovic
Sarajevo, 19 octobre
Opposant au régime communiste de Tito et premier président de la Bosnie-Herzégovine après la dislocation de la Yougoslavie (1990), Alija Izetbegovic (*8.8.1925) a symbolisé la résistance des Bosniaques musulmans aux Serbes et aux Croates. Sa position vis-à-vis de l'islamisme était restée ambiguë.

Loris Azzaro

Paris, 20 novembre
D'origine italienne (*9.2.1933), Loris Azzaro a fait ses débuts dans la haute couture en 1968. Il a exalté le corps de la femme avec des robes fourreaux et créé une griffe de prêt-à-porter pour hommes en 1992. Son nom est aussi associé à une gamme de parfums, tels « Oh la la » ou « Chrome ».

Jacques François

Paris, 25 novembre
De son éducation bourgeoise, Jacques François (*16.5.1920) avait gardé une distinction qu'il sut pousser jusqu'à la parodie. Au théâtre, où il a débuté en 1941, il a joué Jean Anouilh, Félicien Marceau ou Sacha Guitry, le cinéma ne lui réservant que des seconds rôles *(le Père Noël est une ordure,* 1982).

Index général

A

B

C

N

O

P

QR

S

V

WXYZ

Index icono

Malgré toute l'attention qui a été apportée à cet index, des erreurs ont pu être commises. Dans ce cas, nous demandons au propriétaire du copyright de bien vouloir nous en excuser et de nous notifier la correction aux fins de rectifications. La position des images est indiquée par des lettres : h = haut, b = bas, g = gauche, d = droite, m = milieu. L'agence Sipa Press a été abrégée en SP.